PreEscolares

Una publicación para maestros de niños preescolares de 4 a 5 años de edad.
Corresponde al año 2 del ciclo de dos años de preescolares.

[maestro]

año
2

I0161821

cnp

Casa Nazarena de Publicaciones

Estas lecciones se tradujeron y adaptaron del material publicado originalmente en inglés con el título Kindergarten - Teachers (Volumen 2, Números 1,2,3,4) por WordAction Publications.

Publicado con permiso de Nazarene Publishing House, Kansas City, Missouri (USA)

Publicado por
Casa Nazarena de Publicaciones
17001 Praire Star Parkway
Lenexa, KS 66220 EUA.

informacion@editorialcnp.com • www.editorialcnp.com

David Hayse, Director
Publicaciones Nazarenas Global

Germán Picavea, Editor General
Casa Nazarena de Publicaciones

Patrica Picavea, Editora
Publicaciones Ministeriales

Traducción y adaptación: Isabel Flores de Márquez
Redactores: Florencia Himitian y Luis Manoukian
Diseño de la portada: Región SAM

ISBN 978-1-56344-513-2
Categoría: Educación cristiana

Contenido

LA IMPORTANCIA DE LA PROMOCIÓN DE ALUMNOS EN LA ESCUELA DOMINICAL 5

RECURSOS DIDÁCTICOS 6

✗ **Conozcamos al preescolar**

  ✗ Recetas de plastilina o masa para modelar
  ✗ Pinturas dactilográficas
  ✗ Pegamento blanco
  ✗ Papel para tarjetas y manualidades

EJEMPLO DE CERTIFICADO DE PROMOCIÓN 8

INTRODUCCIÓN -UNIDAD I: JESÚS NOS ENSEÑA 9

  Lección 1 Jesús nos enseña a no preocuparnos
  Lección 2 Jesús nos enseña a amar a los demás
  Lección 3 Jesús nos enseña a compartir
  Lección 4 Jesús nos enseña a ser sus discípulos

INTRODUCCIÓN -UNIDAD II: LA BIBLIA NOS HABLA DE DAVID 18

  Lección 5 Dios escoge a David como rey
  Lección 6 David vence a Goliat con la ayuda de Dios
  Lección 7 Dios le da a David un amigo especial
  Lección 8 Dios ayuda a David a ser bondadoso

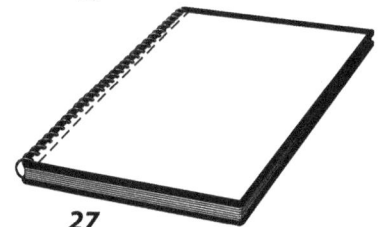

INTRODUCCIÓN -UNIDAD III: HISTORIAS QUE JESÚS CONTÓ 27

  Lección 9 La historia del sembrador
  Lección 10 La historia del buen samaritano
  Lección 11 La historia de un gran banquete
  Lección 12 La historia de la oveja perdida
  Lección 13 La historia del hijo pródigo

INTRODUCCIÓN -UNIDAD IV: ¡JESÚS VIVE! 38

  Lección 14 Jesús comparte una cena especial
  Lección 15 Jesús viaja a Jerusalén
  Lección 16 La tumba vacía
  Lección 17 ¡Jesús vive!

INTRODUCCIÓN -UNIDAD V: DIOS ESCUCHA NUESTRAS ORACIONES 47

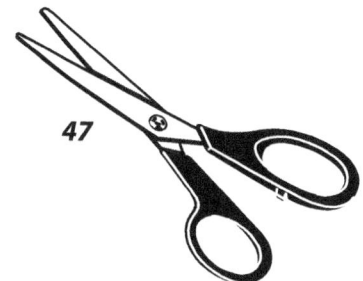

  Lección 18 Damos gracias a Dios
  Lección 19 Ana pide a Dios un hijo
  Lección 20 Ezequías ora cuando está enfermo
  Lección 21 Daniel ora cuando siente temor

INTRODUCCIÓN -UNIDAD VI: PERSONAS QUE CONFIARON EN DIOS 56

Lección 22 Débora confía en la ayuda de Dios
Lección 23 Gedeón confía en Dios
Lección 24 Una mujer confía en Dios cuando se siente triste
Lección 25 Naamán obedece y confía en Dios
Lección 26 Job confía en Dios a pesar de sus problemas

INTRODUCCIÓN -UNIDAD VII: SOY PARTE DE MI IGLESIA 69

Lección 27 Soy parte de mi iglesia
Lección 28 Aprendo de la Biblia
Lección 29 Aprendo a ayudar a los demás
Lección 30 Doy mi ofrenda a Dios

INTRODUCCIÓN -UNIDAD VIII: LA HISTORIA DE PABLO 78

Lección 31 Saulo conoce a Jesús
Lección 32 Saulo predica sobre Jesús
Lección 33 Pablo le habla a Lidia sobre Jesús
Lección 34 Pablo le habla de Jesús a un carcelero
Lección 35 Pablo predica de Jesús a los romanos

INTRODUCCIÓN -UNIDAD IX: LA BIBLIA NOS AYUDA A TOMAR DECISIONES 89

Lección 36 Isaac decide ser amable
Lección 37 Jonás toma una decisión incorrecta
Lección 38 Jonás toma una decisión correcta
Lección 39 Daniel decide hacer lo correcto
Lección 40 Ester decide ayudar al pueblo de Dios

INTRODUCCIÓN -UNIDAD X: DIOS QUIERE QUE MOSTREMOS SU AMOR 101

Lección 41 Demostramos amor a nuestros amigos
Lección 42 Demostramos amor a Jesús
Lección 43 Contamos de Jesús a los demás
Lección 44 Demostramos su amor cuando ayudamos a los demás

INTRODUCCIÓN -UNIDAD XI: LA BIBLIA NOS HABLA DE RUT 110

Lección 45 Rut y Noemí regresan a Belén
Lección 46 Rut conoce a Booz
Lección 47 Rut comparte con Noemí
Lección 48 En la familia de Rut se ayudan

INTRODUCCIÓN -UNIDAD XII: DAMOS GRACIAS A DIOS POR JESÚS 119

Lección 49 La promesa especial de Dios
Lección 50 El nacimiento de Jesús
Lección 51 Los ángeles anuncian las buenas nuevas
Lección 52 Los pastores celebran el nacimiento de Jesús
Lección 53 Los hombres sabios visitan a Jesús

LA IMPORTANCIA DE LA PROMOCIÓN DE ALUMNOS EN LA ESCUELA DOMINICAL

Querido líder y maestro de escuela dominical:

Al igual que en la escuela primaria, a los niños de la iglesia se les debe facilitar la promoción al "grado/clase superior". Como maestro de su clase, será muy importante que usted esté preparado para promover a sus alumnos al final del año eclesiástico o, lo que sería más fácil, al final del año escolar. Para ello hable con el superintendente de escuela dominical de su congregación o con su pastor.

Puede preparar de antemano una "ceremonia" de promoción, y entregarle un certificado a cada niño que pasa a la clase siguiente. La ceremonia se puede realizar en el templo para que toda la congregación participe. Invite a los padres y familiares de los niños. Este será un buen momento para conocerlos, que asistan al resto del servicio y escuchen la palabra de Dios.

Como participantes especiales, deben estar presente las/los maestros de las clases a las que los niños serán promovidos. Será un momento significativo para todos cuando usted despida a ese niño con un abrazo y el otro maestro lo reciba de igual modo con un abrazo de bienvenida a su clase. En la ceremonia, usted puede entregar una cartulina decorada con fotos de los niños, que se hayan tomado durante el año que estuvo en su clase. Será llamativo que exponga, de forma amena, algunos recuerdos de la vida del niño mientras estuvo en su clase: oraciones especiales que él hizo, la fecha en que se convirtió, testimonios que haya contado, preguntas que haya realizado, y momentos de alegría o de tristeza que haya experimentado en su clase. Prepare de antemano al niño, anticipándole estos detalles, para que no se sorprenda delante de toda la congregación.

Hable con el superintendente de Ministerios de Escuela Dominical para que en esa ceremonia se entregue a los niños el nuevo libro de estudio para el siguiente año. Para eso, anime a las familias de la iglesia a regalar un libro a cada niño (como si fueran los padrinos), en especial a los niños cuyos padres no asisten a la iglesia o a los de escasos recursos económicos. En cada congregación hay familias cuyos hijos son adultos, quienes con mucho gusto regalarían un libro de escuela dominical a los niños de la iglesia.

Se sobreentiende que, en muchas circunstancias, la falta de maestros, de aulas o de niños de determinada edad no hace factible la posibilidad de tener clases para todas las edades. Pero ese es un buen motivo para invitar y traer más niños a la iglesia, y también para preparar y capacitar a nuevos maestros. En cada congregación siempre hay adolescentes deseosos de aprender cómo enseñar en una clase. ¡No pierda esa oportunidad!

Le deseamos las más ricas bendiciones en los desafíos que el ministerio de la enseñanza representa para usted y su congregación.

En Cristo y su ministerio,

Ana M. Zani

RECURSOS DIDÁCTICOS

Estimado maestro:

Hemos preparado esta serie de recursos didácticos que le ayudarán a enriquecer la dinámica de su clase.

En algunas lecciones, en la sección de actividades, se recomienda el uso de estos materiales para estimular al niño a ejercitar sus habilidades motrices y encaminarlos hacia un aprendizaje más significativo.

Prepare actividades y manualidades extras para los niños que visiten su clase.

CONOZCAMOS AL PREESCOLAR

✗ Es activo. Le emocionan los cambios y las nuevas experiencias, pero no se le debe estimular en forma excesiva. Su atención tiene una duración limitada, sobre todo en actividades que le exigen estar quieto o sentado. Por lo general tendrán dos minutos de atención por cada año de edad.

✗ Es inquisitivo, así que hace muchas preguntas. Las preferidas son por qué y cómo.

✗ Aprende al hacer, más que al oír. Su aprendizaje es sensorial, es decir, se basa en los sentidos.

✗ No posee memoria a largo plazo. Generalmente no recuerda instrucciones por períodos prolongados.

✗ Es egoísta y egocéntrico, aunque ya empieza a desarrollarse en aspectos sociales, tales como respetar los derechos ajenos, compartir, y esperar su turno.

✗ Trabaja mejor en grupos pequeños.

Considerando las características de la etapa de desarrollo de sus alumnos, incluimos algunos consejos para mejorar la dinámica de su clase:

✗ Cambie de actividad cada 8 a 10 minutos. Alterne actividades tranquilas con juegos activos, proveyendo también períodos de descanso.

✗ Cuando el preescolar haga preguntas, déle respuestas claras y verdaderas. No ofrezca más información de la que haya pedido.

✗ Involucre a sus alumnos en experiencias que incluyan el uso directo de los sentidos.

✗ Use la repetición, tanto al contar una historia como al dar instrucciones.

✗ Use ayudas visuales para estimular los sentidos del preescolar; esto le ayudará a recordar con mayor facilidad.

✗ Organice juegos y actividades que requieran cooperación.

✗ Provea un ambiente tranquilo y sin prisa.

✗ Mantenga la calma cuando haya desorden o confusión.

✗ Dé muchos ejemplos específicos de cómo pueden "ser compasivos", "demostrar amor a otros" y "compartir". Aplique las ideas generales a las acciones específicas a fin de vincular el conocimiento bíblico con la vida diaria.

RECETAS DE PLASTILINA O MASA PARA MODELAR

MASA DE HARINA Y SAL

Ingredientes:
2 ó 3 tazas de harina común
3/4 taza de sal fina
1/2 taza de agua tibia
Colorante vegetal

Instrucciones:
Mezcle la harina con la sal e incorpore poco a poco el agua tibia mientras revuelve. Si desea añadirle color, agregue unas gotas de colorante vegetal mientras amasa. La consistencia de la masa dependerá de la cantidad de agua que agregue. Guarde la masa terminada en un recipiente cerrado dentro del refrigerador.

MASA COCIDA

Ingredientes:
2 tazas de harina
1 taza de sal

1 cucharada de aceite vegetal
2 cucharaditas de crémor tártaro
Colorante vegetal

Instrucciones:

Mezcle los ingredientes secos; después agregue el agua y el aceite vegetal. Ponga la mezcla a fuego mínimo hasta que la preparación espese, revolviendo constantemente. Retírela del fuego y déjela enfriar. Para lograr el color deseado, agregue unas gotas de colorante vegetal mientras amasa la mezcla. Se conserva más de un mes si se guarda en un recipiente cerrado.

MASA DE BARRO

Ingredientes:
2 tazas de tierra
2 tazas de arena
1/2 taza de sal
Agua

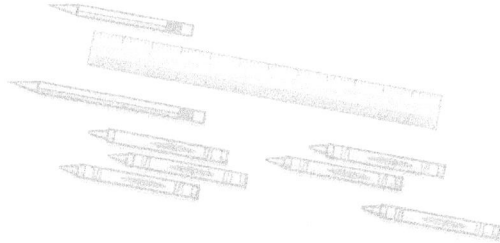

Instrucciones:

Mezcle la tierra, la arena y la sal; después agregue el agua poco a poco hasta obtener la consistencia deseada para modelar.

PINTURAS DACTILARES (DACTILOGRÁFICAS O DACTÍLICAS)

Ingredientes:
11/4 de taza de almidón 1/2 taza de jabón en polvo
3 tazas de agua hirviendo
1 cucharada de glicerina
Colorantes vegetales o témpera

Instrucciones:

Disuelva el almidón en agua fría; después vacíelo lentamente en el agua hirviendo mientras revuelve en forma constante para evitar que se formen grumos. Agregue el jabón y por último añada la glicerina. Para darle color, agregue colorantes vegetales o témpera. Se obtiene una preparación gelatinosa que no es tóxica. Si envasa esta pintura en frascos de plástico, se conservará por varios días.

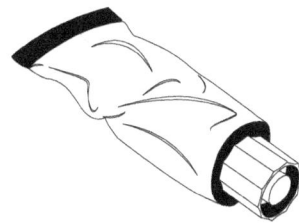

PEGAMENTO BLANCO

Ingredientes:
4 tazas de agua
1 taza de harina de trigo
1/2 taza de azúcar
1/2 taza de vinagre

Instrucciones:

Hierva tres tazas de agua. Mientras tanto, en un recipiente mezcle una taza de agua, la harina, el azúcar y el vinagre. Cuando el agua esté hirviendo, agregue la mezcla y revuelva lentamente sobre el fuego hasta que suelte el primer hervor. Si quedan grumos, puede licuar la mezcla. Si está muy espeso, agréguele agua; si queda aguado, hiérvalo más tiempo. Guarde el pegamento en un frasco con tapa.

PAPEL PARA TARJETAS Y MANUALIDADES

1. Remoje en agua caliente 6 hojas de papel o de revistas cortadas en pedacitos.
2. Muela en la licuadora el papel con media taza de avena, o de flores, o bagazo de frutas o verduras como zanahoria, apio, etc.
3. Cuele la mezcla y agregue 4 cucharadas de glicerina y 6 cucharadas de pegamento blanco.
6. Con el papel puede hacer tarjetas, separadores de libros, cartas, etc.
4. Extienda la pasta sobre un plástico con un rodillo o palo de amasar hasta que quede delgada y pareja.
5. Déjela secar al sol durante dos días.

Certificado de promoción

(Nombre del Niño)

promovido a la clase superior

(Iglesia

Fecha

"Hijo mío, está atento a mis palabras..." Proverbios 4:20ª

Maestra

Líder Escuela Dominical

Año 2
Introducción • Unidad I

JESÚS NOS ENSEÑA

Objetivo de la unidad: Esta unidad ayudará a los preescolares a comprender que Jesús desea enseñarles cómo vivir.

Texto para memorizar: Jesús dijo: "Bienaventurados los que oyen la palabra de Dios y la obedecen" (Lucas 11:28).

Palabra de fe: JESÚS: Él es el Hijo de Dios y desea enseñarnos a vivir sabiamente.

Lecciones de la unidad:

Lección 1	Jesús nos enseña a no preocuparnos
Lección 2	Jesús nos enseña a amar a los demás
Lección 3	Jesús nos enseña a compartir
Lección 4	Jesús nos enseña a ser sus discípulos

Enseñanzas de las lecciones para los preescolares:

✗ Aprenderán a depender de Dios y a confiar en su cuidado.
✗ Entenderán que Dios desea que le amen y muestren amor hacia sus prójimos.
✗ Sabrán que Jesús desea enseñarles a compartir.
✗ Entenderán la importancia de ser seguidores de Cristo.

Esta serie de lecciones ofrece a los niños la oportunidad de aprender más sobre Jesucristo.

A través de ellas comprenderán que no hay razón para preocuparse, porque el mismo Dios que cuida de las flores y los pájaros, también cuida de sus hijos.

Los temas de estas lecciones son de vital importancia para el desarrollo del carácter y la personalidad en los preescolares. Es precisamente durante esta etapa de crecimiento cuando necesitan ser guiados para amar y compartir, así como tener un encuentro personal con Jesús.

Conforme avanzan en el estudio de la unidad, observe atentamente el cambio que el aprendizaje bíblico produce en la conducta de sus alumnos. Siéntase en la libertad de modificar o añadir actividades de acuerdo a las necesidades particulares de su clase.

Jesús nos enseña a no preocuparnos

Objetivo de la lección: Que los preescolares aprendan a depender de Dios y a confiar en su cuidado.

Base bíblica: Mateo 6:25-34

Texto para memorizar: Jesús dijo: "Bienaventurados los que oyen la palabra de Dios y la obedecen" (Lucas 11:28).

¡PREPÁRESE PARA ENSEÑAR!

Jesús enseñó a la gente mediante objetos, situaciones de la vida cotidiana, historias e ilustraciones.

Podemos decir que fue el mejor Maestro en el arte de la enseñanza. La historia bíblica de Mateo 6:25-34 muestra la habilidad que Jesús tenía para utilizar ilustraciones comunes, como las aves y las flores, a fin de enseñar verdades espirituales profundas.

La preocupación, la ansiedad y el estrés no son algo nuevo para nuestra sociedad. A través de esta parábola vemos que la gente no ha cambiado mucho con el paso del tiempo. Las personas que estaban escuchando a Jesús posiblemente tenían sus propias preocupaciones y ansiedades. Sin duda la vida no era más fácil en aquella época. Por ejemplo, los alimentos se descomponían más rápido y la gente vivía con provisiones diarias. No contaban con grandes recursos y la situación económica y social era muy complicada. Además, hay que tomar en cuenta la opresión del imperio romano. Si consideramos todos los factores, entenderemos el temor y la ansiedad de las personas.

Jesús también lo entendía y por ello narró esta parábola. Deseaba que la gente confiara en la provisión y el cuidado divinos. Hoy en día necesitamos recordar esta verdad. No importa lo mucho o lo poco que podamos adquirir, lo realmente valioso es aprender a depender de la bondad y soberanía de Dios. Esto, nos librará de afanes y preocupaciones.

Adaptación

Las cuatro lecciones siguientes le darán la oportunidad de enseñar a sus alumnos acerca de Jesús, el Hijo de Dios. Esta primera lección trata del afán y las preocupaciones. Muchas personas piensan que la infancia es un período feliz y libre de ansiedad. Sin embargo, los niños también se preocupan. Al menos experimentan desconcierto, ansiedad y miedo. Tristemente, hoy el estrés es algo común entre los niños.

Su salón de clase debe ser un lugar tranquilo y seguro para los preescolares que viven en un mundo de caos. Ellos necesitan entender, a través de usted y sus enseñanzas sobre Jesús, que Dios cuida de ellos.

Quizá no entiendan completamente el significado de la palabra "preocupación", pero es común que experimenten momentos de angustia y ansiedad. ¿Ha observado la actitud de un niño de tres años cuando se encuentra en un lugar extraño y con personas desconocidas?

Obviamente siente angustia y preocupación. Por ello necesita aprender que Dios tiene todo bajo control y que puede cuidarlo en todas las circunstancias.

DESARROLLO DE LA LECCIÓN

Use estas actividades para enfocar la atención de sus alumnos en el tema de estudio.

Bienvenida e introducción

Haga que cada miembro de su clase se sienta bienvenido, en especial los visitantes. Dé una breve introducción sobre el contenido de la unidad y entonen un canto antes de iniciar las actividades.

Flores de colores

Para esta actividad necesita masa para modelar o plastilina de colores, manteles o bolsas de plástico, y palitos de madera.

Proteja el área de trabajo con los manteles o bolsas. Distribuya la plastilina y pida a los niños que elaboren flores de distintas formas, colores y tamaños. Mientras lo hacen, explíqueles que en la historia de hoy estudiarán que Jesús nos enseña sobre el cuidado que Dios tiene de las flores y los pájaros.

Cuando terminen, coloque los trabajos sobre una mesa para que los padres de familia puedan verlos.

Alas de pájaro

Necesita papel de colores, tijeras, pegamento, lápices de colores y una bolsa con plumas sintéticas.

Trace en el papel la figura de un pájaro para cada niño. Instrúyalos para que la decoren usando los colores y pegando las plumas sintéticas. Si no cuenta con este material, solamente elaboren el dibujo.

Mientras trabajan, dígales: Dios les dio plumas a los pájaros para protegerse del frío y para volar. En la historia bíblica aprenderemos que Dios cuida de las aves y de las flores, así como cuida de nosotros.

¡A volar pajaritos!

Forme un círculo con los niños sentados en el

piso y pregúnteles: ¿Saben ustedes qué usan los pájaros para volar? (alas). ¿Podrían mover sus brazos de arriba abajo como si fueran alas? (muéstreles cómo hacerlo).

Explíqueles que cuando diga: "¡A volar pajaritos!", deben levantarse y simular que vuelan alrededor del salón, y cuando diga: "¡Pajaritos al nido!", deben regresar y sentarse en el círculo.

BIBLIA

Estas actividades le ayudarán a preparar a los alumnos para escuchar y repasar la historia bíblica.

Encuentra las flores

Durante la semana dibuje flores de papel y recórtelas. Escóndalas en diferentes lugares del salón antes de la clase.

Pida a los niños que busquen una flor mientras usted cuenta del uno al veinte. Después que todos hayan encontrado una flor, pídales que se sienten para escuchar el relato bíblico.

Historia bíblica

Ilustre la narración usando una figura de Jesús y fotografías o dibujos de flores y aves.

¡No se preocupen!

Un día Jesús les contó una historia a sus amigos. Él quería que supieran sobre el amor y el cuidado de Dios.

Jesús les dijo: "Cuando se sientan preocupados, observen a su alrededor. Así comprenderán por qué pueden confiar en Dios y que no deben preocuparse por la comida o el vestido".

"Miren los pájaros en el cielo" (muestre la figura de un pájaro). "Dios los cuida, les provee un lugar seguro para dormir y comida para alimentarse. No tienen que preocuparse por nada".

Después Jesús les habló de la ropa: "Observen las flores. Por ejemplo, los lirios del campo no se preocupan por nada porque Dios también cuida de ellos. A las flores Dios les dio pétalos y hojas que las cubren con hermosos colores y formas. No necesitan preocuparse de cómo se ven".

Los amigos de Jesús observaban las hermosas flores mecidas por el viento. Mientras, Jesús les recordó: "Dios los ama mucho más que a las flores y a los pájaros. Por eso deben confiar en que siempre estará con ustedes y les dará lo que necesitan".

Repaso bíblico

Siente a sus alumnos formando un círculo. Muéstreles una flor de papel y dígales: Observen esta flor de papel. ¿Recuerdan qué aprendimos sobre las flores durante la historia bíblica? (Dios las cuida).

Explíqueles que el que reciba la flor, debe decir algo que recuerde la historia bíblica. Entregue la flor a uno de los niños. Una vez que éste diga alguna parte de la lección, debe entregarle la flor a otro miembro de la clase, y así sucesivamente hasta que todos hayan participado.

CONEXIÓN

Use estas actividades para relacionar la verdad bíblica con la vida diaria de sus alumnos.

Dios nos cuida

Recorte las estampas de pájaros de la página 128 del libro del alumno. Reparta los libros y ayude a cada niño a marcarlo con su nombre. Después, explíqueles que en cada unidad estudiarán una palabra de fe diferente. La palabra de esta unidad es Jesús.

Dé tiempo para que peguen las estampas, coloreen las flores y tracen los números y las palabras marcadas en la hoja de trabajo.

¿Qué te preocupa?

Pida a los niños que mencionen las cosas que les preocupan y escríbalas en la pizarra. Es frecuente que los preescolares se angustien por situaciones que desconocen, como la oscuridad o ruidos extraños. Sin embargo, otros tendrán preocupaciones más reales, como inestabilidad en el hogar o escasez económica.

Asegúrese de identificar a los alumnos que manifiesten estos problemas y manténgase al tanto de la situación.

Después que todos hayan participado, haga hincapié en que, no importa lo que suceda, Dios cuida de sus hijos. Ore por cada alumno específicamente. Después pida que uno por uno pasen a borrar la preocupación que hayan manifestado y anímelos a depositar su confianza en el Señor.

Memorización

Prepare de antemano el versículo para memorizar. Recorte siluetas de flores o pájaros, y escriba cada palabra del texto en una de esas siluetas. Péguelas en orden sobre una pared y ayude a los alumnos a leer el versículo. Después de repetirlo varias veces, quite algunas palabras y díganlo nuevamente. Repita esta acción hasta retirar todas las palabras.

Al terminar, guarde todas las palabras para utilizarlas en la clase siguiente. Si desea que se conserven en mejor estado, plastifíquelas.

Recuerde que los preescolares se están iniciando en la lectura. Sea paciente y refuerce su aprendizaje con el texto bíblico.

Para terminar

Entonen un canto y den gracias a Dios por su amor y cuidado constantes. Dígales que lleven a casa los trabajos manuales que elaboraron e invítelos a la próxima clase.

Jesús nos enseña a amar a los demás

Base bíblica: Mateo 22:34-40
Objetivo de la lección: Que los principiantes aprendan que Jesús les enseña a amar a Dios y a sus semejantes.
Texto para memorizar: Jesús dijo: "Bienaventurados los que oyen la palabra de Dios y la obedecen" (Lucas 11:28).

¡PREPÁRESE PARA ENSEÑAR!

Los saduceos y los fariseos eran los dos grupos religiosos más importantes del judaísmo. Eran los líderes de la comunidad judía. Los saduceos no aceptaban la autoridad de la ley oral y no la consideraban obligatoria; interpretaban la ley como se estipulaba en el Pentateuco (los cinco primeros libros del Antiguo Testamento). Por su parte, los fariseos sostenían que el Pentateuco o la Tora tenía la misma autoridad que lo contenido en la tradición oral.

Las enseñanzas de Jesús representaban una amenaza para ambos grupos religiosos, no solamente por la interpretación que daba a la Escritura, sino por el gran número de seguidores que tenía.

En Mateo 22:23-33, los saduceos cuestionaron a Jesús acerca de la resurrección de los muertos. Su respuesta dejó perplejos a estos maestros de la ley.

Cuando los fariseos escucharon sobre lo ocurrido, también buscaron la oportunidad de cuestionar a Jesús, diciéndole: "Maestro, ¿cuál es el gran mandamiento en la ley?" (v. 36). Jesús les respondió usando el verbo griego *agapao*, que se refiere a una clase de amor profundo y sincero.

Este tipo de amor, que nace en el corazón de Dios y se ofrece sin importar el precio, era algo que los fariseos desconocían. Se habían concentrado tanto en guardar y respetar la ley que pasaron por alto el más grande mandamiento: "Amarás al Señor tu Dios con todo tu corazón, con toda tu alma, con todas tus fuerzas y con toda tu mente; y a tu prójimo como a ti mismo" (Lucas 10:27).

Adaptación

Muchos niños han escuchado hablar del amor y lo han experimentado en su núcleo familiar. Sin embargo, otros han sufrido carencias afectivas y no tienen una percepción adecuada del amor. Para ellos es difícil pensar y aceptar que Dios los ama. No comprenden con claridad el concepto de amor ni cómo demostrarlo a los demás.

Como maestro o maestra de escuela dominical, usted es responsable de demostrar el amor de Dios a sus alumnos, sobre todo a los que han sufrido abandono o tienen problemas afectivos. A través de sus palabras y acciones, ayúdeles a entender el amor de Dios hacia ellos. Cuando les brinda afecto a través de un abrazo o una palmada amistosa, y les dice: "Yo te amo y Dios te ama también", está introduciéndolos al conocimiento del amor que Dios tiene hacia ellos y sus semejantes.

DESARROLLO DE LA LECCIÓN

Haga uso de algunas de las siguientes actividades para captar la atención de sus alumnos e introducirlos en el estudio de la lección.

¡Atrapa la pelota!

Para esta actividad necesita una pelota suave de esponja o plástico. Coloque a los niños formando un círculo y dígales: Jesús, el Hijo de Dios, nos enseña muchas cosas. ¿Alguien puede decirme qué aprendimos la clase pasada? (que no debemos preocuparnos porque Dios cuida de nosotros).

Esta semana Jesús nos enseña acerca del amor y nos dice que es importante que amemos a los demás. Esta pelota nos ayudará a aprender algo muy importante.

Lance suavemente la pelota a un niño para que pueda atraparla, mientras le dice: ¿Qué nos enseña Jesús? Por su parte, él debe contestar: "Jesús nos enseña a amar a los demás". Repita esta acción con cada alumno que está en el círculo.

¡A dibujar!

En la pizarra o en un pliego de papel grande trace un corazón y escriba adentro la palabra "AMOR". Pida a los niños que decoren el resto del dibujo. Si desean, coloreen también el corazón.

Cuando terminen, dé tiempo para que vean su trabajo concluido y diga: Dentro de este corazón leemos la palabra "AMOR". Esta semana aprenderemos lo que Jesús nos enseña sobre el amor.

Llamadas de amor

Para este juego necesita un teléfono de juguete. Coloque el teléfono sobre una mesa y permita que cada alumno haga una llamada imaginaria a la persona que prefiera y le diga: "Yo te amo y Jesús te ama también".

Cuando todos hayan participado, recuérdeles que Jesús nos enseña a amar a nuestros semejantes y prepárelos para escuchar la historia bíblica.

BIBLIA

Las siguientes actividades le serán de utilidad para introducir a los niños en el aprendizaje de la historia bíblica.

Carteles de amor

Durante la semana dibuje corazones de papel conforme al número de alumnos que tenga en su clase. Escriba adentro la frase "Jesús te ama". Pídales que los coloreen y recorten. Después próveales palitos de madera para que peguen los corazones, formando un pequeño "cartel de amor".

Pregúnteles: ¿Quién nos ama a todos nosotros? Indíqueles que como respuesta, levanten y agiten sus carteles.

Historia bíblica

Los fariseos eran maestros. Enseñaban las leyes y la religión judía al pueblo. También se aseguraban de que todas las personas conocieran y obedecieran las leyes de Dios. Sin embargo, muchos de ellos no amaban a Dios realmente, ni tampoco querían a Jesús.

Un día se reunieron y fueron a buscar a Jesús para hacerle esta pregunta: "¿Cuál es la regla más importante que debemos obedecer?" Ellos se referían a los mandamientos que Dios dio a su pueblo para enseñarles cómo debían vivir.

Estos hombres pensaron que Jesús no podría responder esta pregunta, pero Jesús sí sabía qué responder. Él les dijo: "Amarás al Señor tu Dios con todo tu corazón, y con toda tu alma, y con toda tu mente". Esta es la regla más importante; siempre deben recordarla y obedecerla.

Pero eso no fue lo único que Jesús contestó. También les recordó: "Deben amar a sus prójimos como a ustedes mismos". Ésta también es una regla muy importante.

Cuando ustedes aman a Dios y a sus semejantes, están obedeciendo y cumpliendo los mandamientos del Señor.

CONEXIÓN

Las siguientes actividades le ayudarán a relacionar la verdad bíblica con la vida diaria de sus alumnos.

¿Quién es?

Siéntense formando un círculo. Escoja a un alumno y pregúntele: ¿Quién de todos nosotros tiene una camisa de color...? (rojo) Permita que conteste (por ejemplo: Juan tiene una camisa roja). Anime al resto del grupo a decir junto con usted: ¡Juan, te amamos!

Continúe esta actividad hasta que todos los niños hayan participado.

Móvil de corazones

Para esta actividad necesita tijeras, pegamento, lana, lápices de colores, ganchos para ropa o colgadores de plástico, o varas de madera, y perforador para papel.

Distribuya los libros de trabajo e indique a sus alumnos que recorten los cuatro corazones. Pídales que piensen en tres personas a las que aman y que escriban un nombre en cada corazón. Si es necesario, trace los nombres con líneas punteadas para que ellos puedan remarcarlos con facilidad.

Haga un orificio en la parte superior de cada corazón, para que introduzcan un trozo de hilo de lana y lo aseguren con un nudo.

Después, cuelguen los corazones en el gancho o la vara para formar el móvil.

Memorización

Use las tarjetas que elaboró la semana pasada para repasar el texto bíblico. Escóndalas en el salón y permita que sus alumnos las busquen.

Cuando las hayan encontrado todas, acomódenlas en orden y repitan el texto para memorizar un par de veces.

Para terminar

Entonen un canto que hable sobre el amor a Dios y al prójimo. Mencionen peticiones de oración e interceda por cada asistente a su clase.

Asegúrese de que lleven a casa los trabajos realizados. Luego anuncie el tema de la siguiente lección para establecer una conexión y despertar el interés en ellos.

notas

_____
_____
_____
_____
_____
_____
_____
_____
_____
_____
_____
_____
_____

Jesús nos enseña a compartir

Objetivo de la lección: Que los niños aprendan que Jesús nos enseña a compartir.

Base bíblica: Lucas 12:13-21

Texto para memorizar: Jesús dijo: "Bienaventurados los que oyen la palabra de Dios y la obedecen" (Lucas 11:28).

¡PREPÁRESE PARA ENSEÑAR!

En medio de la gran multitud que lo seguía, un hombre se acercó a Jesús para hacerle una petición especial. Esto no era inusual. Como maestro, Jesús con frecuencia tenía que responder preguntas, decidir sobre disputas o aclarar dudas.

Muchas de estas preguntas no eran sencillas. Sin embargo, Jesús tenía autoridad para contestarlas con sabiduría porque conocía el corazón de los hombres.

El hombre de esta historia quería que Jesús le ordenara a su hermano mayor que compartiera con él la herencia de sus padres, porque en la tradición judía se otorgaba al primogénito la mayor parte de los bienes.

Jesús usó la petición de este hombre como introducción a una parábola.

Podemos ver que la motivación de este hombre era el egoísmo y la avaricia. Sin embargo, los cristianos no debemos dar cabida a este tipo de sentimientos. Cuando Jesucristo controla la vida de las personas, la única motivación debe ser agradar al Señor.

El hombre de la parábola escogió satisfacer sus propios deseos y despreció lo más precioso: la relación eterna con Dios. Mientras prepara la lección, reflexione y hágase esta pregunta: ¿Ocupa Dios el primer lugar en todas las áreas de mi vida?

Adaptación

Los niños pequeños son posesivos y egocéntricos por naturaleza. Se enfocan en sus necesidades personales antes de tomar en cuenta las de los demás.

Esta lección, que trata sobre la responsabilidad de compartir, les dará la oportunidad de aprender que Dios se interesa en nuestro comportamiento y actitudes. Conforme comprendan que Dios está al tanto de cómo se relacionan con los demás, mostrarán más amabilidad y empezarán a compartir unos con otros.

Recuérdeles frecuentemente que Dios desea que sean amables y compartan. Así los motivará a mejorar su actitud hacia sus semejantes.

Durante esta etapa los preescolares difícilmente comparten, sobre todo si se trata de su juguete favorito o la atención de una persona. Por ello necesitan saber lo que Dios ordena al respecto.

Obsérvelos mientras se relacionan unos con otros durante la clase; aproveche toda oportunidad para reforzar el aprendizaje central de esta lección.

DESARROLLO DE LA LECCIÓN

Escoja alguna de las siguientes actividades para captar la atención de sus alumnos y dirigirlos al tema de estudio.

Aprendemos a compartir

Ponga sobre una mesa una bolsa de galletas y platos desechables o servilletas.

Pida que un voluntario sirva una porción de galletas a cada miembro del grupo. Mientras lo hace, permita que los demás observen y dígales que durante la historia bíblica aprenderán lo que Jesús enseña sobre compartir.

La historia de un granjero

Tenga a la mano diferentes tipos de granos (maíz, frijoles o porotos, habichuelas, etc.) y la figura de un granero.

Muestre los granos a los niños y pregúnteles qué son y para qué sirven. Escuche sus respuestas. Luego explíqueles que en la lección de hoy hablarán sobre un granjero rico, que tenía un granero enorme (muestre la ilustración) repleto de granos.

Construyamos juntos

Para esta actividad necesita bloques o cubos de plástico o cajas pequeñas de cartón.

Ponga el material en el centro del salón y anime a los niños a trabajar en parejas para construir un granero. Mientras trabajan, dígales: Algunas veces los granjeros almacenan los granos en depósitos llamados graneros. Estos lugares mantienen los granos seguros y secos, hasta que se usan para hacer alimentos como pan, fideos y cereal. La historia bíblica de hoy es una parábola que Jesús contó acerca de un granjero que tenía un granero muy grande.

BIBLIA

Use las siguientes actividades para enseñar a los niños la verdad bíblica de hoy.

Compartamos nuestros granos

Para esta actividad necesita un recipiente con diferentes tipos de granos y una bolsa de papel o plástico para cada alumno.

Reparta las bolsas y ponga el recipiente sobre una mesa. Reúna a sus alumnos alrededor para escuchar la historia bíblica y pídales que sigan las indicaciones que dé durante la historia.

Historia bíblica

Un granjero muy rico

Un día, mientras Jesús les estaba enseñando, un hombre se acercó y le dijo: "Maestro, ordénele a mi hermano que me dé la parte de la herencia que me corresponde".

Jesús le contestó: "A mí no me corresponde hacerlo. Además, no debes ser egoísta; tener muchas posesiones no es lo más importante".

Entonces se dirigió a los que estaban con Él y les contó esta historia: Había un hombre muy rico que tenía muchas tierras. Un día sus tierras dieron una cosecha muy abundante. ¡Tenía muchos granos! (pida a los niños que tomen granos del recipiente y los guarden en las bolsas). Era tanto lo que se había recogido que no tenía lugar para almacenarlo.

Después de pensar un rato, el granjero dijo: "¡Ya sé lo que haré! Mandaré construir unos graneros enormes para almacenar todos mis granos".

Y eso fue lo que hizo. Él no deseaba compartir sus granos con las personas pobres que no tenían comida. Quería guardar todo para sí mismo.

El granjero se sentía muy satisfecho y pensó que tenía suficientes granos guardados para vivir tranquilo y feliz el resto de su vida. Pero, a Dios no le agradó la actitud de este hombre egoísta y le dijo: "Hiciste una decisión equivocada. Lo que realmente importa es que me ames y compartas con tus prójimos".

El granero rico actuó de forma incorrecta. Sin embargo, ustedes pueden obedecer a Dios y compartir lo que tienen con sus semejantes (permita que compartan el contenido de sus bolsas).

CONEXIÓN

Estas actividades le servirán para relacionar la verdad bíblica con la vida diaria.

¿Qué quieres compartir?

Para esta actividad necesita una caja de cartón, hojas blancas, lápices de colores y tijeras.

Pida a los niños que dibujen algo que desearían compartir con su prójimo y que luego lo recorten. Después indíqueles que lo depositen en la caja de cartón.

Cuando todos terminen, saque los dibujos y muéstrelos. Dé tiempo para que digan con quién desean compartir lo que dibujaron y por qué.

El granero

Para esta actividad necesitará vasos desechables, pegamento, lápices, crayolas, tijeras y varas de trigo o pasta cruda.

Distribuya los libros de trabajo. Permita que tracen la palabra de fe de la unidad y recorten la figura del granero. Indíqueles cómo doblar la hoja y después péguenla al vaso.

Reparta dos manojos de trigo o pasta a cada uno para que peguen un manojo al fondo de su vaso y compartan el segundo con algún compañero.

Mientras trabajan, repase el contenido de la lección, haciéndoles preguntas sobre lo que aprendieron en la historia bíblica.

Comparte un abrazo

Forme un círculo con sus alumnos y dígales: Nosotros podemos compartir muchas cosas, por ejemplo, los juguetes y la comida; pero también podemos compartir amor y amabilidad. Un abrazo es algo hermoso que todos podemos compartir. Voy a invitarlos a compartir un abrazo conmigo; después escojan a alguien del círculo con quien deseen compartir un abrazo.

Memorización

Escriba el texto para memorizar en el pizarrón (Lucas 11:28) y léalo una vez junto con sus alumnos. Después borre la primera y la última palabra y pida que algún voluntario lo diga. Vaya borrando palabras hasta que el pizarrón quede en blanco y digan el texto completamente de memoria. No olvide que los preescolares están iniciando el proceso de lectura. Sea paciente con ellos y ayúdelos a reconocer las palabras desconocidas o que no puedan pronunciar correctamente.

Para terminar

Dé tiempo para que ordenen el salón de clase y tengan a la mano los trabajos manuales realizados.

Reúna a los alumnos para orar. Pregunte si tienen peticiones de oración y luego escoja a algunos para que oren en voz alta. Concluya dando gracias a Dios por su amor y cuidado.

notas

Jesús nos enseña a ser sus discípulos

Base bíblica: Mateo 4:18-22; Lucas 6:12-16

Objetivo de la lección: Que los preescolares aprendan que pueden ser discípulos de Jesús.

Texto para memorizar: Jesús dijo: "Bienaventurados los que oyen la palabra de Dios y la obedecen" (Lucas 11:28).

¡PREPÁRESE PARA ENSEÑAR!

Las tres lecciones anteriores trataron sobre acciones específicas que debe reflejar quien cree en Jesús.

Sabemos que los que han decidido seguir a Jesús muestran ciertas cualidades, no por lo que son, sino por el poder transformador de Cristo que actúa en su vida. Seguir a Jesús consiste en creer que es el Hijo de Dios y desarrollar una relación personal con Él.

Los cuatro personajes que estudiaremos en esta lección escogieron dejar su vida, su trabajo e incluso a su familia para seguir al Maestro. En el mar de Galilea, dos hombres —Simón Pedro y Andrés— estaban tirando sus redes para pescar. Cuando Jesús los vio, les dijo: "Vengan y síganme". Más adelante, en la orilla del mar, Jesús llamó a otros dos hombres, Juan y Jacobo, hijos de Zebedeo. Estos cuatro hombres dejaron de inmediato lo que estaban haciendo y siguieron a Jesús.

En Lucas 6:12-16 leemos cómo el Señor llamó a sus 12 discípulos, separándolos del resto de sus seguidores. Este grupo de hombres se comprometieron a seguir a Jesús y sus enseñanzas. Pero, primero, Jesús oró pidiendo a Dios que lo guiara en esta importante decisión, ya que 11 de ellos serían los que propagarían el mensaje de salvación a todo el mundo.

Adaptación

Sus alumnos necesitan comprender que no es suficiente aprender de Jesús; deben tomar la decisión de seguirlo.

Es importante que aprendan que la mejor manera de responder al gran amor de Dios, es sirviéndole y amándolo incondicionalmente.

Es posible que los preescolares recuerden algunas de las historias de Jesús y se las cuenten a sus amiguitos. Sin embargo, es responsabilidad suya guiarlos a los pies de Cristo y procurar su crecimiento espiritual. Use las lecciones anteriores como base para presentar el plan de salvación a sus alumnos durante la lección. Ayúdelos a orar y a pedirle a Dios que los ayude a amar a Jesús y a ser obedientes a Él.

DESARROLLO DE LA LECCIÓN

Use estas actividades para captar la atención de sus alumnos y guiarlos al tema de estudio.

Repaso general

Siente a los niños formando un círculo. Entrégueles una pelota que deberán pasar de mano en mano, mientras usted hace algún sonido (puede usar pandero, cascabeles, música, etc.). Cuando la música pare, el que tenga la pelota en sus manos deberá ponerse de pie y decir algo que aprendió en las lecciones anteriores.

Sigue al líder

Explique a los niños que en este juego usted será el líder y ellos sus seguidores. Después formen una fila y usted vaya al frente, guiándolos a hacer distintos movimientos que ellos deben imitar. Por ejemplo, brinque en un solo pie, levante la mano derecha, levante las dos manos, etc.

Después elija a otros "líderes" para que guíen la fila. Al terminar esta actividad, pida que tomen asiento. Explíqueles que la historia bíblica trata de un grupo de fieles seguidores de Jesús.

BIBLIA

Use estas actividades para enseñar a sus alumnos la historia bíblica de hoy.

Doce hombres importantes

Con anticipación escriba en tiras de cartulina el nombre de los doce discípulos con letras grandes.

Muéstrelas al grupo y permita que los que saben leer digan los nombres en voz alta. Pregúnteles: ¿Saben de quién son estos nombres? (escuche sus respuestas). Si alguno contesta correctamente, felicítelo por su participación. Reparta los nombres entre los niños para que los sostengan mientras escuchan el relato bíblico.

Historia bíblica

Pida a los que tienen las tiras con los nombres de los apóstoles que, cuando se mencione el nombre que les tocó, levanten la tira para que todos puedan verla. Cuando termine la narración de la historia, peguen las tiras en las paredes del salón.

Doce seguidores de Jesús

Jesús quería que toda la gente conociera el amor de Dios. Por eso iba de lugar en lugar hablando a las personas y predicándoles este mensaje.

Era un trabajo muy duro y cansado, así que necesitaba algunos ayudantes para esta tarea.

Un día, Jesús iba caminando a orillas del mar de Galilea cuando vio a dos hermanos que eran pescadores: Simón Pedro y Andrés.

Mientras pescaban con sus redes, Jesús les dijo: "Síganme. En lugar de pescar peces, les voy a enseñar a ganar seguidores para mí".

Jesús quería que Simón Pedro y Andrés lo ayudaran a predicar el mensaje de Dios con la gente. Inmediatamente estos hombres dejaron sus redes y lo siguieron.

Jesús siguió caminando por la orilla del mar y vio a otros dos hermanos pescadores: Jacobo y Juan, que estaban arreglando sus redes en la barca.

"Síganme", les dijo Jesús, y en ese momento Jacobo y Juan se fueron con Él.

Jesús subió a una montaña porque quería estar solo y orar. Allí estuvo toda la noche, hablando con Dios. Le pidió que le diera sabiduría para escoger a doce ayudantes especiales. Estos ayudantes estarían siempre con Él para anunciar el mensaje de salvación.

Al día siguiente llamó a sus seguidores y eligió a doce de ellos, a quienes llamó discípulos. Estos hombres estuvieron mucho tiempo con Jesús, aprendiendo sobre el reino de Dios y enseñando a la gente el mensaje de Dios.

CONEXIÓN

Use estas actividades para relacionar la verdad bíblica con la vida diaria de los preescolares.

¡Yo puedo ser un discípulo!

Para esta actividad necesita una tira de cartulina para cada alumno, cinta adhesiva, lápices o marcadores de colores, y pinturas dactilográficas.

Con anticipación trace con líneas punteadas el nombre de cada niño en una tira. Repártalas, permita que remarquen su nombre y lo decoren usando lápices de colores o las pinturas dactilográficas. Mientras lo hacen, explíqueles que si aman a Jesús y viven su mensaje, también son sus discípulos.

Cuando terminen, peguen las tiras alrededor del salón junto con los nombres de los doce apóstoles.

Un barco de pescadores

Reparta los libros del alumno, una hoja de papel azul y tijeras. Sigan las instrucciones de la página 12 para armar las barquitas.

Pida que tracen la palabra de fe y peguen figuras en forma de peces sobre la hoja azul doblada. Repasen juntos el contenido de la lección mientras realizan esta actividad.

Jesús me enseña

Abran los libros del alumno en la página 13 y sigan estas instrucciones para completar el proyecto. Recorten con cuidado los dos círculos. Después, ayúdeles a recortar la ventana marcada en el círculo uno.

Coloque el círculo uno sobre el círculo dos y únalos por el centro con un sujetador de papel de dos patitas.

Indique a los niños que den vuelta al círculo superior para ver cada escena por la ventana.

Reúnalos y usen los trabajos terminados para repasar lo que aprendieron en las cuatro lecciones de esta unidad.

Memorización

Use las figuras de flores y pájaros sugeridas en la primera lección. Repasen varias veces el texto. Permita que los que lo aprendieron de memoria lo digan frente al grupo. Si es posible, premie su esfuerzo con un lápiz o un caramelo.

Para terminar

Ya que esta es la última lección de la unidad, le sugerimos que organice una pequeña exposición en su salón con todos los trabajos que realizaron sus alumnos en estas lecciones.

Invite a los padres de familia y a los miembros de su congregación a visitarla. Pida a los niños que cuenten lo que han aprendido y repitan el texto para memorizar. No olvide reconocer el esfuerzo que hicieron los niños durante estas cuatro semanas de estudio.

notas

Año 2
Introducción • Unidad II

LA BIBLIA NOS HABLA DE DAVID

Objetivo de la unidad: Que los preescolares comprendan que Dios ayudó a David en momentos de necesidad, y que reconozcan y agradezcan la ayuda de Dios en su vida diaria.

Texto para memorizar: Mi socorro viene de Jehová, que hizo los cielos y la tierra (Salmo 121:2).

Palabra de fe: DIOS NOS AYUDA: Dios nos ayuda a conocer su voluntad.

Lecciones de la unidad:

Lección 5   Dios escoge a David como rey
Lección 6   David vence a Goliat con la ayuda de Dios
Lección 7   Dios da a David un amigo especial
Lección 8   Dios ayuda a David a ser bondadoso

Enseñanzas de las lecciones para los preescolares:

✘ Aprenderán que Dios escoge a sus siervos sin importar la apariencia.
✘ Sabrán que Dios los ayuda a enfrentar las situaciones difíciles.
✘ Comprenderán que Dios les muestra su amor a través de los amigos.
✘ Entenderán que Dios puede ayudarlos a ser bondadosos.

Estas cuatro lecciones tienen enseñanzas muy importantes en un mundo que parece estar fuera de control. Por medio de la vida de David, vemos que Dios trabaja a través de las circunstancias más inusuales para ayudar a los que le aman y le sirven.

Dios escogió a David para que fuera rey y él respondió con obediencia y paciencia. Aunque las cosas no siempre marchaban bien, David sabía que Dios cuidaba de él. Dios lo ayudó antes de convertirse en rey, lo defendió de Goliat, le proveyó un amigo, lo mantuvo a salvo del rey Saúl y estuvo con él durante su reinado.

A través de la vida de este personaje bíblico, los preescolares aprenderán que Dios los ama, cuida y desea ayudarlos.

Dios escoge a David como rey

Base bíblica: 1 Samuel 16:1-3

Objetivo de la lección: Que los niños aprendan que Dios escoge a sus siervos sin fijarse en la apariencia.

Texto para memorizar: Mi socorro viene de Jehová, que hizo los cielos y la tierra (Salmo 121:2).

¡PREPÁRESE PARA ENSEÑAR!

En 1 Samuel 16:1-3 encontramos la conversación entre Dios y el sacerdote Samuel. Dios le ordenó que fuera y ungiera como rey a su escogido, quien ocuparía el trono de Israel. Samuel respondió con temor, pues al cumplir la orden de Dios, estaría traicionando al actual rey y eso podía costarle la vida. Dios reprendió a Samuel y le recordó su supremacía y autoridad.

Samuel obedeció a Dios e hizo el viaje a Belén, una ciudad que estaba hacia el sur, cerca de Jerusalén. Belén después sería conocida como "la ciudad de David" y, posteriormente, como el lugar donde nació Jesús.

Una vez en Belén, Samuel preparó a la familia de Isaí para el sacrificio. Esto incluía que examinaran sus corazones, así como una limpieza exterior. Ofrecer sacrificio le dio a Samuel una razón válida para ir a Belén y utilizó la oportunidad para ungir al nuevo rey.

La mirada de Samuel se dirigió primero a Eliab, el hijo mayor de Isaí. Eliab era un joven alto e imponente, con una gran personalidad; pero Dios le recordó a Samuel que la apariencia externa no era lo importante. Dios sabía lo que necesitaba en el futuro rey de Israel. Debía ser una persona obediente, con determinación y sensible a la voluntad divina. Cada uno de los hijos de Isaí fueron llevados ante Samuel y rechazados por Dios.

Fue el último, David, el pequeño y humilde pastor, a quien Dios había escogido para gobernar a su pueblo.

Samuel ungió al muchacho, quien al instante fue lleno del Espíritu de Dios y posteriormente gobernó a Israel con sabiduría y temor a Jehová.

Adaptación

Mientras se prepara para enseñar, reflexione en la visión que tiene de sus alumnos. ¿Muestra preferencia por los más obedientes y callados? ¿Está centrando su atención en la apariencia externa o en las necesidades específicas de cada uno de ellos?

Pida al Señor que le ayude a ver a cada niño tal como Él lo ve: único, especial y creado para servir a Dios.

La sociedad ha establecido ciertos estándares de apariencia física y características externas que las personas deben cumplir para ser aceptadas o rechazadas. Esta conducta tiende a desarrollarse desde la niñez; por tanto, los preescolares no son ajenos a ella.

Aun en el ambiente infantil, la apariencia física o las discapacidades son factores que determinan la actitud de los niños. La lección les ayudará a entender que a Dios no le interesa nuestra apariencia externa sino nuestro corazón.

DESARROLLO DE LA LECCIÓN

Use la siguiente actividad para centrar la atención de los niños en el tema de estudio.

Todos somos iguales

Consiga fotografías, dibujos o recortes de revistas de personas de diferentes razas. Péguelas sobre una cartulina o cartón.

Permita que sus alumnos las observen y pregúnteles: ¿Qué hace diferentes a estas personas? Escuche con atención las respuestas. Cuando hayan terminado de participar, explique las similitudes físicas que existen; por ejemplo, todos tienen dos ojos, dos manos, nariz, cabello, etc. Después haga énfasis en que aunque físicamente todos son distintos, por dentro son iguales.

Dios los creó diferentes en lo físico, pero a todos les dio un corazón para alabarle y amarlo.

BIBLIA

Haga uso de estas actividades para introducir a los niños en el estudio de la historia bíblica.

Un títere que habla

Elabore un títere sencillo con una bolsa de papel o con un calcetín o tela. Si cuenta con títeres, úselos.

Usando el títere, mencione a los niños: La historia bíblica trata de un jovencito llamado David. Escuchen con mucha atención a nuestro visitante mientras les cuenta la historia de cómo Dios escogió a David para hacer algo especial.

19

Aceite para ungir

Para esta actividad necesita un frasco con tapa y aceite comestible.

Muestre a los niños la botella de aceite y permita que observen el contenido mientras les dice: Este aceite está hecho a base de vegetales (o de aceitunas, según el caso). Generalmente se usa para cocinar. Hace mucho tiempo había un siervo de Dios llamado Samuel. Éste escuchaba a Dios y después les decía a las personas lo que el Señor le hablaba. Un día Dios le dijo a Samuel que llevara un poco de aceite y fuera a casa de una familia en Belén. Samuel sabía que Dios quería que hiciera algo especial con ese aceite. ¿Quieren saber qué fue lo que hizo Samuel? Escuchen con atención la historia bíblica para que sepan lo que sucedió.

Un invitado especial

Invite a un joven de su congregación a contar la historia bíblica a los niños. Pídale que estudie la base bíblica de la lección, la narración del libro y, de ser posible, que se vista como si fuera un pastor de ovejas.

Historia bíblica

Dé la bienvenida al invitado especial y preséntelo al grupo diciendo: Nuestro invitado de hoy está vestido como un pastor de ovejas. David también era pastor de ovejas. Por eso este pastor va a contarles una historia bíblica muy hermosa sobre David.

Dios escoge a un nuevo rey

Samuel ayudaba a los israelitas a ser obedientes a Dios. Era un hombre muy sabio que guiaba al pueblo a tomar decisiones importantes. Sin embargo, el pueblo quería tener un rey. Dios escogió a Saúl para que fuera el rey. Él fue un buen rey por un tiempo, pero después dejó de amar y obedecer a Dios.

Entonces Dios le dijo a Samuel que fuera a Belén, porque había escogido a uno de los hijos de Isaí como el nuevo rey de Israel, en lugar de Saúl.

Samuel obedeció a Dios y, cuando llegó a Belén, habló con Isaí y sus hijos. Eliab, el hijo mayor de Isaí era muy fuerte y apuesto.

"No, falta mi hijo menor", dijo Isaí, "se llama David".

Samuel le pidió a Isaí que llamara a su hijo menor para conocerlo. Cuando David llegó, Dios le dijo a Samuel: "Este es el muchacho que he escogido para que sea el próximo rey de Israel".

Samuel derramó aceite sobre la cabeza de David. Esto era una señal para que todos supieran que Dios lo había escogido como el nuevo rey de su pueblo. David sintió el poder de Dios sobre él cuando esto sucedió. Estaba seguro de que el Señor le ayudaría a ser un buen rey.

Repaso bíblico

Coloque a los niños formando un círculo. Usando el títere de la actividad anterior, pida a cada uno que diga brevemente algo que aprendió de la historia bíblica.

CONEXIÓN

Escoja alguna de las siguientes actividades para ayudar a los niños a relacionar la verdad bíblica con la vida diaria.

Dios escogió a David

Entregue a cada niño su libro de trabajo y un lápiz. Indíqueles que escriban su nombre y tracen la palabra de fe.

Recorten la estampa correspondiente a esta lección de la página 129. Péguenla en la escena y coloreen la hoja. Cuando hayan terminado, repasen brevemente lo que aprendieron hoy.

Hermano, hermano, David

Siente a los niños formando un círculo y dígales: Voy a caminar alrededor del círculo y les daré una palmada en el hombro. Si al tocarlos digo "hermano", no se muevan. Recuerden que Dios no escogió a ninguno de los hermanos de David para ser el nuevo rey de Israel. Pero si al tocarlos digo "David", levántense y vayan al centro del círculo. Yo simularé que pongo aceite sobre su cabeza, tal como lo hizo Samuel con el joven David. Continúe hasta que todos hayan tenido la oportunidad de pasar al centro.

Memorización

Escriba el texto en una cartulina grande. Trace bien las letras para que sus alumnos no tengan dificultad en leerlo. Explíquelo palabra por palabra para que sepan el significado de lo que leen. Repítanlo varias veces hasta que se familiaricen con él. Pegue la cartulina en un lugar visible.

Para terminar

Es importante que antes de irse los niños, recojan los materiales que hayan usado y ordenen el salón. Anímelos a asistir la próxima semana y ore con ellos antes de despedirse.

notas

20

David vence a Goliat con la ayuda de Dios

Base bíblica: 1 Samuel 17:17-49

Objetivo de la lección: Que los niños aprendan que Dios los ayuda cuando se enfrentan a situaciones difíciles.

Texto para memorizar: Mi socorro viene de Jehová, que hizo los cielos y la tierra (Salmo 121:2).

¡PREPÁRESE PARA ENSEÑAR!

En la lección pasada vimos cómo Dios eligió a un nuevo rey para su pueblo. A través de la historia de David aprenderemos que el Señor cuida a sus siervos y les provee lo que necesitan.

David era el hijo menor de Isaí. Él dividía su tiempo entre cuidar las ovejas de su padre y servir en la corte del rey Saúl.

En ese tiempo los enfrentamientos entre los ejércitos israelitas y filisteos eran frecuentes. Las luchas territoriales y de poderío los llevaban a enfrentarse en cruentas batallas. Durante uno de esos combates el joven David estaba en la casa de su padre, cuidando el rebaño, mientras tres de sus hermanos mayores combatían junto a los soldados del rey Saúl, cuyos ejércitos atravesaban una grave crisis.

Isaí, el padre de David, le ordenó que llevara algunos alimentos a sus hermanos. Fue allí donde David tuvo oportunidad de demostrar por qué Dios lo había escogido como futuro rey de Israel.

En vez de dejarse dominar por el pánico como los demás, el joven David, lleno del poder de Dios, se enfrentó al enemigo que insultaba al pueblo escogido del Señor.

David no fue a la batalla con una gran armadura o armas peligrosas. Él confió en la ayuda y protección de Dios.

Adaptación

En muchas ocasiones, cuando enfrentamos grandes problemas, nos sentimos agobiados y atemorizados. Pensamos que no hay solución. Sin embargo, la historia de hoy nos enseña que cuando confiamos en Dios, recibimos fortaleza y seguridad aun en medio de las luchas más terribles.

Como maestro de escuela dominical, tiene la responsabilidad de infundir esa confianza en sus alumnos. Los preescolares se enfrentan a un mundo desconocido para ellos. La mayoría comienza a ir a la escuela y atraviesa situaciones que están fuera de su control. Los niños pequeños tienen la necesidad y el deseo natural de recibir cuidado y protección. Hay muchas cosas que no pueden hacer por sí mismos. Es por ello que esta historia, en la que Dios ayuda al pequeño David a pelear contra el gigante Goliat, es ideal para infundirles confianza. Haga énfasis en que aunque no siempre cuentan con la protección y el apoyo de sus padres, Dios está dispuesto a cuidarlos y ayudarlos en todo momento.

DESARROLLO DE LA LECCIÓN

Las siguientes actividades le ayudarán a centrar la atención de los niños en el tema de estudio.

Una provisión de alimentos

Para esta actividad necesita recortes o dibujos de algunos alimentos, recipientes de comida vacíos y limpios, y algunos utensilios de cocina.

Ponga los materiales sobre una mesa e invite a los niños a preparar un almuerzo imaginario. Mientras lo hacen, indíqueles que la historia de hoy nos habla de algo muy importante que sucedió cuando David llevó alimentos a sus hermanos.

¿A qué le tienes miedo?

En un pliego de papel, o en la pizarra, escriba una lista de los temores que sienten los niños de su clase. Asegúrese de que todos participen.

BIBLIA

Utilice estas actividades para ayudar a los niños a asimilar mejor el mensaje bíblico.

¡Caras de susto!

Reúna a los niños formando un círculo y dígales: Cuando cuente: 'uno, dos, tres', todos pongan cara de asustados. Repita la actividad varias veces. Después, si es posible, pida que se sienten en el piso. Dígales que la historia trata de unos soldados que estaban muy asustados por un gigante llamado Goliat.

Historia bíblica

Durante la semana dibuje en un pliego grande de papel una figura que represente a Goliat. Tome como ejemplo algún libro de ilustraciones bíblicas o el libro del alumno. Dibuje también una figura más pequeña que represente a David.

Use estas figuras durante la lección. Si el tiempo y los recursos se lo permiten, dibuje un escenario sencillo para el desarrollo de la historia bíblica.

David se enfrenta a Goliat

David era un pequeño pastor que cuidaba las ovejas de su padre. Un día David sería el rey de Israel, pero ahora el rey era Saúl. Tres de los hermanos mayores de David eran soldados en el ejército de Saúl y estaban peleando contra los filisteos.

Isaí, el padre de David, le ordenó que fuera al campamento de los soldados para llevarles comida a sus hermanos.

David estaba muy emocionado porque estaría cerca de la batalla. Cuando llegó, se dio cuenta de que todos los soldados estaban asustados. La razón era que los filisteos tenían a un gigante llamado Goliat en su ejército.

Goliat era muy alto y fuerte. Todos le temían. Pero David no. Él sabía que Dios era más fuerte que Goliat y que todos los gigantes.

Entonces David se presentó ante el rey Saúl y le dijo: "Yo pelearé contra Goliat".

"Pero tú solamente eres un jovencito", le contestó Saúl.

David confiaba en que Dios le daría la victoria y convenció al rey para que lo dejara pelear.

El rey Saúl le prestó su armadura, pero era muy grande y pesada para el pequeño pastorcito. Entonces David recogió cinco piedras del río y las puso en su bolsa. Después se dirigió hacia el frente de la batalla donde estaba esperando Goliat.

Cuando el gigante vio al muchacho, comenzó a reírse y le dijo: "Tú no puedes pelear contra mí. ¡Eres muy pequeño!" Pero David, lleno del poder de Dios, fue hacia el gigante. Luego tomó una piedra, la puso en su honda y comenzó a girarla con mucha fuerza. Cuando la tiró, la piedra voló hasta golpear la cabeza de Goliat y éste cayó desplomado al piso.

Todos en el campamento del rey Saúl estaban felices, mientras que el ejército enemigo huía asustado.

Dios le dio a David la victoria sobre el gigante, y Él puede ayudarte a ti también a vencer tus temores.

Yo puedo vencer

Después que los niños hayan escuchado la historia bíblica, platique con ellos sobre cómo Dios puede ayudarles a vencer sus temores, así como ayudó a David a vencer al gigante Goliat.

Miren la lista de temores que hicieron en la actividad anterior. Permita que cada uno rompa un trozo de la lista y lo ponga en el cesto de la basura.

CONEXIÓN

Use estas actividades para ayudar a los niños a relacionar la verdad bíblica con su vida diaria.

¿Cuál es la diferencia?

Entregue los libros del alumno y lápices. Dé tiempo para que escriban su nombre y tracen la palabra de fe de esta unidad. Dígales: Dios siempre está dispuesto a ayudarnos a vencer nuestros temores.

¿De qué forma ayudó Dios a David? (permita que respondan).

Reparta tijeras y ayude a los que tengan dificultad para recortar los tres cuadros. Unan las dos piezas que forman la figura de Goliat uniendo las secciones A y B.

Coloreen las dos figuras. Luego doblen en forma de acordeón la figura de Goliat (vea el ejemplo en el libro del alumno). Compare el tamaño de las dos figuras y pregúnteles: ¿Quién era más grande y fuerte, David o Goliat? ¿Creen ustedes que David tenía miedo de pelear contra este gigante? (permita que respondan). David sabía algo que Goliat no sabía. Él estaba seguro de que Dios era más poderoso que todas las personas del mundo. David confió en Dios y en su ayuda. Nosotros también podemos confiar en que Dios nos cuida y nos ayuda cuando sentimos temor.

¿De qué tamaño era Goliat?

Para ayudar a los niños a comprender cuán grande era Goliat, consiga una vara de medir o cinta métrica, dos tiras de papel, cinta adhesiva y marcadores.

Con la cinta métrica mida en una pared 2.75 metros y haga una pequeña marca; encima de ésta pegue un trozo de papel que diga: "Goliat era tan alto que llegaba hasta aquí". Si desea, pida que los niños se acuesten en el piso formando una línea (pie con cabeza), para mostrar cuántos niños caben en 2.75 metros. Después mida a un joven de su congregación y haga otra marca en la pared; encima de esa marca pegue un papel que diga: "Muchos adultos crecen hasta esta altura".

Comparen la estatura de Goliat con la de personas normales. Cuando hayan terminado la actividad, indique a sus alumnos que tomen asiento y pregunte: ¿Cómo te sentirías si una persona del tamaño y la fuerza de Goliat quisiera pelear contigo?

Deje que respondan y anímelos a confiar en Dios cuando se enfrenten a una situación peligrosa.

Memorización

Forme una fila con sus alumnos y guíelos a dar una caminata alrededor del salón. Indíqueles que cuando la fila se detenga, todos dirán en voz alta el texto para memorizar. Repita este ejercicio hasta que hayan repasado el texto por lo menos tres veces.

Para terminar

Dedique un tiempo de oración en el que los niños manifiesten sus peticiones e intercedan unos por otros. Ya que los preescolares están aprendiendo a orar, es importante que comprendan la importancia de hablar con Dios.

Termine la clase con un canto alusivo a la historia bíblica e invite a sus alumnos para que asistan la próxima semana.

LECCIÓN 7

Dios le da a David un amigo especial

Base bíblica: 1 Samuel 18:1-4; 19:1-7
Objetivo de la lección: Que los niños aprendan que Dios les muestra su amor a través de los amigos.
Texto para memorizar: Mi socorro viene de Jehová, que hizo los cielos y la tierra (Salmo 121:2).

¡PREPÁRESE PARA ENSEÑAR!

Esta historia comienza después que David venció a Goliat y su popularidad creció. Toda la gente del pueblo y de la corte del rey aclamaban a David por su victoria, por lo que Saúl empezó a sentirse celoso y a atacar al joven pastor. Sin embargo, aunque la situación se tornaba difícil para David, Dios lo bendijo dándole un buen amigo, Jonatán.

David y Jonatán iniciaron una entrañable amistad e hicieron un pacto ante Dios, prometiendo ser leales el uno con el otro.

La amistad entre ellos creció al punto que Jonatán tuvo que defender a David de los ataques de su padre Saúl. A través de esta relación Dios bendijo a David y le mostró su provisión y cuidado.

Adaptación

La amistad es algo que los niños pequeños están comenzando a experimentar. Por ahora sus relaciones amistosas se basan en factores externos, como los juegos en común o el tiempo que pasan juntos en la escuela.

Por ejemplo, si dos niños disfrutan jugando a la pelota, es seguro que pasarán mucho tiempo esta actividad sin que exista un lazo profundo que los una. La historia bíblica les ayudará a comprender que la amistad es algo más que compartir sus juguetes o pasar un rato agradable. Es una bendición de Dios para sus hijos y a través de ella aprendemos, amamos y crecemos.

DESARROLLO DE LA LECCIÓN

Use algunas de las siguientes actividades para ayudar a los niños a centrar su atención en el tema de estudio.

¿Cómo se llama?

Indique a los niños que se sienten formando un círculo. Pregunte a cada uno de ellos el nombre de su mejor amigo. A medida que mencionen nombres, escríbalos con lápiz en hojas de papel. Luego entréguele a cada uno el nombre de su amigo o amiga para que lo remarque con colores. Esto les ayudará a conocer algunas letras y a ejercitarse en la escritura.

Mantenga cerca las hojas con los nombres para usarlas en la próxima actividad.

El mural de la amistad

En la parte superior de una cartulina grande escriba: "Gracias a Dios por los amigos". Luego entregue a cada niño una hoja de papel para que dibuje a su mejor amigo o amiga. Cuando terminen, pegue los dibujos en la cartulina y ponga debajo los nombres que escribieron en la actividad anterior.

Manos amigas

Para esta actividad necesita una cartulina grande y lápices o marcadores de colores.

Coloque sobre una mesa la cartulina y los marcadores. En la parte superior de la cartulina escriba: "Estas son las manos de mis amigos. ¡Gracias a Dios por ellos!"

Pida a cada niño que trace sus manos en la cartulina y las coloree. Cuando terminen, escriba su nombre debajo. Dígales: Esta semana la historia bíblica nos habla del mejor amigo de David. Su nombre era Jonatán. Dios le dio a David un amigo especial para bendecirlo. Nosotros tenemos todo un grupo de amigos en la escuela dominical y debemos agradecer a Dios por ellos.

BIBLIA

El uso de estas actividades le ayudará a los niños iniciar el aprendizaje bíblico.

¿Quién es?

Pida a los niños que formen un círculo. Pida un voluntario. Luego véndele los ojos y envíelo fuera del salón acompañado por otro alumno.

El resto deberá cambiar de lugares en silencio. Traigan nuevamente al niño que salió del salón. Guíenlo para que se siente en medio del círculo. Luego otro niño o niña pasará al frente y le dirá algunas palabras describiéndose a sí mismo o a sí misma. Por ejemplo, "soy alto", "uso anteojos", etc. Guiándose por el tono de voz y la descripción, el voluntario debe adivinar cuál de sus compañeros le está hablando. Trate de hacer que todos o la mayoría de los alumnos participen.

Te presento a mi amigo

Invite a un amigo suyo a participar en esta actividad. Permita que los niños ocupen sus lugares para escuchar la historia bíblica y dígales: Él (o ella) es mi mejor amigo(a). Yo le doy gracias a Dios por mi amigo (diga el nombre) porque siempre está conmigo y me ayuda cuando lo necesito. Si desea, cuente una breve anécdota sobre su amistad.

Historia bíblica

Si tiene ayudas visuales, úselas para ilustrar esta historia. De lo contrario, use el tono de voz para enfatizar los aspectos importantes e incentivar el interés de los niños mientras escuchan la historia bíblica.

Lleve una capa o abrigo para ilustrar el regalo que le hizo Jonatán a David.

Jonatán, el mejor amigo de David

Dios amaba a David y David amaba a Dios. Dios escogió a David para que fuera el nuevo rey de Israel. Mientras Saúl continuaba siendo rey, David estaba con él y lo ayudaba en el palacio.

David conocía al hijo del rey Saúl. Su nombre era Jonatán. Los dos se hicieron buenos amigos y pasaban tiempo juntos. Jonatán le regaló su capa a David y algunas otras cosas de valor para demostrarle que lo quería mucho. Ellos prometieron ante Dios que siempre serían amigos.

El rey Saúl no quería a David porque le tenía muchos celos. Él pensaba que las personas como David merecían morir y quería deshacerse del joven.

Un día Saúl llamó a Jonatán y a sus sirvientes y les dijo: "No quiero tener cerca a David. Desháganse de él".

Esto hizo que Jonatán se sintiera muy triste. No quería que nada malo le sucediera a su amigo David. Por eso decidió hablar con él para avisarle lo que el rey quería hacer.

"Mi padre quiere lastimarte", le dijo Jonatán a David. "Escóndete mientras hablo con él para convencerlo de que no te haga daño". David hizo lo que su amigo le pidió. Mientras tanto, Jonatán fue a ver al rey y le rogó que no lastimara a su amigo. Le hizo recordar todas las cosas importantes que David había hecho por el reino y cómo había vencido a los filisteos matando al gigante Goliat.

Saúl recordó todas las cosas buenas que David había hecho y le prometió a Jonatán que no le haría daño.

Jonatán fue corriendo a darle la buena noticia a David. Después lo llevó al palacio para ver al rey. David siguió sirviendo en el palacio y siendo el mejor amigo de Jonatán.

Repaso bíblico

Dé oportunidad para que cada alumno sostenga la capa que utilizó para ilustrar la lección y entrégueles algo que les ayude a recordar la historia bíblica.

CONEXIÓN

Estas actividades le serán de utilidad para ayudar a los niños a relacionar la enseñanza bíblica con su vida cotidiana.

Buenos amigos

Reparta los libros del alumno y dedique tiempo para que cada niño escriba su nombre y trace la palabra de fe de la unidad. Entregue lápices de colores para que coloreen las figuras de David y Jonatán.

Mientras trabajan, recuérdeles algunos aspectos importantes de la historia bíblica que estudiaron.

Pídales que piensen en alguno de sus amigos y hagan un dibujo de ellos dos juntos en el espacio en blanco, en la parte inferior de la hoja de trabajo.

¿Cómo puedo ser un buen amigo?

Pida a sus alumnos que mencionen cualidades que tiene un buen amigo, según lo que aprendieron en la historia bíblica (leal, honesto, afectuoso, fiel, etc.). Anímelos a mostrar cada una de estas cualidades en sus relaciones diarias.

Memorización

Tomados de la mano, formen un círculo. Mientras giran, repitan juntos el texto para memorizar un par de veces. Cuando se detengan, alguno de los niños tiene que decir el texto él solo. Luego, sigan girando y repitiéndolo juntos; cuando se detengan, otro alumno debe decirlo solo. Sigan jugando hasta que todos hayan participado.

Para terminar

Muestre las figuras de David y Jonatán del libro del alumno y dígales: Dios le dio un buen amigo a David, así como nos da buenos amigos a nosotros. Vamos a orar por nuestros amigos. Invite a cada uno a interceder por alguno de sus amigos y después concluya con una oración.

Dios ayuda a David a ser bondadoso

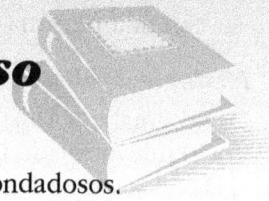

Base bíblica: 2 Samuel 9:1-8
Objetivo de la lección: Que los preescolares aprendan que Dios los ayuda a ser bondadosos.
Texto para memorizar: Mi socorro viene de Jehová, que hizo los cielos y la tierra (Salmo 121:2).

¡PREPÁRESE PARA ENSEÑAR!

Los eventos que se narran en este capítulo no se pueden fechar con exactitud. Sin embargo, se sabe que ocurrieron después que David subió al trono de Israel, poco después que Saúl y Jonatán fueron asesinados.

A pesar de los conflictos con los descendientes del rey Saúl, David nunca olvidó la promesa de amistad que hizo con Jonatán, pero éste había muerto.

David deseaba encontrar a alguien de la familia real para ayudarlo y cumplir así el pacto que había hecho con su mejor amigo. Un hombre que había sido siervo en la casa de Saúl le dijo a David que aún quedaba con vida un hijo de Jonatán, que estaba lisiado de los pies y se llamaba Mefi-boset.

Mefi-boset tenía cinco años cuando su padre murió (2 Samuel 4:4). Cuando su nodriza escuchó que Jonatán había muerto, tomó al niño y huyó con él, pero mientras huía apresuradamente, el niño se le cayó y quedó cojo.

Al enterarse Mefi-boset de que el rey David lo buscaba, temió por su vida. En los reinos antiguos, generalmente los nuevos reyes aseguraban su derecho al trono eliminando a todos los descendientes de los reyes anteriores. Sin embargo, el rey David cumplió la promesa que le había hecho a Jonatán muchos años atrás. Misericordiosamente le dio a Mefi-boset todas las tierras que habían pertenecido a su abuelo Saúl. Además, lo invitó a ser parte de su propia familia, pidiéndole que comiera en su mesa como uno de los hijos del rey.

Adaptación

Aprender a ser bondadosos en palabras y acciones es muy importante para los niños pequeños.

Los preescolares atraviesan períodos en los que centran su interés en ellos mismos. Son naturalmente egocéntricos. Esto no significa que tengan la intención de serlo, sino que es parte de su proceso de desarrollo y socialización.

Para ellos, sus ideas, necesidades y pensamientos son los correctos, y todos los demás deberían verlos así también. Estas conductas tienden a generar problemas en el salón de clase, pero usted puede minimizarlos enseñándoles a aceptar las ideas de los otros. Ayúdeles a entender que es bueno ser flexibles y bondadosos unos con otros. Obsérvelos mientras juegan juntos, escuchan a otros niños y oran por sus compañeros de clase.

Recuerde que los niños en edad preescolar por lo general son amigables. Se preocupan por sus amigos, sus familias, incluso por sus mascotas. Pueden percibir cuando alguien es amable con ellos, pero están listos para juzgar a alguien que no lo es. A través de esta lección aprenderán que Dios quiere ayudarlos a ser amables con sus semejantes.

DESARROLLO DE LA LECCIÓN

Las siguientes actividades le ayudarán a centrar la atención de sus alumnos en el tema de estudio.

Tiempo de jugar

Para esta actividad necesita masa para modelar o plastilina de colores, y manteles o bolsas de plástico.

Cubra el área de trabajo con los manteles y dé tiempo para que los niños formen figuras con los materiales. Obsérvelos durante la actividad y anímelos a compartir los materiales unos con otros. Hable con ellos sobre la importancia de ser amables y bondadosos cuando juegan con sus compañeros.

Repaso general

Pida que tres voluntarios cuenten al grupo algo que aprendieron durante las clases pasadas. Después provea hojas blancas y lápices de colores para que elaboren un dibujo sobre lo que más les gustó de esas historias.

Forme un mural con los dibujos terminados y péguelo en la puerta de su salón para que los padres de familia puedan verlo.

BIBLIA

Las siguientes actividades le permitirán enseñar a sus alumnos la historia bíblica.

¿Qué es ser bondadoso?

Dígales a sus alumnos: Dios quiere que seamos bondadosos con las personas. ¿Sabe alguno qué significa ser bondadosos? (escuche las respuestas).

Conforme expresen sus respuestas, escríbalas en la pizarra. Luego explíqueles que la historia bíblica

25

nos habla de cómo Dios ayudó a David a ser bondadoso con una persona.

Historia bíblica

David amaba a Dios, y Dios lo escogió para que fuera el nuevo rey de Israel. Cuando el rey Saúl murió, David tomó su lugar.

El mejor amigo de David, Jonatán, también murió en una batalla y eso entristeció mucho a David.

Un día, el rey David estaba hablando con sus ayudantes y les preguntó: "¿Vive todavía algún familiar de Saúl, a quien yo pueda ayudar en memoria de Jonatán? Quiero ser bondadoso con ellos, así como Jonatán fue bondadoso conmigo".

Los ayudantes del rey se pusieron a pensar y de pronto alguien recordó a un siervo del rey Saúl, llamado Siba. Entonces se apresuraron a informarle a David. "Posiblemente Siba conoce a alguien", dijeron los sirvientes. David respondió: "Tráiganme a este hombre de inmediato".

Así fue como los ayudantes llevaron a Siba ante David. "¿Vive todavía alguien de la familia de Saúl?", preguntó David. "Dios ha puesto en mi corazón un gran deseo de ayudarlo".

"Aún vive un hijo de Jonatán, que no puede caminar", comentó Siba. "Su nombre es Mefi-boset".

"¡Deseo conocerlo!", dijo David emocionado.

¡El rey David estaba muy entusiasmado con la idea de ayudar al hijo de su mejor amigo! Al poco tiempo, sus ayudantes trajeron al palacio al hijo de Jonatán.

Mefi-boset estaba muy asustado. No sabía por qué el rey quería verlo.

"No tengas miedo", le dijo David. "Tu padre fue mi mejor amigo. Te voy a dar la tierra que le perteneció a tu abuelo, el rey Saúl. Además, puedes comer conmigo cuando lo desees".

"Gracias", dijo Mefi-boset, "usted es muy bondadoso conmigo".

David cumplió su palabra y le dio a Mefi-boset todo lo que antes fue de Saúl y de su familia. Como él no podía caminar, se quedó a vivir en Jerusalén y siempre comía en la mesa del rey David, como uno más de sus hijos.

CONEXIÓN

Utilice estas actividades para conectar la verdad bíblica a la vida diaria de sus alumnos.

Tarjetas de bondad

Distribuya los libros del alumno y tijeras para que los niños recorten las cuatro tarjetas, siguiendo las líneas punteadas. Pídales que observen con atención las figuras y digan en qué formas los niños están mostrando una actitud de servicio y bondad. Dé tiempo para que en el espacio en blanco hagan un dibujo sobre cómo pueden ser bondadosos y serviciales.

Volteen las tarjetas y acomódenlas según el orden de la historia bíblica. Tracen la palabra de fe y repitan el texto para memorizar. Al terminar, guarde las tarjetas en bolsas de plástico para que se las lleven a su casa y cuenten a su familia lo que aprendieron en la lección.

Mural

Escriba la palabra BONDAD en la parte superior de una cartulina.

Reparta revistas usadas. Pida que busquen ilustraciones de personas que muestren bondad (padres abrazando a sus hijos, niños jugando, etc.). Recorten las ilustraciones y péguenlas en el mural. Si no tienen revistas, pueden hacer sus propios dibujos. Pegue el mural en el salón como recordatorio de que deben ser bondadosos.

Memorización

Puesto que es la última clase de la unidad, prepare algunos premios para los que hayan aprendido el texto completo. Puede obsequiar corazones de papel con el versículo escrito en su interior. Dé tiempo para que los que deseen, lo repitan individualmente y relaten a los demás lo que han aprendido.

Para terminar

Repasen brevemente lo estudiado en las lecciones de esta unidad. Enfatice la importancia de tomar el ejemplo de David en su vida diaria. David, al igual que ellos, era tan solo un niño cuando Dios lo escogió para ser rey de su pueblo. Pero, este humilde pastorcito se convirtió en un rey muy poderoso y respetado. También los preescolares pueden hacer grandes cosas en las manos del Señor. Anímelos a depositar su confianza en Dios y obedecer su Palabra.

Dé una breve introducción al contenido de la siguiente unidad antes de concluir con una oración.

Año 2
Introducción • Unidad III

HISTORIAS QUE CONTÓ JESÚS

Objetivo de la unidad: Que los preescolares aprendan el significado de las muchas parábolas que contó Jesús.

Texto para memorizar: Entonces les enseñó muchas cosas por medio de ejemplos (Mateo 13:3, VP).

Palabra de fe: PARÁBOLAS: Son historias especiales que Jesús contó.

Lecciones de la unidad:

Lección 9	La historia del sembrador
Lección 10	La historia del buen samaritano
Lección 11	La historia de un gran banquete
Lección 12	La historia de la oveja perdida
Lección 13	La historia del hijo pródigo

Enseñanzas de las lecciones para los preescolares:

✘ Aprenderán que Jesús enseñó a la gente por medio de la parábola del sembrador.

✘ Aprenderán a ser bondadosos y compasivos al estudiar la parábola del buen samaritano.

✘ Estudiarán la parábola del gran banquete.

✘ Reconocerán a Jesús como el Buen Pastor a través de la parábola de la oveja perdida.

✘ Comprenderán el amor incondicional del Padre para con sus hijos.

Las parábolas son historias cortas y sencillas, con ejemplos de la realidad cotidiana, que enseñan verdades espirituales profundas. Jesús fue el mejor narrador de historias. Conocía a la gente y su entorno, y les enseñaba con ilustraciones sencillas para que comprendieran mejor el mensaje del reino de Dios.

Tal vez ahora sea más difícil comprender las parábolas, porque no estamos familiarizados con el estilo de vida que tenían en Palestina en los tiempos bíblicos. Sin embargo, el mensaje de Jesús sigue vigente lo necesitamos.

Al enseñar estas cinco lecciones, descubra junto con sus alumnos la riqueza espiritual que contienen las parábolas.

La historia del sembrador

Base bíblica: Mateo 13:1-9
Objetivo de la lección: Que los preescolares aprendan el significado de la parábola del sembrador.
Texto para memorizar: Entonces les enseñó muchas cosas por medio de ejemplos (Mateo 13:3, VP).

¡PREPÁRESE PARA ENSEÑAR!

Jesús fue el mejor narrador de historias. Usaba hechos de la vida cotidiana para enseñar profundas verdades espirituales. A estas historias se las conoce como parábolas. Las parábolas son ilustraciones o comparaciones basadas en una situación, de la cual se aplica una enseñanza. Jesús estaba consciente de que no todas las personas lo entenderían, pero sabía que muchas captarían las enseñanzas.

La ilustración de un sembrador esparciendo semillas en el campo era familiar para la gente de Galilea. Seguramente los que escucharon esta parábola no tuvieron dificultad para imaginar la escena, y entendían que algunas semillas crecían, pero otras no.

Nosotros conocemos el significado de esta parábola porque varios versículos de Mateo comparan la Palabra de Dios con las semillas. Muchas personas escuchan la Palabra, pero no la entienden y la semilla no crece; en cambio, en otros, el amor de Dios germina de tal modo que desarrolla raíces profundas y produce buenos frutos. Usted debe permitir que la semilla de la Palabra de Dios germine en su vida. No permita que las circunstancias difíciles empañen su gozo. Mantenga la tierra de su corazón fértil y flexible; de ese modo el Espíritu Santo podrá trabajar a través de usted para la vida de los niños a los que enseña.

Adaptación

Los niños disfrutan mucho al escuchar historias y pondrán especial atención a ésta, pues fue Jesús quien la narró. Cuando crezcan y entiendan por qué Jesús hablaba por medio de parábolas, este primer acercamiento a la Escritura les servirá como base de un conocimiento espiritual más profundo. A los preescolares les interesan las cosas que crecen, como las plantas. Sembrar una semilla y observar su crecimiento les resulta fascinante. En la historia bíblica aprenderán que cuando el sembrador plantó semillas en buena tierra, éstas dieron buenos frutos. Lo mismo sucede con las personas. La buena tierra significa la disposición que tenemos para aprender de las cosas de Dios.

DESARROLLO DE LA LECCIÓN

Elija algunas de las siguientes actividades para centrar la atención de los niños en el tema de estudio.

Visita al jardín

Para esta actividad necesitará algunas semillas para repartir entre sus alumnos.

Si su templo cuenta con jardín o algún terreno donde haya plantas, haga una visita breve con su clase. Permita que los niños miren y exploren los diferentes tipos de plantas. Después entréguele una semilla a cada uno; explíqueles que todas las plantas nacieron de una semilla pequeña, como la que tienen en su mano. Dígales que Jesús contó historias especiales llamadas parábolas para enseñarles a las personas. Nosotros vamos a aprender sobre estas historias bíblicas. La de hoy nos habla de un hombre que plantaba semillas.

¿De dónde vienen los frutos?

Para esta actividad necesitará frutas o vegetales que tengan semillas (manzana, naranja, melón, calabaza), platos, cucharas de plástico y toallas de papel para limpiar.

Corte las frutas o vegetales. Permita que los niños usen sus cucharas de plástico para sacar las semillas y ponerlas en los platos de papel. Dé tiempo para que examinen las diferencias entre los tipos de semilla que están observando. Mientras lo hacen, dígales que Dios puso las semillas en las frutas y vegetales para que los granjeros o agricultores puedan sembrarlas y luego cosechar más.

BIBLIA

Escoja alguna de estas actividades para ayudar a sus alumnos a aprender y experimentar la verdad bíblica de esta lección.

¡Vamos a escuchar a Jesús!

Pida a los niños que se imaginen que son personajes de los tiempos bíblicos. Dígales que Jesús llegará a su pueblo y se reunirá con la gente cerca del lago para hablarles. Coloque un pliego grande de papel azul, una frazada u otro artículo azul que represente el lago.

Hagan un recorrido por el salón imaginando que están yendo hacia el lago. Cuando lleguen al lugar indicado, pida que se sienten y narre la historia bíblica.

Las semillas perdidas

Usando cartulina o papel color café, dibuje y recorte la forma de una semilla para cada niño de su clase. Luego escóndalas en el salón.

Mencióneles que Jesús contó historias especiales llamadas parábolas para enseñarles a las personas. Hoy estudiaremos una de esas parábolas. Se trata de un sembrador que estaba plantando semillas en el campo. Pero, para iniciar la historia, necesito que me ayuden. Hay algunas semillas perdidas en el salón y necesito que cada uno de ustedes busque una semilla y la traiga a este lugar.

Cuando todos hayan regresado a su asiento, dígales que sostengan la semilla, y cuando usted lo indique durante la historia bíblica, que la levanten y agiten con fuerza.

HISTORIA BÍBLICA

La parábola del sembrador

Un día Jesús estaba cerca de un lago y muchas personas se acercaban a escucharlo. Jesús se subió a un bote que estaba cerca de la orilla y desde ahí comenzó a enseñar.

Él narró una historia especial, una parábola. Esta historia es de un sembrador. ¿Saben ustedes qué hacen los sembradores? (permita que respondan).

El sembrador de esta historia plantaba semillas. Escuchen con atención para que sepan lo que sucedió.

"Había un sembrador que fue al campo y llevó su saco lleno de semillas. Mientras caminaba, buscaba las semillas dentro de su saco y las esparcía por el campo.

Algunas de las semillas cayeron en el camino, por donde la gente pasaba, y las aves se las comieron. Así que estas semillas no crecieron ni dieron fruto.

Otras cayeron en un lugar lleno de piedras y con poca tierra. Allí las plantas crecieron muy rápido, pero no era un buen lugar para ellas porque no tenían suficiente tierra y agua. Así que cuando salió el sol, se secaron y murieron.

Otras semillas cayeron entre arbustos llenos de espinas que aprovechaban toda el agua y la tierra, así que las semillas del sembrador no pudieron crecer lo suficiente.

Pero otras cayeron en un buen lugar, en una tierra fértil y abundante (pida a los niños que levanten y agiten sus semillas de papel). Allí no había arbustos con espinas, ni aves que se las pudieran comer. También tenían suficiente agua, así que las semillas crecieron hasta convertirse en plantas fuertes y hermosas".

Así terminó la historia que Jesús narró acerca del sembrador. ¿Alguno recuerda cómo se llaman estas historias especiales? (parábolas). Jesús miró a la multitud de personas y les dijo: "El que tiene oídos para oír, oiga".

Jesús quería que cuando las personas escucharan estas parábolas, aprendieran más sobre el reino de Dios.

Actividad de repaso

Reúna a los niños formando un círculo y mecione que el sembrador puso el saco de semillas sobre sus hombros. Permita que los niños simulen que ponen los sacos sobre sus hombros. Después, caminó hacia el campo. Hagan un breve recorrido por el salón de clases. Cuando llegó, el sembrador tomó las semillas y las esparció por todo el campo. Pida que simulen buscar dentro de sus sacos, tomar un puñado de semillas y esparcirlas por el campo.

Pregúnteles: ¿Dónde cayeron las semillas? (en el camino, en terreno pedregoso, entre arbustos espinosos y en buena tierra). ¿Qué sucedió con las semillas que cayeron en el camino? (las aves se las comieron). ¿Qué sucedió con las que cayeron en el lugar lleno de piedras y en los arbustos? (las plantas no pudieron crecer). ¿Qué sucedió con las que

cayeron en buena tierra? (crecieron plantas fuertes y hermosas).

CONEXIÓN

Escoja alguna de estas actividades para ayudar a los niños a relacionar la verdad bíblica con la vida diaria.

¿De dónde vienen?

Durante la semana busque en revistas dibujos o fotografías, algunos tipos de alimentos (frutas, verduras, huevos, leche, etc.) y recórtelos para llevarlos a la clase.

Muestre las ilustraciones y pregunte a sus alumnos de dónde provienen esos alimentos. Por ejemplo: ¿De dónde provienen los huevos? (de las gallinas), ¿de dónde provienen las naranjas? (de las semillas de naranja), ¿de dónde proviene la leche? (de las vacas), etc.

Anímelos a ser agradecidos por la bendición de disfrutar los alimentos que Dios nos da.

Mis alimentos favoritos

Acomódelos formando un círculo y dígales: En la historia de hoy Jesús nos habló de un sembrador. Los sembradores se dedican a cultivar diferentes tipos de alimentos. Les voy a pedir que piensen en su alimento favorito. Cuando le pase la pelota a uno de ustedes, me dirá cuál es y le pasará la pelota a otro compañero. Continúe con esta dinámica hasta que todos hayan participado.

Libro del alumno

Recorte las cuatro estampas correspondientes a esta lección de la sección recortable del libro del alumno. Entréguelas a los alumnos junto con la hoja de trabajo.

Pida a los niños que recuerden lo que aprendieron durante la historia mientras colorean las escenas y pegan las estampas. (Escena 1: sembrador; escena 2: piedra; escena 3: espinas; escena 4: planta saludable).

Ayúdelos a doblar la hoja en forma de acordeón y para terminar repasen la parábola usando esta actividad.

Memorización

Pídales que se sienten en el suelo y dígales: Vamos a imaginar que ustedes son pequeñas semillas, plantadas en el campo, y yo voy a regar esas semillas con agua para que puedan crecer. Camine alrededor del salón simulando que rocía agua sobre cada niño. Dígales: ¡Crezcan, crezcan, pequeñas semillitas; crezcan tan altas que toquen las estrellitas! Pídales que se pongan de pie y traten de estirarse lo más que puedan, parándose de puntilla y levantando los brazos sobre la cabeza, como si fueran las ramas de un árbol. Repitan el texto bíblico mientras hacen esto.

Para terminar

Ayude a todos sus alumnos a concluir sus trabajos y reúnalos para entonar una alabanza antes de despedirse.

Diríjalos en oración y recuérdeles asistir a la siguiente clase.

La historia del buen samaritano

Base bíblica: Lucas 10:25-37

Objetivo de la lección: Que los preescolares aprendan el significado de la parábola del buen samaritano.

Texto para memorizar: Entonces les enseñó muchas cosas por medio de ejemplos (Mateo 13:3, VP).

¡PREPÁRESE PARA ENSEÑAR!

Jesús narró esta parábola como respuesta a una pregunta que le hicieron: ¿Quién es mi prójimo? Su respuesta iba más allá de la idea de que nuestro prójimo es un familiar o amigo; incluía a personas que no siempre son de nuestro total agrado o que nuestra sociedad considera inaceptables. El samaritano de esta historia era ese tipo de persona para los judíos.

Los judíos y los samaritanos tenían conflictos culturales y raciales irreconciliables. Para los judíos, los samaritanos eran despreciables, una mezcla por el matrimonio de israelitas con gentiles. Por ello Jesús narra esta parábola en la que el samaritano muestra misericordia, una conducta contraria a la de los líderes judíos. Un rasgo característico de esta historia es que Jesús toma a los líderes religiosos como ejemplos: un sacerdote y un levita.

Los que estaban escuchando esta parábola esperaban que ambos, el sacerdote y el levita, se detuvieran para ayudar al hombre herido. Seguramente fue muy difícil para ellos aceptar que el comportamiento del hombre samaritano pusiera en vergüenza la actitud de sus líderes religiosos.

El samaritano no sólo ayudó al hombre herido, sino que lo atendió y cuidó de él hasta que se recuperó. Mostró una bondad que iba más allá de las expectativas.

Una verdad que Jesús quería enseñar a través de esta parábola es la bondad. Los líderes judíos fallaron en este aspecto, pero el hombre samaritano nos da una muestra de compasión que debe permear la conducta del cristiano en este mundo.

Adaptación

Los niños pequeños pueden entender perfectamente que dos personajes de esta parábola no mostraron bondad, ignorando al hombre herido, mientras que el samaritano escogió mostrar bondad y amor a su prójimo.

Ponga atención mientras sus alumnos juegan juntos. ¿Muestran bondad en sus acciones? ¿Son amables unos con otros? Los preescolares atraviesan un período en el que su mundo se centra en ellos mismos. Actúan en forma individualista y desean satisfacer sus necesidades personales, sin tomar en cuenta a los demás. Por medio de esta parábola, ayúdeles a comprender que Dios desea que seamos amables unos con otros y amemos a nuestros semejantes como a nosotros mismos.

DESARROLLO DE LA LECCIÓN

Use algunas de estas actividades para ayudar a los niños a centrar su atención en el tema de estudio.

¿Quién es amable?

Colóquese en un lado del salón y pida a sus alumnos que se paren en el lado opuesto. Explíqueles las instrucciones del juego. Usted leerá en voz alta las frases que se sugieren u otras de su elección. Cuando se refieran a alguien que fue bondadoso, los niños caminarán hacia usted; cuando se trate de alguien que no mostró bondad, se quedarán inmóviles. El juego termina cuando todos estén con usted.

Frases:

1. Ana ayudó a recoger los juguetes.
2. Brenda golpeó a Luis.
3. Santiago abrazó a su compañero.
4. María trajo un pañal para que su papá cambiara al bebé.
5. Amelia tomó el crayón de Alejandro.
6. Rut le dio un beso a su hermana.

¿Cómo puedes ayudar?

Realice esta actividad con un niño, un grupo pequeño o toda la clase. Simule diferentes situaciones en las que requiera ayuda. Por ejemplo: 1. Simule una caída y dígales: Acabo de caerme y me torcí el tobillo. ¿Cómo pueden ayudarme? (permita que los niños respondan). 2. Pretenda que uno de sus zapatos está roto y diga: Mi zapato se rompió. ¿Cómo pueden ayudarme? (permita que respondan). 3. Vierta en el piso una caja de lápices y diga: Se me cayeron todos los lápices al piso. ¿Cómo pueden ayudarme? (permita que respondan).

No ayude a los niños a responder. Permita que ellos expresen las posibles soluciones a sus problemas. Haga hincapié en que ayudar a otras personas es una forma de ser bondadosos.

BIBLIA

Escoja alguna de las siguientes actividades para ayudar a los niños a comprender la verdad bíblica de esta lección.

El camino del viajero

Busque en revistas o libros algunas ilustraciones sobre caminos o carreteras. Muéstrelos al grupo y explíqueles que por esos lugares transitan las personas que van de viaje. Si algunos han viajado, permita que cuenten brevemente sus experiencias.

Dígales que la historia trata de un hombre que estaba viajando y tuvo un grave accidente en el camino.

¡Busca las curitas!

Antes que lleguen los alumnos esconda varias curitas en su salón de clase. Asegúrese de que haya suficientes para todos sus alumnos. Si prefiere, haga las curitas con papel o cartulina.

Dígales a los niños: La historia bíblica de hoy es una parábola. ¿Recuerdan qué es una parábola? (una historia especial que Jesús contó para enseñarles a las personas). La parábola de hoy es sobre un hombre que necesitaba ayuda.

Luego pídales que busquen las curitas por el salón y que regresen con ellas antes de que usted termine de contar hasta 30.

Historia bíblica

Si es posible, prepare ayudas visuales para la historia bíblica. Puede usar material para franelógrafo, títeres u otras ayudas que tenga a su disposición.

Si el tiempo se lo permite, pida que algunos voluntarios le ayuden a dramatizar la parábola.

Un hombre bondadoso

Jesús contó historias especiales llamadas parábolas. Una de ellas fue sobre un hombre que demostró ser bondadoso.

"Había un hombre judío que viajaba de Jerusalén a Jericó. Caminó mucho tiempo por un sendero difícil y peligroso. De pronto, unos ladrones lo asaltaron, lo hirieron y le quitaron todo lo que llevaba. Después se fueron, dejando al hombre tirado a un lado del camino.

Un sacerdote judío que iba pasando vio al hombre herido, pero no se detuvo. Pasó de largo sin ayudarlo. Después de un rato, otro hombre judío importante pasó por el mismo camino. Pero tampoco se detuvo, sino que caminó más rápido y se fue.

Después de algunas horas, un hombre de un lugar llamado Samaria pasó por allí. Los samaritanos y los judíos no eran buenos amigos. Seguramente ustedes están pensando: 'Este hombre tampoco se va a detener'. Pero no fue así. El samaritano sí se detuvo a ayudar al herido.

Él limpió y vendó las heridas del hombre. Después lo puso sobre su burro y lo llevó a un hospedaje donde pudiera estar a salvo. El buen samaritano le dio dinero al encargado de ese lugar para que cuidara del herido hasta que estuviera completamente recuperado".

Jesús terminó esta historia con una pregunta: ¿Cuál fue el prójimo del hombre herido? (permita que respondan). Jesús nos enseña que Dios desea que seamos bondadosos con todas las personas.

Repaso bíblico musical

Para este repaso le sugerimos que use algunos instrumentos musicales de ritmo (flautas, tambores, campanas, panderos y cascabeles). Si no consigue instrumentos, use latas, tubos de cartón, envases plásticos con semillas adentro, etc. Dígales: Ustedes tienen un instrumento para ayudarme a repasar la historia de hoy. Si tienen una sonaja o cascabeles, cuando escuchen nombrar al hombre judío que fue herido, agítenlos una vez; si tienen una flauta, cuando escuchen nombrar al buen samaritano, toquen la flauta una vez. Si tienen un tambor, cuando escuchen nombrar a los ladrones, tóquenlo una vez. Si tienen panderos, cuando escuchen hablar de los hombres judíos importantes que no se detuvieron, tóquenlos una vez.

Practique nombrando a los diferentes personajes de la historia. Ayude a los niños a saber cuándo deben tocar sus instrumentos. Relate la historia nuevamente y, al nombrar a los personajes, deténgase para que toquen sus instrumentos.

CONEXIÓN

Use las siguientes actividades para ayudar a los niños a relacionar la verdad bíblica con su vida diaria.

La historia del buen samaritano

Entregue a sus alumnos las hojas de trabajo. Dé tiempo para que escriban su nombre y tracen la palabra de fe. Mientras lo hacen, pregúnteles: ¿Qué es una parábola? (una historia especial que Jesús contó).

Permita que coloreen las escenas de la hoja de actividad mientras hace un breve repaso de lo que aprendieron. Después ayúdelos a recortar las dos tiras de dibujos siguiendo las líneas punteadas. Indíqueles cómo unir las tiras pegándolas por las secciones marcadas con A y B.

Haga los cortes en las líneas verticales punteadas para formar dos aberturas. Ayude a los niños a introducir por allí la tira de dibujos para mostrar la historia bíblica del buen samaritano.

Cartel de bondad

Pegue en la pizarra o en la pared una cartulina o cartón grande. Pida a los niños que se sienten formando un semicírculo.

Escriba como título en el cartel: ¿Cómo puedo ser bondadoso? Permita que participen mencionando formas en que pueden mostrar bondad unos a otros. Por ejemplo: ayudando a sus padres, compartiendo sus alimentos, limpiando sus cuartos, cuidando de sus abuelos, recogiendo la basura, etc.

Escriba todas las sugerencias en el cartel y, si tienen tiempo, decórenlo a su gusto. Pegue el cartel en un lugar visible como recordatorio de la enseñanza bíblica.

Para terminar

Puesto que la próxima lección tratará de la parábola del gran banquete, le sugerimos que compre o elabore una invitación para cada miembro de su clase. Dígales que estudiarán la historia de una gran celebración y todos están invitados a escucharla.

Para concluir, repase el texto para memorizar junto con sus alumnos varias veces. Si algún voluntario lo desea, permita que pase al frente a decirlo. Dé tiempo para que los niños mencionen sus peticiones o pedidos de oración y luego ore con ellos.

La historia de un gran banquete

Base bíblica: Lucas 14:15-24
Objetivo de la lección: Que los niños aprendan la parábola del gran banquete.
Texto para memorizar: Entonces les enseñó muchas cosas por medio de ejemplos (Mateo 13:3, VP).

¡PREPÁRESE PARA ENSEÑAR!

Jesús narró esta parábola en un banquete al que un gobernante lo había invitado. Por lo que leemos en la Escritura, Jesús participaba a menudo de este tipo de reuniones sociales. Obviamente sus intenciones eran distintas a las de los demás invitados. Él quería aprovechar toda oportunidad para predicar el mensaje del reino de Dios al pueblo judío. Y, uno de los mejores lugares para hacerlo era justamente este tipo de celebraciones, a las que acudían los líderes religiosos y políticos más prominentes.

Jesús observó detenidamente la actitud de estos hombres tan importantes y sintió la necesidad de referirles esta parábola como un llamado a la reflexión.

En esta historia, un hombre está organizando un banquete e invita solamente a un grupo exclusivo de personas (haciendo alusión a los judíos ortodoxos). Al principio todos aceptaron la invitación, pero después se retractaron y no fueron. Como resultado, el anfitrión se sintió humillado.

De la misma forma, muchos judíos rehusaron aceptar la invitación de Jesús, el Mesías. Por eso, el inmenso amor de Dios extendió su invitación a los pecadores y a los gentiles. Dios, a través de su hijo Jesús, invita a todas las personas a celebrar este gran banquete. Toda la gente que asistió al banquete de la parábola tuvo que hacer una decisión. Asimismo, cada persona tiene la responsabilidad de aceptar o declinar la invitación de Dios a tener una relación personal con Él.

Adaptación

Los niños aman los festejos y las fiestas. Se emocionan mucho cuando algún evento está próximo a suceder. Pregunte a sus alumnos cómo se sentirían si organizaran una fiesta de cumpleaños y nadie asistiera. Seguramente estarían muy tristes y frustrados.

Explíqueles que Dios nos ama y quiere que nosotros lo amemos también. De forma sencilla muéstreles que Jesús los invita a que lo amen y lo sigan.

Los preescolares son alegres y juguetones, así que seguramente estarán interesados en escuchar la historia de una gran fiesta. Se emocionarán al saber que también Jesús participaba de celebraciones especiales, y esta parábola le brinda una gran oportunidad para enseñarles que Jesús era un hombre alegre y disfrutaba al estar con sus amigos.

DESARROLLO DE LA LECCIÓN

Use estas actividades para captar la atención de los niños y guiarlos al estudio bíblico.

¡Bienvenidos a la fiesta!

Adorne su salón con motivos festivos (globos, papeles de colores, etc.) y reciba a sus alumnos como invitados de honor. Si es posible, sírvales un pequeño refrigerio, dulces o galletas.

Dígales que en la historia de hoy aprenderán sobre una gran celebración.

Cuando use globos en las actividades, asegúrese de que todos los manipulen adecuadamente. Si un globo se revienta, tírelo de inmediato para evitar que se lo lleven a la boca y ocurra un accidente.

¿Qué es lo que más te gusta de las fiestas?

Provea hojas blancas y lápices de colores para que sus alumnos elaboren dibujos de lo que más les gusta de las fiestas: globos, juegos, helados, etc.

Cuando terminen, escriba en cada hoja: "Jesús nos cuenta la historia de un gran banquete". Luego permita que pongan su nombre al dibujo.

BIBLIA

Use estas actividades para contar la historia bíblica a sus alumnos.

¿Qué dibujaste?

Siente a los niños formando un círculo y permita que cada uno cuente a los demás el significado de lo que dibujó. Después, pegue en la pared los trabajos terminados.

Dígales que escuchen con mucha atención la historia que Jesús contó sobre una gran celebración.

Historia bíblica

Si es posible, mientras narra esta parábola, haga que los niños estén sentados a la mesa, como si estuvieran en un banquete.

¡Un gran banquete!

Jesús contaba historias especiales llamadas parábolas, que servían para enseñar a la gente sobre el reino de Dios. Un día Jesús contó una historia sobre un gran banquete.

"Había un hombre que tenía una casa muy grande. En cierta ocasión, organizó una gran fiesta e invitó a mucha gente. Preparó con entusiasmo todo lo necesario para ofrecer una celebración especial.

Cuando llegó la hora, envió a su siervo para que llamara a los invitados y les dijera: 'Vengan, todo está listo para la fiesta'.

Sin embargo, las personas que habían sido invitadas comenzaron a disculparse y rechazaron la invitación. Uno dijo: 'Acabo de comprar un terreno y necesito ir a verlo. No puedo ir ahora'.

Otro dijo: 'Acabo de casarme y no puedo ir. Por favor, discúlpeme'.

Así, uno por uno se negó a ir. Entonces el sirviente regresó y le contó a su señor lo que había sucedido. El amo se enojó mucho y le ordenó a su sirviente: 'Ve a las calles y callejones del pueblo y dile a los cojos, a los ciegos, a los inválidos y a los pobres que los invito a mi gran fiesta'.

El siervo fue e invitó a mucha gente a la fiesta. ¡Todos estaban muy emocionados! Pero todavía quedaba lugar en la casa, así que el hombre mandó al siervo a buscar a más personas para la celebración.

Mucha gente fue a la casa de este hombre y disfrutaron una gran celebración juntos".

CONEXIÓN

Estas actividades le ayudarán a relacionar la verdad bíblica con la vida diaria.

¡Estás invitado!

Distribuya los libros del alumno y recorten las estampas para esta unidad de la página 116, de la sección recortable (la jarra y el pan).

Permita que escriban su nombre y tracen la palabra de fe. Después ayúdeles a pegar las estampas en la escena y dé tiempo para que encuentren y coloreen los cinco globos que allí aparecen.

Den vuelta a la hoja y unan los puntos para trazar la figura de la Biblia.

Repaso bíblico

Pida a los niños que se sienten en círculo y que un voluntario se coloque en el centro. Láncele suavemente la pelota y pídale que diga algo que recuerde de la historia bíblica. Después deberá pasarle la pelota a otro compañero y sentarse. El que tenga la pelota irá al centro y seguirá las mimas instrucciones. Continúen hasta que todos hayan pasado al centro.

Jesús nos invita

Basándose en lo que estudiaron, explique con palabras sencillas a los preescolares que Jesús desea invitarlos a participar con Él en el reino de Dios. Hágales saber que cuando aceptan a Cristo en su corazón y le obedecen, están aceptando la invitación.

Memorización

Para esta actividad necesitará cinco globos inflados. Escriba en cada globo dos de las palabras del texto bíblico: "Entonces les enseñó muchas cosas por medio de ejemplos" (Mateo 13:3, VP).

Póngalos en el piso y pida a los niños que los acomoden en orden. Si tienen dificultad para leer, pegue los globos en la pizarra y repitan un par de veces el texto. Vaya quitando los globos hasta que puedan decirlo de memoria.

Para terminar

Si conoce un canto alusivo a la historia de hoy, enséñelo a sus alumnos. Después ore por ellos e interceda por las peticiones que hayan presentado.

Dé tiempo para que ordenen el salón y guarden los materiales que utilizaron. Anímelos a asistir la próxima semana para escuchar la historia de la oveja perdida.

notas

LECCIÓN 12

La historia de la oveja perdida

Base bíblica: Lucas 15:1-7
Objetivo de la lección: Que los preescolares aprendan el significado de la parábola de la oveja perdida.
Texto para memorizar: Entonces les enseñó muchas cosas por medio de ejemplos (Mateo 13:3, VP).

¡PREPÁRESE PARA ENSEÑAR!

La historia de la oveja perdida nos muestra por qué Jesús se interesaba por los pecadores, a quienes los líderes judíos consideraban indignos. Esta parábola, junto con la de la moneda perdida y el hijo pródigo, expresan el amor de Dios y el gozo que Él siente cuando un pecador se arrepiente.

El énfasis de esta historia es el amor de Dios por todas las personas. La oveja perdida representa a quienes están perdidos, en tinieblas espirituales y necesitando ayuda; las otras 99 representan a los que han sido salvados. Recordemos que el deseo de Dios es que nadie se pierda en el pecado.

Esta parábola nos habla del gozo del Señor cuando un alma extraviada es encontrada. Dios se regocija cuando nos acercamos a Él.

Adaptación

Uno de los mayores temores de los niños pequeños es extraviarse en algún lugar desconocido o perder a sus padres. La enseñanza de esta parábola será de gran ayuda para su desarrollo emocional. Ayúdelos a comprender que el pastor amaba tanto a sus ovejas que buscó con gran dedicación a la que estaba perdida, hasta que logró encontrarla.

Haga énfasis en que Jesús es nuestro buen pastor y nosotros somos las ovejas. Jesús ama a sus ovejas y las cuida, y no quiere que ninguna se pierda. De la misma manera, podemos estar seguros de que Dios está pendiente de cada uno de nuestros pasos.

Al estudiar esta parábola, sus alumnos comprenderán que el amor y cuidado de un pastor por sus ovejas representa la actitud de amor y cuidado de Jesús para con sus hijos.

DESARROLLO DE LA LECCIÓN

Utilice las siguientes actividades para centrar la atención del grupo en el tema de estudio.

La oveja perdida

Recorte o dibuje una oveja y escóndala en el salón antes que lleguen sus alumnos. Después del tiempo de bienvenida y cantos, dígales que hay una oveja perdida en el salón y que deben encontrarla.

Dé algunos minutos para que la busquen. Cuando la encuentren, siéntelos en semicírculo y dígales

que Jesús nos contó una historia acerca de un pastor que cuidaba cien ovejas. Un día, cuando las estaba contando, se dio cuenta de que le faltaba una. Sólo tenía noventa y nueve. Hoy vamos a aprender más de esta oveja perdida y qué le sucedió.

Una vez yo perdí...

Para esta actividad necesita una pelota suave. Forme un círculo con sus alumnos y dígales: Voy a lanzarles esta pelota. La persona que la reciba nos contará sobre algo que haya perdido. Por ejemplo, una vez yo perdí unas monedas. Las busqué por todas partes hasta que las encontré. ¡Me sentí feliz por haberlas encontrado!

Termine el juego cuando todos hayan participado y concluya de la siguiente manera: A nadie le gusta perder cosas porque a veces es difícil encontrarlas. Hubo una vez un pastor que tenía cien ovejas, pero un día las contó y le faltaba una. Vamos a aprender qué sucedió en nuestra historia bíblica.

BIBLIA

Estas actividades le servirán para ayudar a los alumnos a comprender la verdad bíblica.

Las parábolas

Pida a sus alumnos que formen dos círculos concéntricos (uno dentro del otro), con el mismo número de participantes.

Use un pandero u otro instrumento para acompañar el juego. Cuando escuchen la música, los círculos marcharán en dirección contraria uno del otro. Al cesar la música, la marcha se detendrá y los niños dirán al compañero de enfrente: "Las parábolas son historias especiales que Jesús contó". Repita un par de veces el juego y después prepárelos para escuchar el relato bíblico.

Historia bíblica

Prepare recursos visuales para ilustrar su lección. Por ejemplo, dibuje en una cartulina una oveja y un pastor, o haga títeres con bolsas de papel o calcetines.

La historia de la oveja perdida

Jesús contaba historias especiales llamadas parábolas. Un día Jesús estaba enseñando a muchas personas. Entre ellas había gente pobre o que no era aceptada por la sociedad. Esto molestó a los fariseos y maestros de la ley. Ellos pensaban que Jesús no debía acercarse a ese tipo de personas. Por esta razón, Jesús les enseñó usando esta parábola:

"Había un hombre que tenía un rebaño de cien ovejas a las que quería mucho. Siempre las atendía con cariño y las conocía perfectamente. Las cuidaba y protegía de los animales salvajes, y buscaba los lugares más frescos y los mejores pastos para alimentarlas. Deseaba que se sintieran sanas y felices.

Como hacía todos los días, el pastor contó sus ovejas, pero algo estaba mal. Las contó una y otra vez hasta que se convenció de que faltaba una. Solamente había 99 en el rebaño, ¡una ovejita se había perdido!

Entonces el pastor dejó a las otras ovejas en el campo y se fue corriendo a buscar a la que se había perdido.

Buscó y buscó por todos lados, debajo de los arbustos, entre las rocas, en las cuevas, y no la hallaba.

Después de un largo rato de búsqueda, al fin encontró a su ovejita, la puso sobre sus hombros y volvió a casa muy contento. Cuando llegó, invitó a sus amigos y vecinos a celebrar porque había encontrado a su ovejita perdida".

Jesús quería que la gente supiera que Él es el buen pastor, que ama y cuida a las ovejas.

Tú eres muy especial

Prepare con anticipación una caja con tapa con un espejo adentro.

Colóquela sobre una mesa y explique a los niños que, si miran dentro de la caja, verán a una persona a quien Jesús ama mucho. Advierta que nadie debe decir nada hasta que todos hayan pasado. Luego permita que pasen uno por uno y vean su rostro reflejado.

Haga énfasis en el valor y el cuidado que Jesús le da a cada uno.

CONEXIÓN

Use estas actividades para relacionar la verdad bíblica con la vida diaria de sus alumnos.

¿Dónde está mi oveja?

Entregue el libro del alumno y la estampa correspondiente a esta lección (p. 116). Permita que tracen la palabra de fe y escriban su nombre. Pregunte: ¿Qué es una parábola? (una historia especial que Jesús contó para enseñarles a las personas). ¿Cuál fue el tema de la parábola de hoy? (un pastor que perdió una oveja).

Indíqueles que coloreen la hoja de actividad, tracen los números y peguen la estampa de la oveja, mientras usted hace un repaso general de lo estudiado.

¿Alguien ha visto a mi oveja?

Formen un círculo y elijan a un alumno para que dé vueltas alrededor de los participantes. Cuando él toque a uno de los jugadores, debe preguntarle: "¿Has visto a mi oveja?" Y éste contestará: "¿Cómo está vestida?"

El niño describirá a uno de los compañeros que están en el círculo. Cuando éste reconozca que lo están describiendo, saldrá y correrá alrededor del círculo, tratando de volver a su lugar antes que la otra persona lo toque. Si llega a tocarlo, perderá su lugar y quedará fuera. Repitan el juego.

Para terminar

Repitan juntos el texto para memorizar y tengan juntos un tiempo de oración e intercesión.

Distribuya los trabajos que llevarán a casa. Asegúrese de que todos recojan los materiales que usaron. Despídanse entonando un canto alusivo a la historia e invítelos a la próxima clase para estudiar la última lección de esta unidad.

notas

La historia del hijo pródigo

Base bíblica: Lucas 15:11-32
Objetivo de la lección: Que los alumnos comprendan el significado de la parábola del hijo pródigo.
Texto para memorizar: Entonces les enseñó muchas cosas por medio de ejemplos (Mateo 13:3, VP).

¡PREPÁRESE PARA ENSEÑAR!

Esta parábola es la última de las tres que se narran en Lucas 15. Las tres parábolas se refieren a algo que está perdido y después es encontrado. Sin embargo, ésta se distingue de las otras porque era una persona la que estaba perdida. Esta parábola no solamente nos habla de cómo Dios responde a los pecadores perdidos, sino de cómo responde a quienes rehúsan celebrar cuando se encuentra algo que estaba perdido. El personaje central de esta parábola no es el hijo pródigo, sino el padre que ama incondicionalmente a su hijo. Además, hace énfasis en el amor que el padre sentía por ambos hijos.

La conducta del hijo menor al demandar su herencia fue inapropiada e irrespetuosa. Violó el mandamiento de honrar a los padres (Éxodo 20:12). Sin embargo, también el hijo mayor violó dicho mandamiento con su conducta impropia.

La respuesta del padre fue el perdón y la invitación a ser parte de la familia de nuevo. Algunos detalles de esta historia nos muestran cómo el padre restauró completamente el lugar que el hijo menor había tenido dentro de la familia: la mejor vestidura reservada para los invitados especiales, el anillo que representaba autoridad, y las sandalias que demostraban que no era esclavo o sirviente.

El padre perdonó de corazón a su hijo y se regocijó por su regreso. Asimismo, Dios se regocija cuando las personas se arrepienten y vuelven a Él.

Adaptación

La mayoría de los niños pequeños reciben amor con facilidad. A menos que sufran problemas afectivos, ellos esperan recibir y dar amor a otros. Un niño que recibe amor en casa no tendrá dificultad para reconocer el amor del padre hacia el hijo. Pero, quizá haya preescolares que no reciben en casa el amor que necesitan. Por tanto, sugerimos que sea sensible con ellos y les dé una dosis extra de afecto para que comiencen a entender el amor de Dios hacia ellos.

Los preescolares tienen una sorprendente capacidad para perdonar aunque no sepan realmente lo que significa. Guíelos a través del estudio de esta parábola para que aprendan que el perdón es una actitud que nace del corazón que ama.

DESARROLLO DE LA LECCIÓN

Elija algunas de estas actividades para captar la atención de sus alumnos y prepararlos para estudiar la lección.

Abrazos de bienvenida

Cuando cada uno de sus alumnos entre al salón dígale: ¡Bienvenido a la escuela dominical! Estoy muy contenta(o) de verte. Hoy estoy regalando abrazos de bienvenida, ¿quieres uno? (permita que responda). Si dice que sí, abrácelo; si dice que no, solamente sonría y estreche su mano.

¡Construyamos caminos!

Para esta actividad necesita masa para modelar o plastilina, manteles o bolsas de plástico, y palitos de madera.

Cubra la mesa o el área de trabajo con los manteles o bolsas. Pida a sus alumnos que aplanen la plastilina y formen caminos. Decórenlos usando los palitos de madera. Mientras trabajan pregúnteles: ¿Recuerdan cuál es el nombre de las historias especiales que Jesús contaba? (parábolas). Jesús usó estas parábolas para enseñar a las personas. La historia de hoy es sobre un hombre que se fue de su casa y viajó por un largo camino.

BIBLIA

Use estas actividades para enseñar la historia bíblica.

El equipaje

Para esta actividad necesita una valija o bolsa grande, un par de prendas de vestir, artículos de uso personal y papeles o botones que representen dinero.

Guarde todos los artículos en la valija y colóquela a la vista de los alumnos. Siéntese con ellos y pregúnteles: ¿Para qué usamos las valijas? Escuche sus respuestas y permita que observen el interior de la valija.

Muéstreles el dinero falso y dígales: En la historia de hoy aprenderemos sobre una persona que se fue de viaje y guardó mucho dinero en sus maletas.

HISTORIA BÍBLICA

Ilustre esta historia usando una billetera o monedero y el dinero falso.

¡Bienvenido a casa!

Había un hombre que tenía dos hijos. Un día el hijo menor le dijo a su padre: "Por favor, dame la parte del dinero que me corresponde como herencia".

Entonces el padre repartió la herencia entre sus dos hijos. (Guarde el dinero en la billetera.)

Al poco tiempo, el hijo menor tomó todo lo que tenía y se fue lejos, por un camino que lo llevó a otro país. Ahí se dedicó a ir a fiestas, haciendo cosas malas y gastando mucho dinero en vicios y diversiones. (Deje caer el dinero de la billetera.)

Después de un tiempo ya no tenía dinero ni alimentos, y tampoco amigos. ¡Estaba completamente solo y pobre! (Muestre la billetera vacía.)

Además, comenzó a faltar la comida en aquel país y el joven pasaba hambre. Entonces buscó trabajo. El hombre que lo empleó, lo envió a cuidar cerdos a su finca.

El joven estaba tan hambriento que deseaba comer aun el alimento para los cerdos, pero nadie se lo daba.

Un día el muchacho pensó: "Los trabajadores de mi padre tienen toda la comida que desean, y yo aquí estoy muriendo de hambre. Tal vez mi padre me permita trabajar para él".

Así que emprendió el camino de regreso. Cuando todavía estaba lejos de la casa, su padre lo vio y, lleno de felicidad, corrió a abrazarlo.

"Padre, me he portado muy mal, perdóname", dijo el joven muy arrepentido. Pero antes que terminara de hablar, el padre llamó a sus siervos y les dijo: "Traigan la mejor ropa y vistan a mi hijo. Pónganle un anillo y zapatos nuevos. ¡Haremos una gran fiesta para celebrar que mi hijo menor haya regresado a casa!"

Jesús contó este relato para que las personas entendieran que Dios es un padre amoroso y perdonador, que ama a sus hijos y desea que estén cerca de Él.

CONEXIÓN

Use estas actividades para aplicar la enseñanza bíblica a la vida diaria de sus alumnos.

El hijo que regresa a casa

Reparta los libros del alumno y recorten la estampa correspondiente a esta lección, de la página 116 de la sección recortable.

Pida que remarquen la palabra de fe de la unidad, que escriban su nombre en la hoja y coloreen las figuras.

Después numeren en orden los dibujos según el relato bíblico. Pida que recorten los cuatro cuadros,

siguiendo las líneas punteadas, y los peguen en un trozo de cartulina o cartoncillo junto con el título y la palabra de fe.

Indíqueles que lleven a casa su trabajo terminado y cuenten a sus familiares y amigos lo que aprendieron en la historia bíblica.

Repaso general

Por ser la última lección de la unidad, le sugerimos que dedique tiempo para hacer un repaso de todo lo estudiado.

Use como base los trabajos hechos en clase o el libro del alumno. Tenga a la mano dulces o galletas para premiar a los que hayan aprendido el texto bíblico completo o recuerden más detalles de las cinco historias.

También puede dividir su clase en cinco grupos pequeños. Asigne una de las parábolas estudiadas a cada grupo para que elabore un dibujo sobre ella. Después, peguen cada dibujo en una cartulina y engrápelas por un lado para hacer un libro.

Para terminar

Agradezca a los que asistieron fielmente a las cinco lecciones y entregue los trabajos manuales para que los lleven a casa. Concluya con oración y recuérdeles que la próxima semana iniciarán el estudio de una nueva unidad sobre la vida de Jesús.

Elabore tarjetas sencillas para enviar a los alumnos que faltaron o visítelos para invitarlos a las próximas clases.

notas

Año 2
Introducción • Unidad IV

¡JESÚS VIVE!

Objetivo de la unidad: Que los preescolares aprendan que Jesús, el Hijo de Dios, vive.
Texto para memorizar: No está aquí, sino que ha resucitado (Lucas 24:6).
Palabra de fe: ¡CRISTO VIVE!: Jesús, el Hijo de Dios, ha resucitado.

Lecciones de la unidad:

Lección 14   Jesús comparte una cena especial
Lección 15   Jesús viaja a Jerusalén
Lección 16   La tumba vacía
Lección 17   ¡Jesús vive!

Enseñanzas de las lecciones para los preescolares:

✘ Aprenderán que Jesús compartió una cena especial con sus discípulos.
✘ Estudiarán la entrada triunfal de Jesús a Jerusalén.
✘ Comprenderán que Jesús venció a la muerte y resucitó con poder.
✘ Sabrán que Jesús vive y reina para siempre porque Él es el Hijo de Dios.

¿Alguna vez se ha sentido sin esperanza, cuando todo en lo que ha creído parece desmoronarse?

Seguramente eso fue lo que sintieron los discípulos de Jesús en los días previos a la crucifixión de su Maestro. Y, precisamente, las dudas y la desesperanza es lo que hace que la resurrección de Cristo sea un hecho maravilloso. Cuando todo parecía perdido, Jesús resucita glorioso para devolverle el gozo y la fe a estos hombres; pero no solamente a ellos, sino a los que somos bendecidos con el privilegio de ser sus seguidores.

A través de esta serie de lecciones, camine con Jesús hasta el aposento alto para compartir la última cena con sus discípulos, escuche los gritos de la multitud cuando el Maestro haga su entrada triunfal a Jerusalén, y siga por el camino del Calvario hasta llegar al pie de la cruz.

Y, sobre todo, asómbrese con María al descubrir la tumba vacía. ¿Puede sentir la angustia del momento? Cierre los ojos e imagine la confusión de Juan y Simón Pedro al ver los lienzos doblados.

Esta Semana Santa celebre con gozo porque ¡Jesús, el Hijo de Dios, vive! Reconozca que el mismo poder que lo levantó triunfante de la tumba, puede transformar la vida de sus alumnos.

LECCIÓN 14

Jesús comparte una cena especial

Base bíblica: Marcos 14:12-25

Objetivo de la lección: Que los preescolares aprendan que Jesús compartió una cena especial con sus discípulos y cuál fue su significado.

Texto para memorizar: No está aquí, sino que ha resucitado (Lucas 24:6).

¡PREPÁRESE PARA ENSEÑAR!

Jesús sabía que el tiempo de su crucifixión, muerte y resurrección estaba muy cercano. Mientras Jesús y sus discípulos iniciaban el recorrido a Jerusalén, ellos le preguntaban dónde celebrarían la pascua. Dios escogió a Jerusalén para que fuera el lugar del sacrificio de la pascua (Deuteronomio 16:5-7), y sus residentes abrían sus casas a los peregrinos que viajaban con ese propósito.

La celebración de la pascua incluía una cena que formaba parte del ritual religioso. Jesús tenía planeado compartir una cena especial con sus discípulos para celebrar la pascua. Escogió a dos de ellos, dándoles instrucciones específicas para que encontraran el lugar donde se reunirían y donde debían hacer los preparativos. Todo sucedió según las instrucciones que Jesús había dado.

Durante la cena, Jesús comenzó a preparar a sus discípulos para la traición que Él sufriría, así como su muerte y resurrección. Los preparó diciéndoles algunas de las cosas que sucederían. Sus palabras indicaban que sabía lo que acontecería y estaba de acuerdo. Jesús fue obediente porque confió en Dios, su Padre. Por medio de esa obediencia, la salvación está disponible para todas las personas. Después de la cena de la pascua, Jesús fue con sus discípulos a un monte cercano para prepararse espiritualmente.

Adaptación

En muchos países la Semana Santa coincide con un período vacacional, lo cual empaña el verdadero significado de esta fecha tan especial.

Además, las tradiciones y costumbres paganas han querido confundir el trasfondo de esta celebración cristiana. Es por ello que el maestro de escuela dominical tiene la responsabilidad de enseñar a sus alumnos el significado y la importancia de estos eventos en la vida de Cristo.

Los preescolares están en una fase de pensamiento concreto. Es decir, aún no tienen capacidad de abstraer ideas o conceptos, por lo que puede resultarles difícil entender detalladamente la pasión y la crucifixión de Jesús. Concentre su enseñanza en el hecho de que Jesús es el Hijo de Dios y vino al mundo en obediencia para salvarnos de nuestros pecados.

Prepárese en oración y meditación de la Palabra de Dios para que el Espíritu Santo le guíe a enseñar con sabiduría las verdades de la última cena, la entrada triunfal, la muerte y resurrección de Cristo.

DESARROLLO DE LA LECCIÓN

Use estas actividades para centrar la atención de sus alumnos en el tema de estudio.

¿Qué celebramos en la Semana Santa?

Pregúnteles a los niños qué saben acerca de la Semana Santa.

Dé tiempo para que todos participen y, si desea, anote sus aportes en la pizarra. Haga las aclaraciones que sean necesarias para que tengan un concepto claro del significado de estas celebraciones. Sin embargo, le sugerimos no entrar en detalles en cuanto a la pasión y muerte de Cristo, ya que no será comprensible para ellos. Explíqueles que durante estas cuatro lecciones estudiarán sucesos importantes en la vida de Jesús, el Hijo de Dios.

Una comida entre amigos

Para esta actividad necesita mesas, sillas, galletas, platos y vasos de juguete.

Permita que los niños preparen la mesa para compartir una comida especial. Mientras lo hacen, dígales que a todos nos gusta pasar tiempo con nuestros amigos. A veces compartimos juntos los alimentos. Jesús también compartió una cena especial con sus discípulos y aprenderemos más sobre eso en nuestra historia bíblica.

Después siéntense a la mesa para compartir las galletas.

Hoja de asistencia "Jesús vive"

Con anticipación recorte del libro del alumno las hojas de asistencia (p. 33) y las estampas que corresponden a la lección (p. 116).

Distribúyalas a sus alumnos. Permita que escriban su nombre y peguen la estampa en el corazón correspondiente a este día. Mientras trabajan, explíqueles que durante cada lección de la unidad les entregará una estampa. Los que llenen toda la hoja recibirán un premio. Prepare un área especial del salón para pegar las hojas y mantener un control visual de la asistencia mensual.

39

Guarde las estampas restantes en bolsas plásticas para usarlas en las siguientes lecciones.

BIBLIA

Esta actividad le servirá para enseñar la historia bíblica.

¿A quién invitamos?

Reúna a los niños frente a la pizarra y pregúnteles: Si estuvieran planeando una cena especial, ¿a quién les gustaría invitar? Escuche las respuestas y escriba los nombres en la pizarra.

Dígales que Jesús planeó una cena especial para compartir con sus discípulos. En esta cena Jesús les habló sobre el reino de Dios y les dio instrucciones importantes.

Historia bíblica
Jesús comparte una cena especial

Era el tiempo cuando el pueblo de Dios celebraba una cena especial para recordar que Dios los había librado de la esclavitud en Egipto.

Jesús les dijo a sus discípulos que quería compartir esa cena con ellos.

"¿Dónde quieres que preparemos la cena?", preguntaron sus discípulos.

"Vayan a Jerusalén. Allí verán a un hombre que lleva un jarrón con agua. Síganlo hasta la casa donde entre y díganle al dueño de la casa: 'El maestro desea saber en qué habitación celebrará la cena de la Pascua con sus discípulos'. Él los llevará a un salón grande donde podremos compartir juntos los alimentos", dijo Jesús.

Dos de los discípulos fueron a Jerusalén y encontraron todo tal como Jesús les había dicho. Así que se dispusieron a preparar la cena.

Cuando comenzaba a anochecer, Jesús y sus discípulos fueron al salón para compartir la cena especial.

Allí, cuando estaban todos reunidos, Jesús les dijo: "En poco tiempo todos sufriremos momentos de tristeza. Uno de ustedes ha decidido hacerme daño".

Los discípulos se pusieron muy tristes, y cada uno le dijo: "Yo te amo mucho, ¿soy yo el que va a lastimarte?"

Todos estaban preocupados y se miraban unos a otros, preguntándose quién sería el traidor.

Después de esto, Jesús les habló sobre el reino de Dios y oró por ellos. Tomó un pan y dio gracias a Dios. Luego lo partió y entregó un pedazo a cada discípulo y les dijo: "Coman este pan y recuerden que los amo".

También tomó una copa y dio gracias. Luego la pasó a los discípulos y todos bebieron de ella y les dijo: "Recuerden siempre que los amo y que todo lo que sufriré será por ustedes".

Jesús y sus discípulos cantaron juntos. Después se fueron de ese lugar al monte de los Olivos.

CONEXIÓN

Use estas actividades para relacionar la verdad bíblica con la vida diaria.

Falso o verdadero

Pida a los niños que formen un círculo. Deben permanecer de pie con los brazos en los costados.

Dígales: Voy a decir algo sobre la historia bíblica. Si es verdadero, den un salto; pero si es falso, agáchense.

Le sugerimos algunas frases para iniciar el juego, pero puede añadir tantas como el tiempo se lo permita.

1. Jesús y sus discípulos fueron a Jerusalén. (V)
2. Jesús y sus discípulos tomaron un tren para ir a la ciudad. (F)
3. Jesús envió a cuatro discípulos a la ciudad. (F)
4. Jesús y sus discípulos celebraron una cena especial llamada Pascua. (V)
5. Jesús no invitó a todos sus discípulos a la cena. (F)
6. Jesús le dijo a sus discípulos que los amaba. (V)

Una cena especial

Abran los libros del alumno en la página 35 y dé tiempo para que tracen la palabra de fe de la unidad y escriban su nombre.

Ayúdeles a recortar por el contorno los dos círculos; después únanlos por la parte central con un sujetador para papel de dos patitas. Mientras trabajan, repasen algunos aspectos de la historia bíblica. Cuando terminen, anímelos a usar su trabajo manual para contarles a sus amigos y familiares la historia bíblica de hoy.

Memorización

Prepare ocho tarjetas grandes. Escriba cada palabra del texto y la cita en una de las tarjetas. Antes de la clase escóndalas en el salón. Pida a sus alumnos que las busquen mientras usted cuenta del 1 al 20.

Cuando las encuentren, póngalas sobre una mesa y explíqueles cómo ordenarlas para leer el texto. Permita que las revuelvan y las ordenen un par de veces mientras repiten en voz alta el texto de esta unidad.

Para terminar

Reúna a sus alumnos formando un círculo y tómense de las manos. Ore por ellos y por las peticiones que tengan.

Anímelos a orar unos por otros durante la semana y dígales que usted intercede diariamente por ellos. Esto los hará sentirse motivados y apreciados.

Antes de salir enfatice el poder de Jesús y la bendición que representa conocerle.

Jesús viaja a Jerusalén

Base bíblica: Mateo 21:1-11, 15-16
Objetivo de la lección: Que los niños aprendan la importancia de alabar a Jesús, el Hijo de Dios.
Texto para memorizar: No está aquí, sino que ha resucitado (Lucas 24:6).

¡PREPÁRESE PARA ENSEÑAR!

Finalmente Jesús se presenta públicamente al pueblo judío como el Mesías prometido, entrando a la ciudad de Jerusalén montado en un humilde burrito. Esto significa que Jesús es el rey que vino para buscar la paz, no para buscar poder militar o político.

Los discípulos pusieron sus mantos sobre el burrito porque no tenía silla de montar. Muchas personas pusieron mantos y hojas de palma en el camino por donde Jesús iba pasando.

Las personas gritaban: "¡Hosanna!" Algunos creían que Jesús era el Mesías prometido, pero no comprendían completamente su misión. Jesús vino a la tierra con un propósito, dándoles a las personas la oportunidad de decidir: creer en Él como Mesías y Rey, o rechazarlo. Este día, las personas que se encontraban a lo largo del camino y los niños que estaban en el templo lo recibieron con gozo y emoción, alabándolo sinceramente. Ellos gritaban: "¡Hosanna al Hijo de David!" Esta referencia mesiánica enfureció a los sacerdotes y a los maestros de la ley, pues no aceptaban que el pueblo nombrara a Jesús de esta forma. Pero Jesús respondió al igual que Dios responde al amor de su pueblo, aceptándolo. Esta semana, mientras prepara su clase de escuela dominical, alabe a Jesús, el Hijo del Dios viviente.

Adaptación

Ayude a sus alumnos a alabar y glorificar a Dios a través de diferentes actividades durante esta lección. Los niños pueden alabar a Dios con movimientos, música, cantando, jugando, orando y aprendiendo historias bíblicas. Todas estas actividades ayudarán a los preescolares a preparar su corazón para recibir el mensaje de la Semana Santa.

Seguramente sus alumnos expresarán su deseo de conocer a Jesús como su amigo. De la misma forma, Jesús quiere ser el Rey en la vida de ellos. Él los invita a creer en Él y a vivir de acuerdo con sus mandamientos. Usted puede hacer esta invitación. Usando palabras sencillas, explíqueles cómo pueden ser amigos de Jesús. Pida al Espíritu Santo que le guíe mientras les cuenta el plan de salvación a sus alumnos.

DESARROLLO DE LA LECCIÓN

Prepare estas actividades para ayudar a sus alumnos a concentrar su atención en el tema de estudio.

Palmas de alabanza

Para esta actividad necesita cartulina o cartón fino, tijeras y lápices de colores verde y café.

Entregue a sus alumnos un pedazo de cartulina y permita que dibujen una hoja de palma. Le sugerimos que les muestre un ejemplo para que puedan guiarse o lleve los patrones hechos previamente. Al terminar, permita que las recorten. Mientras trabajan, dígales que esas hojas de palma forman parte importante en la historia bíblica de hoy.

Música de alabanza

Enseñe a sus alumnos un canto de alabanza o entonen alguno ya conocido mientras agitan sus hojas de palma.

Dígales: Hoy venimos a alabar a Dios y usamos estas hojas de palma para expresarle nuestro amor. Mientras cantan, piensen en cuánto aman a Jesús.

BIBLIA

Elija algunas de estas actividades para ayudar a los niños a comprender la verdad bíblica de esta lección.

¡Vamos a Jerusalén!

Para esta actividad necesita cartulina o cartón fino, marcadores y cinta adhesiva.

Escriba en un cartel la palabra "Jerusalén" y péguelo en alguna pared del salón para que los niños lo vean.

Pídales que vayan al otro lado del salón y explíqueles que van a hacer un viaje imaginario a Jerusalén. Señale el cartel y diga: En ese lugar está Jerusalén, ¿la pueden ver? Cuando yo diga: "Vamos brincando hasta Jerusalén", ustedes avanzarán brincando, y cuando diga: "Vamos brincando con un pie", avanzarán de esa forma. Continúe el juego hasta que todos hayan llegado al lugar indicado por el cartel.

Siéntense y dígales: La historia bíblica de hoy es acerca de un tiempo especial cuando Jesús viajó a Jerusalén. Escuchen con atención para que sepan lo que sucedió con Jesús cuando llegó a ese lugar.

¿Quién falta...?

Siéntense formando un círculo. Un voluntario deberá cerrar los ojos, mientras usted le pide a otro niño que salga del círculo y se coloque en un área fuera de la vista de los demás.

Pida al voluntario que abra los ojos y adivine cuál de sus compañeros falta. Cuando lo haya identificado, el niño entrará y dará una vuelta alrededor del círculo antes de volver a su lugar. Dé tiempo para que todos participen.

HISTORIA BÍBLICA

Para presentar esta lección le sugerimos que prepare ayudas visuales con anticipación. Usted mismo puede elaborar los personajes bíblicos usando como modelos las figuras del libro del alumno.

Alabanzas a Jesús

"¡Ahí viene Jesús!", gritaban las personas emocionadas. Había mucha gente en Jerusalén que deseaba ver a Jesús.

"¡Escuchen, escuchen, se está acercando!", gritó un niño mientras señalaba el camino por el que se acercaba Jesús montado en un burrito, acompañado por sus discípulos.

Las personas miraban con atención mientras Jesús se acercaba. Cuando llegó hasta donde estaban, todos comenzaron a gritar: "¡Hosanna al Hijo de David! ¡Bendito el que viene en el nombre del Señor!" Esas alabanzas reconocían que Jesús era el Mesías, el Salvador que Dios había prometido enviar para liberar a su pueblo.

Más personas se acercaron para ver a Jesús. Rápidamente algunos se quitaron sus capas y otros cortaron hojas de palmas, y las pusieron en el camino para que Jesús pasara.

Pida a los niños que agiten sus hojas de palma mientras dicen: "¡Hosanna al Hijo de David!"

Muchos niños corrían para estar más cerca de Jesús mientras cantaban alabanzas. ¡Todos estaban felices! ¡El Rey había llegado a Jerusalén!

Había tanto alboroto en la ciudad que algunos se preguntaban: "¿Quién es este hombre?" Y la gente decía: "Es Jesús".

Cuando Jesús entró a la ciudad se dirigió al templo. Allí había niños que lo esperaban para alabarle diciendo: "¡Hosanna al Hijo de David!"

Hojas de asistencia

Dé tiempo para que sus alumnos ubiquen su hoja de asistencia en la pared; ayude a los visitantes a colocar la suya. Entregue las estampas y pida que las peguen en el lugar que corresponda, mientras dicen algo que aprendieron en la historia bíblica. Anímelos a llenar su hoja asistiendo fielmente a la escuela dominical.

CONEXIÓN

Estas actividades le servirán para ayudar a los niños a relacionar la verdad bíblica con la vida diaria.

Cartel de alabanza

Para esta actividad necesita un trozo de papel grande, tijeras, pegamento, crayolas o colores, y cinta adhesiva.

Escriba como título del cartel: "¡Alabemos a Jesús!" Pida a sus alumnos que peguen sus palmas en las orillas del papel para formar un margen decorativo. Después, dé tiempo para que elaboren dibujos sobre cómo pueden alabar a Jesús (orando, cantando, aprendiendo historias bíblicas, etc.).

Al terminar, pegue el cartel en un lugar visible para que los padres puedan observarlo.

Relaciona las figuras

Entregue a sus niño los libros del alumno. Indíqueles que escriban su nombre y tracen la palabra de fe de esta unidad: ¡Cristo Vive! Después, pida que unan las figuras que se relacionan mientras hacen un breve repaso de la historia bíblica. Dígales que la Semana Santa es un tiempo especial, cuando celebramos que Jesús, el Hijo de Dios, vino al mundo a morir por nosotros y resucitó para darnos la victoria. ¿Recuerdan cómo alababan a Dios los niños de nuestra historia bíblica? (gritando Hosanna).

Memorización

En una cartulina dibuje una hoja de palma y recórtela; escriba el texto para memorizar dentro de ella.

Muestre la hoja a sus alumnos y pida que repitan junto con usted el texto para memorizar. Después de hacerlo un par de veces, guarde la hoja y pida que lo repitan de memoria. Repita varias veces este ejercicio durante la clase.

Para terminar

Formen un semicírculo y pídales que mencionen sus peticiones de oración. De ser posible, designe a uno o dos niños para que oren; concluya intercediendo por todos los asistentes.

Recuérdeles la importancia de alabar a Dios diariamente y darle gracias por su Hijo Jesús.

La tumba vacía

Base bíblica: Juan 19:28-30, 41-42; 20:1-8
Objetivo de la lección: Que los preescolares aprendan que Jesús resucitó.
Texto para memorizar: No está aquí, sino que ha resucitado (Lucas 24:6).

¡PREPÁRESE PARA ENSEÑAR!

Estos tres pasajes en Juan nos dan un breve panorama de la muerte y resurrección de Jesucristo. A través de este relato podemos comprobar que, verdaderamente, ¡Jesús vive!

Los momentos finales en la cruz se describen en Juan 19:28-30. Las palabras de Jesús, "tengo sed", y la respuesta de los soldados al darle a beber vinagre, muestran que Jesús estaba consciente y que sus palabras y acciones estaban llenas de profecía. "Consumado es" fueron sus últimas palabras, reconociendo su conocimiento de la perfecta culminación. El plan de redención para toda la humanidad estaba completo y, en esas últimas palabras de Jesús, podemos notar un grito de victoria. Había cumplido la voluntad del Padre y, en ese momento, el amor de Dios se revelaba completamente a través de su Hijo Jesús.

Juan 19:41-42 nos da evidencia de la muerte de Jesús. Su cuerpo fue preparado según la costumbre judía y colocado en un sepulcro nuevo. Fue envuelto en un sudario y ungido con hierbas aromáticas para preservar su cuerpo, y la tumba fue sellada con una gran piedra. Sin embargo, la historia no termina con la muerte de Cristo.

En Juan 20:1-8, el descubrimiento de la tumba vacía se inicia cuando María Magdalena fue testigo de la primera evidencia de la resurrección: la piedra fuera de lugar. Cuando vio esto, corrió para decirles a los demás y dos de ellos regresaron con ella. Juan fue el primero en llegar, aunque Simón Pedro fue el primero en entrar. Los lienzos y el sudario de Jesús estaban en su lugar, pero no el cuerpo. Con esto se completaban tres evidencias de la resurrección. Primero, la piedra fuera de lugar; segundo, los lienzos; y tercero, el cuerpo no estaba. Aunque Juan, Pedro y María no entendían completamente lo que sucedía en esos momentos, la prueba más grandiosa del poder vencedor de Cristo se estaba manifestando. ¡Regocíjese por la seguridad de que la resurrección de Cristo es una realidad!

Adaptación

Observe la expresión en el rostro de sus alumnos mientras les habla sobre la muerte de Jesús. Sea sensible a su lenguaje corporal, así como a las preguntas que hagan. Los niños en esta etapa sienten curiosidad respecto a la muerte, aunque todavía no entienden completamente el concepto. Es importante que esté preparado para contestar las preguntas que surjan sobre este tema.

En esta historia de la resurrección, es importante que les hable de la muerte de Jesús pero no sobre los detalles de la misma. En su lugar, enfoque la atención de los niños en el hecho de la resurrección.

DESARROLLO DE LA LECCIÓN

Las siguientes actividades le ayudarán a centrar la atención de sus alumnos en el tema de estudio.

Tumbas antiguas

Para esta actividad necesita plastilina o masa para modelar y manteles o bolsas de plástico.

Cubra el área de trabajo con los manteles o bolsas. Reparta porciones de plastilina. Dé tiempo para que elaboren la forma de una tumba antigua (muéstreles una ilustración o indíqueles cómo hacerla).

Pregúnteles: ¿Hay algo o alguien dentro de la tumba que hicimos? (No). Una tumba es como una cueva donde colocaban a las personas que morían. Cuando Jesús murió, fue puesto en una tumba. ¿Creen ustedes que Jesús se quedó en la tumba? (permita que respondan).

Nosotros celebramos este día especial, el Domingo de Resurrección, porque Jesús, el Hijo de Dios, no se quedó en la tumba, sino que resucitó y vive por siempre.

BIBLIA

Estas actividades le servirán para enseñar la verdad bíblica a sus alumnos.

El juego de las figuras

En una cartulina dibuje la figura de una cruz y una roca, y recórtelas. Póngalas en una bolsa de papel.

Reúna a los niños y pida que algunos voluntarios, tocando las figuras dentro de la bolsa, digan qué hay dentro sin sacarlo.

Pregunte: ¿Pueden decirme cuáles son las dos figuras que hay dentro de la bolsa? (permita que respondan). Saque las figuras y dígales: Estas figuras me recuerdan la historia bíblica. Escuchen con atención para que sepan cómo se relacionan estas figuras con nuestra historia.

Historia bíblica

Para esta clase le sugerimos elaborar una sencilla representación de la tumba. Cubra una caja grande de cartón con papel color gris. Siente a los niños formando un semicírculo. Pregúnteles: ¿Creen que hay alguien dentro de esta tumba? Después de la historia bíblica vamos a averiguar.

¡Jesús vive!

Fue un día muy triste para los amigos de Jesús. Algunas personas que no creían en Él lo pusieron en una cruz y murió allí. Jesús obedeció a Dios, su Padre, y fue a la cruz para que todas las personas del mundo supieran que Dios los ama.

Jesús estaba muy herido sobre la cruz. Finalmente, después que le hicieron tomar vinagre, Él dijo: "Consumado es", que significa "está terminado". Él estaba hablando de que su misión en la tierra había finalizado.

Después de esto Jesús murió. Sus amigos tomaron su cuerpo, envolviéndolo en unas mantas con hierbas aromáticas, y lo pusieron en una tumba que estaba en una cueva. Una piedra muy grande fue puesta en la entrada de la cueva para cerrar la tumba. Los amigos de Jesús pensaban que nunca volverían a verlo.

Tres días después, muy temprano por la mañana, antes que saliera el sol en el cielo, una amiga de Jesús, María, iba caminando hacia la tumba. Ella estaba muy triste por lo que había sucedido.

"¿Qué pasó aquí?", preguntó asombrada María al ver la tumba. "¡La piedra ya no está!"

Ella corrió para buscar a los discípulos de Jesús. "¡Vengan conmigo!", dijo María, "¡Jesús ya no está en la tumba!"

Simón Pedro y Juan corrieron hasta la tumba. Juan miró adentro primero, pero no vio a Jesús. Pedro decidió entrar a la tumba y buscar a Jesús. Después también Juan entró. "¿Qué pudo haber sucedido?", se preguntaba. Jesús ya no estaba y no sabían qué había pasado con Él.

Simón Pedro y Juan regresaron a su casa, pero María se quedó. ¿Saben ustedes por qué la tumba estaba vacía? ¡Yo sí sé! ¡Son buenas noticias para todos! Jesús, el Hijo de Dios, no está muerto. Él vive, y por eso hoy tenemos una celebración especial para Él.

Juego de repaso: ¡Él vive!

Usando como escenografía la tumba de cartón, anime a los niños a participar recreando la historia bíblica.

Los voluntarios pueden escoger si representarán a Simón Pedro, a Juan o a María. Si desea, puede incluir a los guardias para tener un número mayor de participantes.

La representación de la historia bíblica es una forma muy divertida de repasar lo aprendido en la lección.

CONEXIÓN

Estas actividades le servirán para que sus alumnos relacionen la verdad bíblica con su vida diaria.

¿Qué es resurrección?

Seguramente sus alumnos escucharán varias veces la palabra "resurrección" durante estos días. Le sugerimos que la escriba en un cartel, con su significado, y lo pegue en algún lugar visible del salón.

¡No está aquí!

Para esta actividad necesitará la tumba de cartón que elaboró previamente, y una linterna.

Pida a cada niño que tome la linterna y entre a la tumba. Después saldrá diciendo: "¡Jesús no está aquí, ha resucitado!"

Repita el juego hasta que todos hayan tenido la oportunidad de participar.

¿Dónde está Jesús?

Reparta los libros del alumno y dé tiempo para que escriban su nombre y tracen la palabra de fe.

Pídales que escojan tres crayolas de diferente color para que busquen y tracen tres caminos distintos que guíen a los amigos de Jesús hacia la tumba vacía. Cuando hayan encontrado la tumba, repitan juntos el versículo para memorizar: "No está aquí, sino que ha resucitado" (Lucas 24:6). Dígales: La próxima semana sabremos quién le dijo a María estas palabras especiales.

Hojas de asistencia

Dé tiempo para que sus alumnos peguen la estampa de este día en su cuadro de asistencia. Anímelos a seguir asistiendo regularmente para completar los corazones de su hoja.

Para terminar

Asegúrese de que todos lleven a casa sus pertenencias y los trabajos que hicieron. Pero, antes de irse, pídales que recojan todos los utensilios que hayan utilizado ya que es importante que aprendan a colaborar en la clase.

Pregunte a sus alumnos si tienen peticiones de oración y concluya orando por ellos.

¡Jesús vive!

Base bíblica: Juan 20:10-18
Objetivo de la lección: Que los preescolares den gracias a Dios por la resurrección de Jesús.
Texto para memorizar: No está aquí, sino que ha resucitado (Lucas 24:6).

¡PREPÁRESE PARA ENSEÑAR!

La evidencia de la resurrección de Jesús estaba frente a María, pero ella no se daba cuenta de lo que había sucedido. Estaba abrumada por el dolor. Sus pensamientos se centraban en una sola persona. María respondió al mensaje de los ángeles: "No está aquí, sino que ha resucitado" (Lucas 24:6), mostrando que su preocupación por lo que le había sucedido al cuerpo de Jesús, su Señor, era mayor.

Ella olvidó su dolor y creyó que Él estaba vivo cuando vio y escuchó a Jesús decir su nombre. Jesús sabía exactamente lo que María necesitaba en ese momento.

María respondió llamando a Jesús, Raboni. Esta palabra es distinta a rabí, que generalmente se usaba con respecto a los hombres. Raboni rara vez se usaba para referirse a un hombre, ya que estaba reservada para Dios. María estaba tan llena de gozo y adoración que no quería dejar al Señor, que aunque había muerto, ahora vivía y estaba justo frente a sus ojos.

Sin embargo, Jesús tenía otros planes para ella. Le dijo que fuera y les dijera a sus hermanos que Él había resucitado. "Hermanos" era un nuevo título que había dado a los discípulos. Era la confirmación de que los que creen en el Señor vienen a ser hermanos y hermanas en el reino de Dios. Como sus discípulos, somos llamados hijos de Dios y enviados a anunciar las buenas nuevas con los demás.

¡Regocíjese! La salvación plena es una realidad por medio de la muerte y resurrección de Jesucristo.

Adaptación

Anime a sus alumnos a alabar a Dios porque su Hijo, Jesús, vive. Probablemente esta sea la primera vez que escuchen esta historia en la que Jesús le habla directamente a María. Ore para crear un ambiente de aprendizaje, en el que el Espíritu Santo convierta su enseñanza en deseo de conocer al Salvador. Hable acerca de su amor por Jesús y el amor de Dios por las personas.

Muchos preescolares tienen una relación cercana y creciente con Jesús. Ellos no tienen duda de que Él vive. Aceptan su existencia y hablan con Él. Cuando los niños oren, ponga atención a las palabras que usan para agradecer a Jesús, el Hijo de Dios.

DESARROLLO DE LA LECCIÓN

Use estas actividades para centrar la atención de los alumnos en el tema de estudio.

Repaso general

Use los materiales elaborados en las clases anteriores y el libro del alumno para repasar con los niños los eventos más importantes en la vida de Jesús.

Recuérdeles que la Semana Santa es la culminación de la vida y ministerio de Jesús sobre la tierra, pero también es el inicio de una historia de victoria y triunfo.

¿Qué aprendiste?

Es probable que la mayoría de sus alumnos hayan participado con sus familias en los cultos especiales de Semana Santa. Prepare un tiempo especial para que cuenten sus experiencias y lo que aprendieron durante esos días especiales. Si lo desea, pueden elaborar dibujos.

Haga hincapié en que durante esta semana recordamos el sacrificio de Jesús y celebramos su gloriosa resurrección.

Control de asistencia

Reparta el último corazón para que los alumnos lo peguen en su hoja de asistencia. Le sugerimos que dé un reconocimiento a los que hayan completado los cuatro corazones.

Despegue las hojas y entréguelas para que las lleven a su casa.

BIBLIA

Estas actividades le ayudarán a enseñar la historia bíblica.

¿Qué hay adentro?

Prepare con anticipación una bolsa de papel con una pequeña piedra adentro.

Indique a los niños que se sienten formando un círculo. Muéstreles la bolsa y dígales: Voy a darles esta bolsa para que se la pasen unos a otros. Cuando diga "alto", la persona que la tenga buscará en su interior para descubrir el objeto oculto.

45

Después que varios hayan participado, pregúnteles cuál es el contenido de la bolsa y qué significa.

Recuérdeles que una gran piedra fue puesta a la entrada de la tumba de Jesús, pero fue removida para que las mujeres y los discípulos se dieran cuenta de que Jesús no estaba ahí.

HISTORIA BÍBLICA

María ve a Jesús

Las lágrimas corrían por las mejillas de María porque se sentía muy triste. Muy temprano fue a la tumba de Jesús, pero la encontró vacía.

"¿Quién se habrá llevado el cuerpo de Jesús?", se preguntaba.

Después que Simón Pedro y Juan regresaron a casa, María se quedó afuera de la tumba. Mientras lloraba, fue otra vez para mirar dentro de la tumba y vio a dos ángeles, vestidos de blanco, en el lugar donde antes habían puesto a Jesús.

"¿Por qué lloras?", le preguntaron los ángeles a María.

"Porque alguien se ha llevado el cuerpo de mi Señor y no sé dónde lo han puesto", respondió.

María continuaba llorando, cuando de pronto vio a un hombre cerca de la tumba. Era Jesús, pero María no lo había reconocido.

"¿Por qué lloras?", preguntó Jesús. "¿A quién buscas?"

"Tal vez sea el hombre que cuida este jardín", pensó María y le dijo: "¿Sabe usted dónde han puesto a Jesús? Por favor, dígame para que vaya a buscarlo".

"María", dijo Jesús con ternura.

Tan pronto como escuchó su nombre, María reconoció a Jesús y le dijo: "Maestro, ¡estás vivo!"

"Ve y dile a mis hermanos que estoy vivo y voy al cielo a reunirme con mi Padre", dijo Jesús.

María se dio prisa y corrió a buscar a los discípulos para contarles las buenas nuevas de la resurrección de Jesús.

CONEXIÓN

Use estas actividades para relacionar el aprendizaje bíblico con la vida diaria.

¿Qué pasó después?

Reparta los libros del alumno y lápices para que tracen la palabra de fe y escriban su nombre. Pregúnteles: ¿Qué celebramos en Semana Santa? (que Jesús, el Hijo de Dios, vive).

Indíqueles que encierren en un círculo la figura que muestre lo que sucedió realmente en la historia bíblica. Mientras trabajan, repasen el contenido de las lecciones anteriores y repitan el texto para memorizar.

El juego de la piedra

Prepare con anticipación periódicos viejos y entregue una parte a cada niño. Pídales que arruguen el papel para formar una pelota. Coloquen cinta adhesiva alrededor para evitar que se deshagan.

Dígales que esas pelotas representan la piedra que cubría la entrada del sepulcro de Jesús, que fue removida cuando Él resucitó.

Pídales que se acomoden en un extremo del salón y cuando diga: "¡Jesús resucitó!", deben rodar las pelotas con los pies hasta llegar al otro extremo. Después regresarán al punto de partida.

Varíe la dinámica del juego usando distintas instrucciones, por ejemplo, que empujen la pelota con la mano, con los ojos cerrados, etc.

Actividad especial

Por ser la última lección de la unidad y el Domingo de Resurrección, hable con su pastor para organizar una participación especial del grupo de preescolares. Podrían decir el texto para memorizar y cantar un coro alusivo al tema. Esto los ayudará a sentir que su esfuerzo es reconocido; además, los padres de familia disfrutarán al ver lo que sus hijos aprenden.

Para terminar

Cultive en sus alumnos la disciplina de la oración, intercediendo por ellos y sus familias en cada clase. Si tienen muchas peticiones, le sugerimos que las escriba en un cartel para mantenerlo a la vista y así recordarlas y marcar las que hayan sido contestadas.

Den gracias a Dios por el sacrificio y la resurrección de su Hijo, Jesús.

Año 2
Introducción • Unidad V

DIOS ESCUCHA NUESTRAS ORACIONES

Objetivo de la unidad: Que los preescolares aprendan que Dios escucha y responde sus oraciones.
Texto para memorizar: Orad sin cesar (1 Tesalonicenses 5:17).
Palabra de fe: ORAR: Es hablar con Dios.

Lecciones de la unidad:

Lección 18   Damos gracias a Dios
Lección 19   Ana pide a Dios un hijo
Lección 20   Ezequías ora cuando está enfermo
Lección 21   Daniel ora cuando siente temor

Enseñanzas de las lecciones para los preescolares:

✘ Aprenderán a dar gracias a Dios mediante la oración.
✘ Estudiarán que pueden orar a Dios en momentos de tristeza.
✘ Sabrán que Dios escucha sus oraciones cuando están enfermos.
✘ Comprenderán que pueden orar cuando sientan temor.

Sabemos que Dios escucha y responde nuestras oraciones. ¡Qué privilegio tenemos los seguidores de Jesucristo al poder acercarnos en oración a Dios, nuestro creador y sustentador! Podemos hablar con Él en cualquier momento, en cualquier lugar y sobre cualquier cosa. Podemos entrar a su presencia con la absoluta confianza de que el Señor nos escucha y nos responderá según su santa voluntad.

Durante estas cuatro lecciones sobre la oración, los preescolares aprenderán a alabar a Dios, agradeciéndole por su amor y cuidado, así como por la familia, la ropa y los alimentos. Después estudiarán sobre personas del Antiguo Testamento que hicieron peticiones a Dios. Descubrirán que Ana oró cuando estaba triste, Ezequías pidió sanidad cuando iba a morir, y Daniel oró cuando sintió temor.

Mientras prepara la lección, pida al Señor que use estas lecciones para que sus alumnos comprendan la importancia de reconocer la constante presencia de Dios en su vida.

Damos gracias a Dios

Base bíblica: Salmo 136:1-9, 26
Objetivo de la lección: Que los preescolares aprendan a dar gracias a Dios cuando oran.
Texto para memorizar: Orad sin cesar (1 Tesalonicenses 5:17).

¡PREPÁRESE PARA ENSEÑAR!

Los salmos nos permiten saber cómo adoraron a Dios las personas en el Antiguo Testamento. En ellos encontramos aspectos históricos que nos ayudan a entender mejor las historias bíblicas. Los salmos contienen una alta variedad de emociones y sentimientos.

El salmo 136 es una oración interactiva de acción de gracias. Mediante la dirección de un levita o de un coro, la congregación respondía en adoración a Dios por su bondad. El líder de alabanza agradecía a Dios por su creación y su gran poder. La gente respondía con afirmaciones acerca del gran amor de Dios.

Mientras prepara esta lección, gócese leyendo estos salmos que han sido de bendición para tantas generaciones. Permita que le hablen "palabra de Dios" a su corazón. Reflexione sobre el maravilloso amor de Dios y su infinita bondad.

Adaptación

La alabanza y adoración se pueden expresar en forma personal o colectiva. Es probable que su salón de clase sea uno de los primeros lugares donde sus alumnos experimenten la adoración a Dios.

Utilice esta lección para crear un ambiente de adoración en su salón. Invite a sus alumnos a orar juntos e individualmente, dando gracias a Dios por sus bendiciones. Recuerde que Dios habita en medio de las alabanzas de su pueblo.

La mayoría de los preescolares son capaces de recitar cantos y poemas de memoria. Enséñeles coros que puedan memorizar fácilmente y guíelos a dar gracias a Dios a través de sus oraciones, cantos, conversaciones y acciones.

Normalmente los preescolares se ofrecen como voluntarios para orar. Disfrutan al dar gracias por los alimentos, por su familia, por sus amiguitos e incluso por sus juguetes y mascotas. Invítelos a orar durante la clase; de seguro será bendecido por su fe sencilla y genuina al hablar con Dios.

DESARROLLO DE LA LECCIÓN

Estas actividades le ayudarán a centrar la atención de los niños y prepararlos para escuchar la historia bíblica.

Dios escucha nuestras oraciones

Para esta actividad necesitará un teléfono; puede ser uno de juguete o por lo menos el dibujo de un teléfono.

Permita que los niños toquen el teléfono o vean la figura por unos segundos. Luego pregúnteles: ¿Para qué sirve el teléfono? (para comunicarnos con otras personas).

Explíqueles que así como el teléfono es un medio para comunicarnos con nuestros amigos o familiares, la oración es el medio para comunicarnos con Dios. Hágales saber que Dios los escucha siempre, no importa dónde estén.

En un trozo grande de papel prepare un "mural de oración" para toda la unidad. Divídalo en dos columnas: PETICIONES y RESPUESTAS. Escriba las peticiones de los niños, y luego añada las respuestas según las vayan recibiendo. Esto les ayudará a comprender mejor que Dios responde sus oraciones.

¿Quién responde nuestras oraciones?

Durante la semana seleccione coros infantiles sobre la oración. Si desea, invite a una persona que les acompañe con la guitarra o algún instrumento. Esto animará a sus alumnos.

Al finalizar los cantos, pregúnteles: ¿Quién responde nuestras oraciones? (Dios). ¿Cuándo podemos orar? (siempre).

Círculos de agradecimiento

Con anticipación recorte varios círculos de papel del tamaño de un plato mediano. En el centro escriba: "Gracias Señor". Entréguelos a los niños para que los decoren a su gusto. Por la parte posterior pueden pegar una varita de madera para que puedan sujetarlos y usarlos durante la historia bíblica.

BIBLIA

Use la siguiente actividad para ayudar a los niños a centrar su atención en la historia bíblica.

Doy gracias a Dios por...

Para esta actividad necesitará un trozo grande de papel o cartón, pegamento, dibujos o recortes de revistas (casas, alimentos, personas, juguetes, animales, paisajes, etc.), una figura de Jesús y otra de una Biblia.

Pegue el papel o cartón en la pared para crear un mural. En la parte superior escriba: "Estoy agradecido por..." Pegue las figuras de Jesús y de la Biblia, haciendo énfasis en que debemos dar gracias a Dios por enviar a su Hijo, Jesús, y por su Palabra.

Después, ponga sobre una mesa el resto de los recortes y permita que los niños peguen en el mural los que representen motivos de agradecimiento a Dios.

Historia bíblica

Para esta actividad necesitará una Biblia grande, abierta en el libro de los Salmos, y los círculos de agradecimiento elaborados previamente.

Gracias Señor

Hace muchos años, en los tiempos bíblicos, las personas se reunían para adorar y alabar a Dios. Juntos entonaban cantos de alabanza y acción de gracias. Algunos de esos cánticos los podemos encontrar en nuestra Biblia. Salmos es un libro que está en el Antiguo Testamento, la primera parte de la Biblia (muestre la Biblia). Los salmos son cánticos de alabanzas escritos para Dios. Cuando nos reunimos en el templo, lo hacemos para alabar y adorar al Señor. Muchas veces también usamos los salmos para dar gracias y alabar a Dios.

Hay muchos salmos que nos hablan de dar gracias a Dios por su maravillosa creación, por ejemplo, el Salmo 136.

Esta mañana tendremos un tiempo de acción de gracias por todas las bendiciones que hemos recibido de Dios. Indíqueles que, después que usted mencione algún motivo de gratitud, deben levantar sus círculos y decir: "Te damos gracias, Señor". Use los ejemplos siguientes:

Porque tu amor es para siempre,
Te damos gracias, Señor (levanten el círculo).
Por tu hermosa creación,
Te damos gracias, Señor (levanten el círculo).
Porque enviaste a tu Hijo, Jesús,
Te damos gracias, Señor (levanten el círculo).
Por tu Palabra que es la luz,
Te damos gracias, Señor (levanten el círculo).

Repita el ejercicio varias veces usando otros motivos de agradecimiento.

CONEXIÓN

Estas actividades ayudarán a los niños a relacionar la verdad bíblica con la vida diaria.

Acción de gracias

Siente a los niños formando un círculo. El alumno que usted señale deberá ponerse de pie y levantar su círculo mientras dice un motivo de agradecimiento personal a Dios (padres, escuela, amigos, etc.).

¡Yo puedo dar gracias a Dios!

Entregue los libros del alumno abiertos en la página 43 y lápices. Dé tiempo para que escriban su nombre y tracen la palabra de fe de esta unidad (orar), mientras usted les dice: Orar es hablar con Dios. Nosotros sabemos que Dios escucha y responde nuestras oraciones, porque siempre está cerca de nosotros.

Pida que coloreen las figuras de la hoja de trabajo. Después deben encerrar en un círculo aquello por lo que pueden dar gracias a Dios. Cuando terminen, que den vuelta la hoja y dibujen algo por lo que están agradecidos a Dios.

Memorización

Marche con sus alumnos por el salón repitiendo el texto para memorizar, varias veces y en diversas formas; por ejemplo, saltando, en voz baja, gritando, caminando hacia atrás, etc.

Elija a algunos de los niños para que lo repitan de memoria y, si es posible, entrégueles un pequeño incentivo.

Para terminar

Concluya la clase entonando alguna canción sobre la oración e interceda por las necesidades de sus alumnos. Haga hincapié en la importancia de dar gracias a Dios siempre.

notas

Ana pide a Dios un hijo

Base bíblica: 1 Samuel 1:1-20
Objetivo de la lección: Que los preescolares aprendan que pueden hablar con Dios cuando se sienten tristes.
Texto para memorizar: Orad sin cesar (1 Tesalonicenses 5:17).

¡PREPÁRESE PARA ENSEÑAR!

La vida de Ana nos da un claro ejemplo de lo que significa ser una mujer consagrada a Dios, aun a pesar del sufrimiento por no tener hijos. Ana vivió en un tiempo cuando tener hijos se consideraba como un favor de Dios y, puesto que ella no los tenía, se sentía triste.

El esposo de Ana la amaba mucho, pero la costumbre entonces era preservar el linaje de la familia teniendo varias esposas. Por tanto, Elcana tomó a otra esposa, Penina. Ellos tuvieron muchos hijos, lo cual le dio motivos a Penina para despreciar a Ana.

En una ocasión, cuando Elcana fue a Silo para adorar a Dios y ofrecer sacrificio, Ana acompañó a su esposo al santuario. Mientras Elcana ofrecía el sacrificio, Ana derramó lágrimas y oró con fervor ante la presencia de Dios. Le rogó a Dios que no se olvidara de ella y le concediera un hijo varón. A cambio, ella entregaría a su hijo a su servicio.

Dios escuchó la oración de Ana y, tiempo después, le concedió un hijo. Mientras prepara esta lección, ore confiadamente al Señor, con la certeza de que Él escucha y contesta las oraciones de su pueblo.

Adaptación

Los preescolares entienden lo que significa estar tristes. Quizá en ocasiones hayan sentido tristeza y derramado lágrimas. Ayúdeles a identificarse con Ana, quien a causa de una profunda tristeza lloró delante del Señor. Enséñeles que cuando se sientan tristes, pueden orar a Dios y confiar en que Él escuchará su oración. Anímelos a platicar con Dios sobre sus sentimientos de tristeza, alegría y temor.

Los preescolares saben que hay personas en quienes pueden confiar, y pueden acudir a ellas cuando se sienten tristes, preocupados o temerosos. A través de esta historia, entenderán que pueden confiar en Dios y acudir a Él en oración a cualquier hora y en cualquier lugar.

DESARROLLO DE LA LECCIÓN

Use las siguientes actividades para centrar la atención de sus alumnos en el tema de estudio.

Dios escucha nuestras oraciones

Pregunte a sus alumnos si tienen peticiones de oración esta semana y cuántas de sus oraciones fueron contestadas. Escriba las respuestas en el mural de oración.

Es importante que den seguimiento a esta actividad e intercedan por todas las peticiones durante la semana.

¡Seca tus lágrimas!

Siente a los niños formando un círculo y muéstreles un pañuelo (de tela o desechable). Pregúnteles: Cuando están tristes o lloran, ¿para qué pueden usar este pañuelo? (para secar las lágrimas). Dios escucha y contesta nuestras oraciones. Él sabe cuándo estamos tristes y cuándo estamos felices. Dios quiere que hables con Él sobre todas las cosas y en cualquier momento. Puedes confiar en Dios cuando te sientes triste. Ahora voy a pasar este pañuelo alrededor del círculo y cuando diga: "¡Seca tus lágrimas!", el que tenga el pañuelo debe decir en voz alta: "¡Yo puedo orar cuando me siento triste!" Repitan este juego hasta que todos hayan participado.

¿Qué necesito para hablar con Dios?

Para esta actividad, pida a los niños que formen un círculo alrededor de usted. Muéstreles un teléfono de juguete, una carta y algunos dibujos de medios de comunicación (computadoras, radios, etc.) y pregúnteles para qué sirven. Escuche las respuestas y dígales: ¿Necesitamos alguno de estos medios para hablar con Dios? (No). Entonces, ¿cómo podemos hablar con Dios? (orando). Nosotros sabemos que Dios escucha y responde nuestras oraciones y el texto para memorizar nos recuerda que debemos "Orar sin cesar".

Repita el texto con sus alumnos un par de veces. Luego, en un papel hagan una lista de momentos cuando pueden hablar con Dios (cuando comemos, a la hora de dormir, cuando despertamos, cuando estamos enfermos, tristes, felices, etc.). Pegue la lista en un lugar visible del salón.

BIBLIA

Escoja alguna de las siguientes actividades para

ayudar a sus alumnos a comprender la verdad bíblica de esta lección.

Un bebé

Para esta actividad necesitará un muñeco. Sosténgalo en sus brazos y diga: La historia bíblica de hoy es sobre una mujer llamada Ana que deseaba tener un hijo, pero no podía. Por eso se sentía muy triste.

Permita que sostengan al bebé un momento. Dígales que para aprender lo que sucedió con Ana, deben estar atentos durante la historia bíblica.

¿Alguna vez...?

Pregunte a los niños: ¿Alguna vez han deseado algo pero no han podido tenerlo? (permita que respondan). ¿Cómo se han sentido cuando esto sucede? (escuche las respuestas).

Nuestra historia bíblica es sobre una mujer llamada Ana que deseaba tener un hijo. Por muchos años había esperado tener un hijo, pero no había podido. Ana estaba muy triste y oró a Dios. Escuchen con atención lo que sucedió en esta historia.

HISTORIA BÍBLICA

Necesitará una manta para bebé y un muñeco. Mientras narra la historia bíblica, sostenga la manta vacía. Cuando la oración de Ana es respondida, ponga al muñeco en la manta.

La oración de Ana

Ana amaba a Dios pero estaba muy triste (sostenga la manta vacía). Ella se sentía así porque no tenía hijos, aunque lo deseaba con todo su coraal que llamó Samuel. Ana se sentía muy feliz porque Dios había respondido su oración.

Repaso bíblico

Pida a sus alumnos que formen una fila y ponga una silla en el extremo opuesto del salón. Coloque la manta sobre la silla y entregue el muñeco al primer niño en la fila. Indíquele que debe correr hacia la silla. Allí debe envolver al bebé con la manta, decir algo que aprendió sobre la historia bíblica, desenvolver al bebé y regresar corriendo para dárselo al siguiente compañero. Cuando todos los niños hayan participado recuérdeles: ¡Dios escucha y responde nuestras oraciones!

CONEXIÓN

Esta actividad le ayudará a relacionar la verdad bíblica con la vida diaria de sus alumnos.

Cometas de oración

Recorte 45 centímetros de hilo grueso o listón por cada niño. Entregue los libros del alumno y permita que escriban su nombre y tracen la palabra de fe.

Dé tiempo para que coloreen la figura de Ana.

Luego deben recortar la estampa del bebé Samuel (p. 117) y pegarla. Ayúdeles a recortar con cuidado cada una de las piezas para formar la cometa o barrilete.

Ensamblen las cometas como lo muestra el ejemplo del libro del alumno. Permita que las lleven a casa como un recordatorio de la historia bíblica.

Memorización

Formen un círculo y repitan varias veces el texto para memorizar mientras giran. Después, permita que algunos voluntarios pasen al centro del círculo y digan solos el texto. Ayude a los que tengan dificultades con la memorización.

Para terminar

Oren por las peticiones de oración que escribieron en el mural y concluyan entonando un coro sobre la oración. Asegúrese de que todos lleven a su casa los trabajos realizados en clase e invítelos para la próxima semana.

notas

Ezequías ora cuando está enfermo

Base bíblica: 2 Reyes 20:1-11

Objetivo de la lección: Que los preescolares aprendan que Dios escucha sus oraciones cuando están enfermos.

Texto para memorizar: Orad sin cesar (1 Tesalonicenses 5:17).

¡PREPÁRESE PARA ENSEÑAR!

Algo que nos identifica a todos como seres humanos es que en alguna ocasión nos hemos enfermado, o conocemos a alguien que estuvo enfermo. Estamos familiarizados con el dolor y la tristeza que la enfermedad acarrea.

De la misma manera, el rey Ezequías enfrentó la enfermedad. Sin embargo, su experiencia fue aún más fuerte porque iba a morir a causa de ese padecimiento. Cuando el profeta Isaías le dio el mensaje de Dios, Ezequías lloró amargamente. Él había vivido una vida agradable delante de Dios. A diferencia de su padre, había sido un hombre fiel al Señor en todo aspecto.

En medio de su dolor, Ezequías oró a Dios con honestidad y le expresó sus sentimientos.

Dios escuchó su oración y tuvo misericordia de él. Antes que el profeta Isaías cruzara el patio del palacio real, Dios lo envió de regreso con un mensaje diferente para el rey. Ezequías viviría 15 años más y gozaría de buena salud. Dios escuchó la oración de Ezequías y lo bendijo por su fidelidad y honestidad con otra muestra de su gran amor y poder.

¿Significa esto que Dios siempre contesta afirmativamente nuestras oraciones cuando oramos por sanidad? No, pero nos recuerda que Dios cuida de sus hijos en tiempos buenos y malos. Cualquiera que sea nuestra circunstancia, podemos acercarnos a Él confiadamente.

Adaptación

Algunas cosas que son insignificantes para nosotros, pueden ser de gran importancia para los niños. Un simple resfriado es suficiente para preocuparlos. Mencione la preocupación que sienten cuando ellos, algún familiar o un amigo estén enfermos. Ore para que Dios los sane a ellos o a las personas enfermas que conocen. Sus alumnos verán su ejemplo de oración y aprenderán a orar a Dios cuando pasen por enfermedad o situaciones difíciles.

Los preescolares perciben inmediatamente los cambios a su alrededor. Saben cuando alguien a quien ellos aman no está bien de salud. Muchas veces se sienten desesperados, tristes o frustrados cuando se enfrentan a la enfermedad. A través de esta lección, aprenderán que siempre hay algo que pueden hacer por los enfermos: orar por ellos. Anime a sus alumnos a orar por los hermanos de la iglesia que están enfermos.

DESARROLLO DE LA LECCIÓN

Use estas actividades para enfocar la atención de sus alumnos en la historia bíblica.

Dios escucha nuestras oraciones

Haga la revisión semanal del mural de oración, añadiendo nuevas peticiones y las respuestas de las oraciones anteriores. Asegúrese de que los niños se den cuenta de que Dios responde la oración de sus hijos.

Veterinarios preescolares

Para esta actividad necesitará muñecos o animales de juguete.

Entregue un juguete a cada niño y dígales: Imaginen que somos veterianrios y estos animales están enfermos. ¿Qué podemos hacer para ayudarlos? (permita que respondan). Hay algo muy importante que podemos hacer cuando nosotros o alguien a quien queremos está enfermo, ¿saben qué es? (orar). La Biblia nos enseña que Dios está cerca de nosotros y nos escucha cuando oramos. Esto significa que podemos orar y confiar en que Dios nos ayudará en tiempos de enfermedad.

Tarjetas de oración

Necesitará tarjetas de cartulina blanca, lápices o marcadores de colores.

Escriba en cada tarjeta la siguiente nota: Esta tarjeta fue hecha especialmente para ti por _____ (deje espacio para el nombre del niño), quien está orando para que Dios toque tu vida durante esta semana.

Invite a los niños a elaborar una tarjeta para algún amigo o familiar que esté enfermo. Dé tiempo para que la adornen. Cuando terminen, oren por las personas enfermas.

BIBLIA

Estas actividades les servirán para comprender mejor la verdad bíblica de la lección.

Un visitante especial

Invite a un médico o a una enfermera para que visite su clase. Pídale que traiga su estetoscopio para que los niños puedan verlo. Presente a su visitante diciendo: Hoy tenemos a un visitante especial. Nuestro invitado es médico (enfermera) y tiene algo especial que mostrarnos antes de la historia bíblica.

Pida al visitante que muestre el estetoscopio y explique brevemente para qué sirve. Después mencióneles que cuando alquien está enfermo, este es un instrumento que el médico usa para examinarlo. La lección de hoy trata sobre un rey que estaba muy enfermo.

Recordatorios de oración

Durante la semana consiga palitos de madera planos, como los que usan los médicos. Con marcador permanente escriba en ellos: "Yo puedo hablar con Dios cuando estoy enfermo". Después escóndalos en el salón.

Reúna a sus alumnos, muéstreles un palito de madera y pregúnteles: ¿Alguna vez han ido al médico? ¿Para qué usan esto los médicos? (permita que respondan).

Los médicos los usan para mantener abajo la lengua del paciente y observar mejor la garganta. Yo he escondido un palito con un mensaje especial para cada uno de ustedes. Mientras cuento del 1 al 25, ustedes deben encontrarlos. Cuando todos tengan su palito en la mano, vuelvan a sus asientos para escuchar la historia bíblica.

HISTORIA BÍBLICA

Ezequías era un rey que amaba a Dios y se esforzaba para hacer correctamente todas las cosas. Un día Ezequías se enfermó gravemente y no pudo levantarse de la cama. Cada día su salud empeoraba.

Un profeta de Dios, llamado Isaías, fue a visitarlo. Los profetas eran personas que daban mensajes de Dios al pueblo.

Isaías le dijo: "Ezequías, Dios me ha enviado a decirte que a causa de esta enfermedad, pronto morirás". Esto hizo que el rey se pusiera muy triste.

Después que el profeta Isaías se fue, el rey Ezequías oró a Dios para pedirle ayuda y le dijo llorando: "Por favor, Dios, ¡sáname! Tú sabes que te amo y he tratado de hacer lo correcto delante de tus ojos toda mi vida".

Antes que Isaías saliera del palacio, Dios le habló y le dijo que regresara a ver al rey.

"Dile a Ezequías que he escuchado su oración y que lo sanaré. En tres días debe ir al templo para adorarme", le dijo Dios al profeta.

Isaías regresó para darle las buenas noticias al rey. "¡Dios va a sanarte!", le dijo, "y dentro de tres días debes ir al templo para adorarle".

Dios escuchó la oración del rey Ezequías y lo sanó completamente. Tú también puedes orar y confiar en que Dios escuchará tu oración cuando estés enfermo.

CONEXIÓN

Use estas actividades para ayudar a los niños a relacionar la verdad bíblica con su vida diaria.

¿Quién ayudó a Ezequías?

Entregue los libros del alumno y lápices. Dé tiempo para que escriban sus nombres y tracen la palabra de fe de la unidad. Señale las dos figuras del rey Ezequías y permita que las coloreen. Mientras lo hacen, repasen lo que estudiaron en la historia bíblica.

Den vuelta la hoja y reparta lápices de colores para que pinten los cuadros marcados y encuentren las palabras escondidas.

Tiempo de oración

Exhorte a sus alumnos a orar por sus amigos y familiares enfermos. Tenga un tiempo especial para hacerlo y, si algún niño de la clase está enfermo, oren especialmente por él. Recuérdeles que no importa cuán grave sea la enfermedad, Dios escucha sus oraciones y tiene poder para sanarlos.

Memorización

Seguramente la mayoría de sus alumnos ya saben el texto para memorizar. Haga un repaso breve y ponga especial atención en los que presenten dificultades para aprenderlo. Para ayudarlos, escriba el texto en un papel y entréguelo a los padres para que lo estudien con su hijo durante la semana.

Para terminar

Anime a los niños a orar por las personas enfermas durante la semana y a poner en práctica lo que aprendieron, para cuando ellos mismos se enfermen.

Despídanse entonando un coro que hable sobre la oración.

Si alguno de sus alumnos ha estado ausente por enfermedad, le sugerimos que lo visite y le cuente la historia bíblica que apren

Daniel ora cuando siente temor

Base bíblica: Daniel 2:1-30, 47-48
Objetivo de la lección: Que los preescolares aprendan que pueden orar cuando sienten temor.
Texto para memorizar: Orad sin cesar (1 Tesalonicenses 5:17).

¡PREPÁRESE PARA ENSEÑAR!

Cuando los babilonios conquistaron la tierra de Judá, se llevaron cautivos a los más brillantes y mejores hombres del pueblo. Esta era una práctica común en el tiempo de las conquistas. Daniel fue uno de esos hombres. Él demostró ser una persona de gran valor en el imperio babilónico.

Ayudó al rey Nabucodonosor por medio de la sabiduría y conocimiento que Dios le había dado, y así fue progresando hasta llegar a puestos de alto rango. La Biblia nos narra que Daniel se convirtió en consejero real y líder de los sabios del reino. A través de cada etapa de su vida, Daniel mantuvo una relación cercana con Dios y mostró una fidelidad inquebrantable. Practicaba la oración diaria y acudía a Dios para recibir fuerzas y respuestas a sus oraciones.

El rey Nabucodonosor tuvo un sueño en el que Dios le revelaba un acontecimiento futuro. Por tanto, llamó a sus sabios y magos, pero éstos no pudieron interpretar el sueño. El rey se enojó tanto que ordenó matar a todos los sabios de su reino, incluyendo a Daniel. Temiendo por su vida, éste pidió una oportunidad para interpretar dicho sueño. El rey accedió a la petición, por lo que Daniel y sus amigos ayunaron y oraron.

Dios contestó la oración de Daniel y le reveló los detalles y el significado del sueño. La vida de Daniel estaba a salvo. Dios fue exaltado y este hombre de fe ocupó puestos más importantes en el reino. A pesar del temor, la dificultad y el peligro, Daniel confió plenamente en Dios. Tal como reveló el sueño de Nabucodonosor, las cosas de este mundo no son eternas. Sólo a través de la fe y la confianza en Dios podemos encontrar seguridad.

Adaptación

Los preescolares sienten muchos temores: a la oscuridad, la enfermedad o a quedarse solos. Si les pregunta a qué le tienen miedo, seguramente escuchará más de una respuesta. Sentir temor es algo normal en el ser humano. Sin embargo, no disfrutaremos de una vida sana si permitimos que el miedo controle nuestras acciones. Esta lección ayudará a sus alumnos a saber que pueden confiar en Dios cuando sientan temor. Así como Daniel, pueden orar antes de permitir que el miedo los paralice.

Ayúdelos a entender que no importa lo que suceda, Dios es poderoso y siempre está presente, dispuesto a escuchar la oración de sus hijos.

DESARROLLO DE LA LECCIÓN

Las siguientes actividades le ayudarán a centrar la atención de los niños para que escuchen la historia bíblica.

Dios escucha nuestras oraciones

Permita que los niños mencionen nuevas peticiones de oración para añadir al mural. Den gracias por las que ya han sido contestadas. Anímelos a seguir orando durante la semana y recuérdeles que, a través de estas lecciones, han aprendido que Dios responde las oraciones de sus hijos.

Yo sueño con...

Siéntense formando un círculo y platiquen sobre los sueños. Permita que algunos voluntarios cuenten brevemente los sueños que han tenido y cómo se han sentido después.

Dígales que la historia de hoy nos habla de un rey que tuvo un sueño muy especial, pero no lo recordaba y mucho menos entendía su significado.

BIBLIA

Estas actividades permitirán que los niños comprendan mejor el significado de la historia bíblica.

¿A qué le tienes miedo?

Hable con los niños sobre lo que significa sentir miedo o temor. Entregue una pelota de plástico a uno de los alumnos; indíqueles que deben pasarla el uno al otro mientras entona un coro o toca algún instrumento musical. Cuando la música se detenga, el que tenga la pelota debe decir algo que le hace sentir miedo. Cuando todos hayan participado, dígales que cuando sientan temor, pueden orar y pedirle a Dios que los ayude. Él escucha nuestra oración y está cerca cuando lo necesitamos. La historia bíblica de hoy nos habla de un hombre que sintió temor. ¿Quieren saber quién fue? Escuchen con atención.

HISTORIA BÍBLICA

Pida a sus alumnos que cada vez que escuchen en la historia las palabras "oración" u "orar", junten sus manos en actitud de oración.

La oración de Daniel

Daniel era un hombre que amaba a Dios desde su niñez. Y Dios lo ayudó cuando lo llevaron cautivo a Babilonia para servir al rey en el palacio.

El rey Nabucodonosor sabía que Daniel era un hombre muy sabio. Por eso lo tenía a su servicio.

Una noche el rey tuvo un sueño que no lo dejó tranquilo, así que envió a llamar a todos los hombres sabios de su reino.

"Tuve un sueño y quiero que me digan qué significa", dijo el rey.

"Cuéntanos qué soñaste y así podremos decirte su significado", dijeron los hombres sabios.

Pero el rey les contestó: "Yo quiero que me digan qué soñé y cuál es su significado. Si no lo hacen, todos ustedes morirán".

"¡Pero rey, no podemos hacer lo que pides!", contestaron los sabios. "Nadie en el mundo puede hacer algo tan difícil. Ningún otro rey ha pedido algo semejante".

El rey Nabucodonosor estaba muy enojado y ordenó que mataran a todos los hombres sabios del reino. Como Daniel también era considerado un hombre sabio, sintió temor por la orden del rey y oró a Dios. Daniel pidió a sus amigos que oraran también para que Dios le ayudara a conocer el sueño del rey y su significado.

Dios contestó sus oraciones. Todos estaban muy contentos y alabaron al Señor.

Daniel fue al palacio y se presentó ante el rey Nabucodonosor, quien le preguntó: "¿Puedes decirme algo sobre mi sueño?"

"Yo no puedo, pero Dios sí puede", contestó Daniel, y le contó lo que Dios le había revelado.

El rey se alegró al conocer el significado de su sueño y le dijo a Daniel: "En verdad tu Dios es muy grande y poderoso".

Como recompensa, el rey puso a Daniel como jefe de todos los hombres sabios del reino.

CONEXIÓN

Estas actividades le servirán para aplicar la verdad bíblica a la vida diaria de sus alumnos.

Recordatorios de oración

Abran los libros del alumno en la página 49. Dé tiempo para que escriban su nombre en la parte superior de la hoja y tracen la palabra de fe (orar). Después pida que coloreen, recorten y peguen el osito a un palito de madera plano, para que puedan sujetarlo.

Mientras trabajan, dígales: Este osito es un recordatorio de oración. Cuando sientan temor, recuerden que al igual que Daniel, ustedes pueden hablar con Dios.

Asegúrese de que todos lleven a casa su trabajo manual terminado.

Oremos juntos

Reúna a todos sus alumnos y anímelos a orar unos por otros. Oren pidiendo fuerza del Señor para enfrentar los temores y vencerlos. Oren también por los que están enfermos o han faltado a la escuela dominical. Guíe con especial atención a los más pequeños que están aprendiendo a orar.

Memorización

Invite a los niños a decir el texto bíblico usando sus recordatorios de oración. Por ser ésta la última lección de la unidad, es probable que la mayoría lo sepa de memoria. Si es posible, entregue algunos premios pequeños como reconocimiento por el esfuerzo que hicieron para aprenderlo.

Para terminar

Entonen coros sobre la oración y hagan un breve repaso de las cuatro lecciones estudiadas. Hágales saber que en la próxima unidad estudiarán sobre la vida de algunas personas que confiaron en Dios y que es muy importante su asistencia.

Entregue todos los materiales que llevarán a casa y ore por ellos antes de despedirse.

notas

Año 2
Introducción • Unidad VI

PERSONAS QUE CONFIARON EN DIOS

Objetivo de la unidad: Que a través de la vida de estos personajes bíblicos, los preescolares aprendan a confiar en Dios.

Texto para memorizar: Confía en el Señor de todo corazón, y no en tu propia inteligencia (Proverbios 3:5).

Palabra de fe: CONFIAR: Es creer que Dios hará lo que Él nos ha prometido.

Lecciones de la unidad:

Lección 22   Débora confía en la ayuda de Dios
Lección 23   Gedeón confía en Dios
Lección 24   Una mujer confía en Dios cuando se siente triste
Lección 25   Naamán obedece y confía en Dios
Lección 26   Job confía en Dios a pesar de sus problemas

Enseñanzas de las lecciones para los preescolares:

✗ Confiarán en el poder y la soberanía de Dios.
✗ Confiarán en Dios cuando sientan temor.
✗ Confiarán en Dios en momentos de tristeza y dificultad.
✗ Aprenderán a confiar en Dios y a obedecerle.

Los preescolares aprenden el significado de la confianza a través de sus relaciones interpersonales. Cuando los padres u otros familiares suplen sus necesidades y les muestran amor, están creando patrones de confianza.

Ellos saben que pueden confiar en una persona aun cuando todavía no comprendan totalmente el concepto de confianza.

Conforme estudien a estos personajes bíblicos que confiaron en Dios, se darán cuenta que los que confían en el Señor no son defraudados. A través de estas historias, usted puede ayudar a sus alumnos a establecer bases sólidas que cimienten su confianza en Dios y les ayuden en su crecimiento espiritual.

Débora confía en la ayuda de Dios

Base bíblica: Jueces 4:1-16
Objetivo de la lección: Que los preescolares aprendan a confiar en el poder de Dios.
Texto para memorizar: Confía en el Señor de todo corazón, y no en tu propia inteligencia (Proverbios 3:5).

¡PREPÁRESE PARA ENSEÑAR!

Las historias de Débora y Gedeón se encuentran en el libro de Jueces. Este libro resume la historia del pueblo de Israel desde la muerte de Josué hasta el inicio de la monarquía. Al cerrarse el libro de Josué, el pueblo de Israel entró y reclamó la tierra como Dios había prometido. Desde este punto, los israelitas entraron en el período de los Jueces.

Los israelitas tenían la responsabilidad de ocupar la tierra, limpiándola de tradiciones y prácticas paganas. Sin embargo, se olvidaron del compromiso hecho con Dios y decidieron unirse con la gente de Canaán. Comenzaron a alejarse del Dios de sus antepasados, adoptando las tradiciones de los cananeos y adorando a dioses falsos.

En Jueces 4:1-16 leemos sobre las consecuencias que la desobediencia trajo sobre el pueblo de Israel. Los cananeos, bajo el liderazgo del rey Jabín, querían oprimirlos y someterlos. Durante 20 años seis de las tribus de Israel soportaron una cruel opresión y gran hambre, hasta que en su desesperación, al ver agotadas sus fuerzas, se acordaron de Dios. Fue entonces cuando volvieron su rostro al Señor y suplicaron su ayuda.

Dios escuchó sus oraciones, nombrando a una líder para su pueblo. Esta líder era mujer, juez, esposa y profetisa. Débora conocía a Dios y confiaba en Él. Siguiendo la dirección divina, esta profetisa llamó a Barac para que dirigiera a un ejército en contra de los cananeos. La respuesta de Barac no se dejó esperar. Él lo haría, pero sólo si Débora estaba presente. Débora no tenía dudas sobre lo que sucedería, así que aceptó y juntos dirigieron a los israelitas en la batalla, obteniendo una poderosa victoria. Esta victoria no la lograron por su propia fuerza —porque sus enemigos eran superiores en número— sino gracias al poder de Dios.

Cuando los israelitas decidieron volverse a Dios y confiar en su poder, fueron librados de la opresión y la desesperación. ¿Hay alguna situación que le oprima o que le haga sentir sin esperanza? Ore para que Dios le ayude y ponga su confianza en Él. En medio de la opresión más fuerte, encontramos alivio cuando aprendemos a confiar en el poder de Dios.

Adaptación

Los preescolares aprenderán a través de esta historia que no importa cuál sea la situación, siempre es mejor confiar en Dios. A veces se enfrentan a situaciones difíciles. Quizá no se encuentren en una guerra o estén oprimidos, pero algunos niños saben muy bien lo que es sentirse sin esperanza.

En esta historia, los israelitas no tenían la capacidad para pelear contra los cananeos, pero aprendieron una importante lección: Dios es más grande y poderoso. Cuando decidieron confiar en el poder de Dios, Él los libró. Ayude a sus alumnos a comprender que Dios es poderoso y que podemos confiar en Él.

A muchos preescolares les enseñan a orar repitiendo las palabras de otros; sin embargo, ellos pueden aprender a orar en un nivel más profundo. Permita que tomen la dirección en el momento de la oración. Anímelos a hablar con Dios sobre los eventos importantes de sus vidas. Mientras expresan sus peticiones unos con otros, ore para que Dios le ayude y le permita ser un instrumento que impacte la vida de sus alumnos.

DESARROLLO DE LA LECCIÓN

Use las siguientes actividades para captar la atención de su grupo y prepararlo para escuchar la historia bíblica.

Monedas de confianza

Para esta actividad necesita una moneda para cada niño de su clase y un recipiente para la ofrenda.

Al iniciar la clase dé la bienvenida a los niños. Luego, mostrándoles sus monedas, diga: Estas monedas son parte de mi ofrenda. Voy a confiar en ustedes para que las guarden y me las devuelvan en el tiempo de la ofrenda. ¿Me prometen que me las devolverán? (permita que respondan). Entregue una moneda a cada niño. Antes de la historia bíblica, pídales que depositen las monedas en el recipiente de la ofrenda. Mientras lo hacen, explíqueles que confió en ellos al entregarles sus monedas porque sabía que cumplirían su palabra. En la historia bíblica aprenderemos sobre alguien que confió en Dios.

¿En quién confías?

Dialogue con los niños acerca de personas en las

que pueden confiar. Explíqueles que confiar quiere decir creer en alguien que no va a fallarnos.

Explíqueles que a veces las personas fallan y se equivocan. Sin embargo, podemos confiar en Dios porque Él no se equivoca y siempre está dispuesto a ayudarnos.

BIBLIA

Estas actividades ayudarán a los niños a comprender la verdad bíblica.

Una invitada sorpresa

Invite a una persona a que visite su clase disfrazada de Débora, usando una túnica larga y una manta sobre la cabeza.

Reúna a los niños para escuchar la historia bíblica y dígales: Hoy tenemos una invitada especial que está disfrazada como el personaje bíblico que vamos a estudiar. Ella nos contará una historia de cómo Dios ayudó a los israelitas. Presente a la invitada y dé tiempo para que los niños le den la bienvenida.

HISTORIA BÍBLICA

Entregue el material de estudio a su invitada con anticipación para que tenga tiempo de prepararse. Pídale que narre la historia como si fuera Débora, la profetisa.

Débora confía en Dios

Dios amaba al pueblo de Israel porque era muy especial para Él.

Dios quería que el pueblo lo adorara solamente a Él y vivieran felices y seguros en la tierra que les había dado.

Algunas veces los israelitas amaban a Dios y le obedecían, así que Él los cuidaba y protegía de sus enemigos. Pero otras veces, se olvidaban de la bondad de Dios y hacían lo malo, por eso tenían muchos problemas.

Por 20 años el rey Jabín había invadido a Israel, cuyo ejército no podía competir contra los carros de hierro del enemigo. Los israelitas habían hecho lo posible para lograr la victoria, pero nunca le habían pedido a Dios que los ayudara.

En medio de su sufrimiento, el pueblo de Israel se acordó de Dios y clamó pidiéndole ayuda.

Débora amaba y confiaba en Dios. Era profetisa y líder de los israelitas. Ella, sentada generalmente bajo una palmera, escuchaba a las personas que iban a consultarle. Entonces ella las ayudaba a saber cuál era la voluntad del Señor.

Un día Dios le dijo a Débora: "Tengo un trabajo especial para el capitán Barac".

Débora envió a un mensajero a buscar a Barac. Después de un rato, éste llegó para hablar con Débora.

"Dios quiere que pelees contra el ejército de Jabín", le dijo la profetisa. "Lleva tu ejército al monte Tabor y espera porque Dios va a llevar al ejército enemigo hacia el río y lo entregará en tus manos".

Barac respondió: "Si vas conmigo, yo iré; pero si no vas conmigo, no iré".

"Iré contigo", dijo Débora, "pero debes confiar en Dios".

Débora, Barac y su ejército fueron hacia el río como les había dicho Dios. "¡Ahora!", dijo Débora cuando vio al ejército del rey Jabín. Los israelitas atacaron e hicieron lo que Dios les había mandado. El rey Jabín y su ejército se asustaron y corrieron para esconderse. ¡Los israelitas ganaron la batalla!

Débora confió en que Dios los ayudaría, y Él lo hizo, dándole la victoria a su pueblo.

CONEXIÓN

Use estas actividades para aplicar el conocimiento bíblico a la vida diaria de los niños.

Círculo de confianza

Reúna a sus alumnos formando un círculo. Muéstreles una pelota de plástico y dígales: Voy a lanzar esta pelota a cada uno de ustedes. Cuando la atrapen, deben mencionar alguna situación en la que pueden confiar en Dios (cuando estoy enfermo, si estoy preocupado, cuando me siento solo, etc.)

Continúe el juego hasta que todos hayan participado.

Cerca del río

Recorten las tres estampas correspondientes a esta lección (p. 124) y dé tiempo para que sus alumnos tracen la palabra de fe y escriban su nombre. Mientras lo hacen, dígales: Confiar es creer que Dios hará lo que Él nos ha prometido. Podemos confiar en que Dios nos ama y nos cuida.

Pida que coloreen la hoja de trabajo y añadan las estampas, mientras repasan brevemente lo que aprendieron durante la historia bíblica.

Memorización

Tomados de la mano, formen un círculo. Mientras giran, repitan juntos el texto para memorizar un par de veces: "Confía en el Señor de todo corazón, y no en tu propia inteligencia" (Proverbios 3:5).

Cada vez que se detengan, uno de los niños debe decir el texto en forma individual. Luego sigan girando y repitiendo juntos el versículo, hasta detenerse para que otro niño o niña diga el texto. Sigan jugando hasta que la mayoría haya participado.

Para terminar

Entonen un coro que hable sobre la confianza en Dios y ore por sus alumnos. Anímelos a contar sus peticiones de oración para interceder por ellos durante la semana.

Invítelos a regresar a la clase la próxima semana y entregue los trabajos manuales realizados.

Gedeón confía en Dios

Base bíblica: Jueces 6:1-6, 15-16; 7:1-21
Objetivo de la lección: Que los preescolares aprendan que pueden confiar en Dios cuando sienten temor.
Texto para memorizar: Confía en el Señor de todo corazón, y no en tu propia inteligencia (Proverbios 3:5).

¡PREPÁRESE PARA ENSEÑAR!

Después que los israelitas entraron en la tierra prometida, obedecieron los mandamientos de Dios y vivieron en paz por algún tiempo. Sin embargo, conforme pasó el tiempo y creció una nueva generación, las personas se olvidaron de todo lo que Dios había hecho por ellas y por sus antepasados. Una vez más, los israelitas descuidaron su pacto con Dios y se alejaron de Él.

Comenzaron a practicar las costumbres paganas de los pueblos vecinos, adorando a dioses falsos. Mientras los israelitas no cumplían su pacto, Dios no los protegía de esas naciones.

El pueblo escogido se apartó tanto de su Dios que se le hizo fácil seguir otros caminos. Los pueblos enemigos entraron en sus tierras, destruyendo y robando sus cosechas. El problema llegó a tal extremo que las personas tenían que esconderse en cuevas y grietas en las montañas para sobrevivir.

Una vez más, la desesperación hizo que los israelitas se acordaran de Dios. Recordaron cómo el Señor había protegido a las generaciones pasadas. Clamaron a Dios y Él respondió sus oraciones mandándoles a otro juez, Gedeón.

A través de estas historias del Antiguo Testamento podemos constatar la fidelidad de Dios. Su amor y perdón son evidentes al ver cómo respondió a las oraciones de su pueblo, aun cuando éste se había desviado.

Al principio Gedeón estuvo indeciso y temeroso a pesar de que siguió las instrucciones de Dios. Él reunió a las tribus de Israel para pelear contra los madianitas. Dios sabía que Gedeón sentía temor, pero que aún así había decidido obedecerle. Dios permitió que Gedeón escuchara a un hombre del ejército enemigo hablando sobre un sueño. En éste, el Señor le confirmó que la victoria le había sido concedida. En tiempos antiguos los sueños se consideraban como señales; en esta ocasión, Dios utilizó un sueño para infundir confianza a Gedeón, de modo que pudiera dirigir a su pueblo en la batalla.

Dios conocía el miedo de Gedeón, así como conoce nuestros temores. Cuando el miedo o la incertidumbre le rodeen, recuerde que Dios está con usted.

Mientras se prepara para esta lección, tome un momento para descansar en el consuelo de Dios, quien conoce y comprende sus pensamientos, deseos y temores.

Adaptación

Estas lecciones ilustran dramáticamente cómo usted, como maestro, puede impactar a nuestro mundo. Después de sólo una generación, los israelitas olvidaron lo que Dios había hecho por ellos. Esto significa que las nuevas generaciones no estaban siendo instruidas en los preceptos de Dios, ni recibían la enseñanza necesaria para su edificación espiritual.

Mientras enseña, recuerde lo importante que es que sus alumnos aprendan a confiar en Dios. Usted tiene la oportunidad de presentarles verdades bíblicas que permanecerán con ellos durante toda su vida.

Los preescolares tienen una gran imaginación que muchas veces los conduce a sentir temores infundados. El propósito de esta lección no es enfocar este tipo de temores, sino ayudar a los niños a comprender tres verdades importantes:

1. Es normal sentir temor.
2. Dios se preocupa por ti cuando tienes temor.
3. Puedes confiar en Dios cuando tienes temor.

Cuando un niño aprende a confiar en Dios a temprana edad, es más probable que lo siga haciendo al llegar a la edad adulta. En muchas ocasiones, los preescolares son presionados por sus compañeros cuando muestran temor. Quizá hayan escuchado a algún adulto decir: "No tengas miedo" o "los niños grandes no lloran".

Durante esta etapa de crecimiento, los niños pueden pensar que tener miedo es malo. La historia de Gedeón les ayudará a comprender que todos sentimos temor en algún momento de nuestra vida, y que Dios está con nosotros cuando pasamos por esa etapa.

Escuche con atención a sus alumnos mientras cuentan algunas situaciones en las que han sentido temor. Después, anímelos a platicar con Dios sobre esos sentimientos y a confiar en su cuidado.

DESARROLLO DE LA LECCIÓN

Estas actividades le ayudarán a centrar la atención

de sus alumnos y a prepararlos para escuchar la historia bíblica.

Cuando siento miedo

Aprenda las palabras y los movimientos de este poema. Póngase de pie junto con los niños y diga: Todos sentimos miedo alguna vez. ¿Recuerdan alguna situación en la que hayan sentido miedo? (Deje que los niños respondan). Escuchen este poema y veamos en qué forma nos va a ayudar cuando sintamos miedo. Diga el poema y haga los movimientos. Al terminar pregunte: ¿Qué podemos hacer cuando tenemos miedo? (confiar en Dios). Recuérdeles que podemos orar y hablar con Dios cuando sentimos miedo, y también podemos confiar en Dios a cualquier hora y en cualquier lugar. Dirija a los niños mientras aprenden el poema y los movimientos.

Cuando tengo miedo

Cuando tenga miedo (extienda los brazos hacia adelante con las palmas hacia arriba)

En la noche (pretenda dormir, las manos en el rostro)

O en el día (haga un círculo con las manos sobre la cabeza, refiriéndose al sol),

Oraré a Dios (una las manos en actitud de oración)

Quien me guarda y me cuida (junte sus manos en el pecho, primero la derecha y después la izquierda.

Elaboración de antorchas

Para esta actividad necesita trozos de cartón o cartulina gruesa, tijeras, pegamento o cinta adhesiva, lápices de colores y hojas blancas.

Pida a sus alumnos que en una hoja blanca dibujen la forma de una antorcha (si es necesario, muéstreles un ejemplo) y la recorten. Mientras tanto, usando los trozos de cartulina, elabore un cono para cada miembro del grupo.

Entregue el cono a cada uno y pídales que peguen allí la flama para formar una antorcha. Es probable que para esta actividad sus alumnos requieran ayuda, por lo que le sugerimos que pida la colaboración de otro adulto.

Explíqueles la utilidad de las antorchas en los tiempos bíblicos. Luego dígales que aprenderán de un hombre llamado Gedeón que utilizó antorchas para derrotar a sus enemigos.

BIBLIA

Elija algunas de las siguientes actividades que ayudarán a los niños a comprender la verdad bíblica.

Al sonido de la trompeta

Reúna a los niños formando un círculo. Poniendo sus manos alrededor de la boca, simule el sonido de una trompeta. Pregunte: ¿Pueden hacer este sonido de trompeta junto conmigo? (Hagan todos juntos el sonido). Dígales: Dios le dijo a Gedeón que él ayudaría a los israelitas. Gedeón tenía miedo, pero obedeció a Dios. Durante la historia bíblica escucharemos más sobre las trompetas que Gedeón y los israelitas usaron. Cuando Gedeón toque su trompeta, quiero que ustedes hagan el sonido también. Practiquen un par de veces imitando el sonido de las trompetas.

HISTORIA BÍBLICA

Reparta las antorchas que elaboraron y, si es posible, consiga vasos desechables para que los aplasten y generen ruido. Dígales que durante el desarrollo de la historia, les indicará cuándo deberán imitar el sonido de la trompeta, agitar las antorchas y aplastar los vasos. Hasta ese momento, todos permanecerán callados y escucharán con atención.

Gedeón confía en Dios

Los israelitas se olvidaron de confiar en Dios y todo comenzó a irles mal. Fue entonces cuando un grupo de personas, llamadas madianitas, les hicieron cosas muy malas.

"Dios, por favor, ayúdanos", clamaron los israelitas. Dios escuchó sus oraciones y le dijo a Gedeón que era tiempo de detener a los madianitas.

Gedeón tenía miedo. "¿Cómo puedo ayudar a mi pueblo?", le preguntó a Dios. "Yo soy muy débil y los madianitas son fuertes".

"Yo estaré contigo", le dijo Dios. Así que Gedeón y un ejército de israelitas esperaron cerca de un arroyo.

"Hay demasiados hombres", le dijo Dios a Gedeón. "Yo te ayudaré a elegir a los que se quedarán contigo para la batalla. Envía de regreso a casa a todos los que tengan miedo".

Gedeón obedeció y muchos hombres regresaron a sus casas. Pero Dios dijo: "Todavía hay muchos hombres. Llévalos al río y los que beban el agua llevándola a su boca con la mano, se quedarán. A Los que doblen sus rodillas para beber, los mandarás a su casa".

Gedeón confió en Dios a pesar de que ahora el ejército era muy pequeño. Estaba seguro de que Dios lo ayudaría a pelear contra los madianitas.

Una noche, Dios mandó a Gedeón al campo de los madianitas. Dos hombres estaban hablando: "Tuve una pesadilla", dijo uno de ellos. "¡Oh no!", dijo el otro. "¡Yo sé que eso significa que Dios ayudará a los israelitas!"

Al escucharlos, Gedeón se puso muy contento, y alabó y adoró a Dios. Sabía que había llegado el momento de pelear.

"¡Levántense todos!", llamó Gedeón a sus hombres. Después, a cada uno le dio una trompeta, una jarra y una antorcha, y les dijo: "Hagan exactamente lo que yo les ordene".

Gedeón y sus hombres fueron hacia el campamento de los madianitas. Cuando llegaron, Gedeón tocó la trompeta y gritó muy fuerte; después rompió la jarra y agitó su antorcha. Todos los hombres de su ejército hicieron lo mismo y gritaron muy fuerte: "¡Por Dios y por Gedeón!" (indique a los niños que sigan las instrucciones que les había dado, imitando el sonido de la trompeta y gritando: "¡Por Dios y por Gedeón"!).

Los madianitas se asustaron mucho y comenzaron a pelear entre ellos mismos. Todos corrían desesperados.

Gedeón confió en Dios, y Dios lo ayudó a vencer al pueblo enemigo. Nosotros también podemos confiar en que Dios nos ayudará a vencer nuestros temores o cuando estemos en peligro.

El juego de las antorchas

Para esta actividad necesita una de las antorchas previamente elaboradas, música grabada o un instrumento musical.

Siente a los niños formando un círculo. Deberán pasar la antorcha de mano en mano mientras suena la música. Cuando cese la música, la persona que se haya quedado con la antorcha en la mano deberá mencionar algo que aprendió en la historia bíblica. Repita este juego hasta que todos hayan participado.

CONEXIÓN

Estas actividades ayudarán a los niños a relacionar la verdad bíblica con la vida diaria.

Cuéntame tu sueño

Formen un círculo y pregunte: ¿A quién le gustaría contarnos acerca de algún sueño que haya tenido? (Dé tiempo para las respuestas). En la historia bíblica, ¿qué fue lo que escuchó Gedeón acerca de un sueño? (que los israelitas ganarían la batalla contra los madianitas).

Trompetas y antorchas

Dé a cada niño un vaso desechable; ayúdeles a escribir su nombre en él. Entregue las hojas de actividad y permita que remarquen la palabra de fe de esta unidad, confianza. Dígales: Confiar es creer que Dios hará lo que ha prometido. Sabemos que podemos confiar en Dios porque nos ama y se preocupa por nosotros. Repase la historia bíblica mientras colorean y recortan la antorcha y la trompeta. Pregunte: ¿Qué le sucedió a los israelitas cuando se olvidaron de confiar en Dios? (los madianitas les hicieron cosas malas. ¿Qué hizo Dios cuando los israelitas recordaron que tenían que confiar en Él, y le pidieron ayuda? (Dios escuchó sus oraciones y los ayudó).

¿Qué hizo Gedeón a pesar de que sentía temor? (escogió obedecer y confiar en Dios).

Ayude a los niños a doblar la flama de la antorcha y colocarla dentro del vaso. Después ayúdeles a pegar la trompeta sobre la cartulina.

Pídales que lleven sus antorchas y trompetas a casa y las usen para contar la historia bíblica a sus amigos y familiares.

Memorización

En una cartulina grande escriba el texto para memorizar: Confía en el Señor de todo corazón, y no en tu propia inteligencia (Proverbios 3:5).

Recorte cada una de las palabras. Otra opción es escribir cada palabra en tarjetas u hojas blancas. Coloque sobre una mesa las piezas del texto para memorizar y pida a los niños que traten de ponerlas en orden en el menor tiempo posible. Recuerde que muchos preescolares recién se están iniciando en el proceso de la lectura; sea paciente y ayúdelos a reconocer cada letra para que formen palabras.

Para terminar

Dé tiempo para que sus alumnos recojan el material que utilizaron y preparen lo que llevarán a su casa.

Reúnalos para que mencionen peticiones de oración e interceder por ellas. Permita que algunos voluntarios oren y concluya dando gracias por el amor y cuidado que Dios tiene por cada uno de nosotros cuando sentimos miedo.

notas

Una mujer confía en Dios cuando se siente triste

Base bíblica: 2 Reyes 4:8-37

Objetivo de la lección: Que los preescolares aprendan que pueden confiar en Dios cuando se sienten tristes.

Texto para memorizar: Confía en el Señor de todo corazón, y no en tu propia inteligencia (Proverbios 3:5).

¡PREPÁRESE PARA ENSEÑAR!

Esta historia habla de la relación de confianza que se desarrolló entre una mujer sunamita y el profeta Eliseo. Ella vivía en Sunem, una ciudad a 32 kilómetros al sur del monte Carmelo. Cada vez que Eliseo viajaba entre el monte Carmelo y Jezreel, se detenía en el hogar de esta mujer y su esposo. Ella le brindaba hospitalidad a Eliseo, preparándole alimentos y proveyéndole un cuarto de su casa. La hospitalidad era muy importante en los tiempos bíblicos. Sin la hospitalidad de desconocidos, los viajeros no hubieran podido descansar, ni reabastecerse de alimentos y agua. Dependían de la bondad de las personas para tener un lugar seguro donde pasar la noche.

Eliseo apreciaba la amabilidad de esa mujer y decidió darle algo a cambio. Él se había dado cuenta de que ella no tenía hijos. Los hijos eran importantes para las mujeres. Por medio de ellos las mujeres recibían protección cuando sus esposos no estaban o fallecían. Los hijos eran una fuente de esperanza y de seguridad para el futuro. Por tanto, Eliseo predijo a la mujer que tendría un hijo y así sucedió.

Sin embargo, las cosas no marcharon bien después de su alumbramiento. Tiempo después el niño se enfermó y murió. La esperanza de esta mujer estaba destrozada. Nuevamente había quedado sin hijos, pero esta vez con la experiencia de haber sido madre. Esta mujer pudo haber renunciado a todo, pero en lugar de eso, decidió confiar y fue en busca de Eliseo.

Ella sabía que el profeta había pedido a Dios por ese niño, y que él intercedería otra vez ante el Señor.

Dios demostró su gran poder a través de Eliseo, devolviéndole la vida al hijo de la sunamita. La muerte no es un límite para Dios. Cuando nos envuelva la tristeza, recordemos a esta mujer, quien escogió confiar en Dios en medio de la tragedia y recibió restauración y consuelo.

Adaptación

La muerte quizá sea un concepto difícil de comprender para los preescolares. Escuchar sobre la muerte de otro niño puede inquietarlos. Y si algunos han experimentado la muerte de un ser querido, es probable que esta historia les cause desconcierto. Tal vez piensen: Si Dios tiene poder sobre la muerte, ¿por qué las personas mueren?

Ellos están muy pequeños para entender el poder de la resurrección y la promesa de la vida eterna. Lo que usted puede hacer es ayudarles a confiar en Dios en medio de la tristeza. Ayúdeles a comprender que es normal estar triste o llorar. Dígales que cuando se sienten tristes, Dios los escucha.

Si en su clase hay alumnos que ya experimentaron la muerte de algún pariente, quizá sea bueno para ellos platicar con usted sobre esa experiencia. Escuche mientras le cuentan sobre esa persona que falleció. Ore con ellos y anímelos para que le digan a Dios cómo se sintieron después de esa experiencia. Usted verá cómo su confianza en el Señor crecerá cuando se den cuenta de que pueden hablar con Dios cuando están tristes.

DESARROLLO DE LA LECCIÓN

Estas actividades le ayudarán a centrar la atención de sus alumnos en el estudio de hoy.

¿Por qué te sientes triste?

Entregue hojas blancas y lápices de colores a sus alumnos para que dibujen algo que los hace sentir tristes.

Dé algunos minutos para que hagan sus dibujos y, conforme terminen, pídales que le expliquen qué significan. Esto ayudará a los niños a expresar sus temores y usted podrá identificarlos con mayor claridad.

Explíqueles que aunque hay muchas cosas que los entristecen, pueden confiar en la ayuda de Dios.

La habitación para un invitado especial

Para esta actividad necesita lápices o marcadores de colores, recortes de revistas (camas, sillas, mesas, lámparas, adornos, etc.), tijeras, pegamento y trozos de cartulina de 30 x 45 cms.

Ponga sobre la mesa los materiales de trabajo y pida a los niños que diseñen una habitación para un invitado especial. Dígales: Si ustedes tuvieran que arreglar una habitación de su casa para un invitado especial, ¿qué les gustaría poner en ella? (permita que respondan).

Ayúdeles a pegar los recortes que escogieron para elaborar su habitación. Explique que la historia bíblica de hoy es sobre una mujer que preparó una habitación especial para el profeta Eliseo.

BIBLIA

Use esta actividad para que sus alumnos comprendan la verdad bíblica de hoy.

Historia bíblica

Elabore ayudas visuales para ilustrar su lección. Y, mientras la narra, utilice ademanes y module el tono de su voz de acuerdo a la situación para hacerla más interesante.

Una madre que confía en Dios

Eliseo era un profeta que amaba y escuchaba la voz de Dios. Él daba mensajes de parte de Dios a las personas.

Un día Eliseo tuvo que ir a un lugar llamado Sunem. Allí vivía una mujer muy bondadosa que amaba a Dios y quería ser amable con el profeta.

"Pasa y come con nosotros", le decía ella a Eliseo, y el profeta en varias ocasiones comió con la mujer sunamita y su esposo.

"Eliseo es un hombre de Dios", le dijo la mujer a su esposo. "Me gustaría preparar una habitación para que cuando pase por aquí, tenga un lugar cómodo para descansar".

"Me parece buena idea", dijo su esposo.

La mujer trabajó mucho para tener lista la habitación del profeta. Puso una cama, una silla, una mesa y un candelero. ¡Al fin la habitación estaba terminada y se veía muy bien!

Cuando Eliseo pasó nuevamente por esa ciudad, se quedó a descansar en su nueva habitación. El profeta se sentía muy contento con aquel lugar para reposar y pidió a su ayudante que fuera a buscar a la mujer.

"Tú y tu esposo han sido muy buenos conmigo dándome este lugar para descansar. ¿Qué quieres que haga por ti?", le preguntó Eliseo.

"No necesito nada, muchas gracias", dijo la mujer y se fue para que descansara el profeta.

"¿Qué puedo hacer por ella?", se quedó pensando Eliseo.

"Ellos no tienen hijos", dijo su ayudante.

Al escuchar esto, Eliseo mandó llamar a la mujer de nuevo. "El próximo año tendrás un hijo", le dijo Eliseo a la sunamita.

Tal como el profeta dijo, después de un año la mujer tuvo un bebé. Y el niño creció. Sin embargo, un día el niño se enfermó y murió.

Su madre estaba muy triste. Puso a su hijito sobre la cama de Eliseo y rápidamente fue a buscar al profeta; sabía que él podría ayudarla. Esta mujer confiaba en que Dios podía hacer un milagro en su hijo.

Eliseo se entristeció al escuchar las malas noticias y fue de prisa a la casa de la mujer para ver al niño.

Cuando llegó, oró pidiendo ayuda a Dios. De pronto, el niño estornudó siete veces y abrió los ojos.

Eliseo llamó a la mujer y le dijo: "Toma a tu hijo, está vivo".

Esta mujer confió en que Dios podría sanar a su hijo y el Señor contestó su petición.

Repaso bíblico

Siente a los niños en círculo y hable con ellos sobre lo que sucede cuando se enferman. Pregúnteles: ¿Recuerdan alguna vez cuando estuvieron enfermos? (permita que respondan). ¿Cuidó su mamá de ustedes? ¿Recuerdan qué hizo la madre del niño en la historia de hoy? (buscó a Eliseo y confió en la ayuda de Dios).

Haga énfasis en que no importa lo que suceda, ellos pueden confiar en que Dios está dispuesto a ayudarlos.

CONEXIÓN

Las siguientes actividades le ayudarán a conectar la verdad bíblica con la vida diaria.

¡Ayúdanos, Eliseo!

Pida a los niños que abran sus libros en la página 55. Provéales tijeras, un clip y un sujetador de papel con dos patitas. Siga las instrucciones de la página 56 del libro del alumno para ensamblar el tablero del juego y utilizarlo.

Después que los niños hayan jugado, pregúnteles: ¿Qué hizo la madre del niño cuando su hijo murió? (fue a buscar a Eliseo). ¿Qué hizo Eliseo para ayudar al niño? (oró a Dios). ¿Cómo contestó Dios la oración de Eliseo? (sanó al niño). ¿Qué pueden hacer ustedes cuando se sienten tristes? (confiar en Dios).

Memorización

Estudien juntos el texto para memorizar: "Confía en el Señor de todo corazón, y no en tu propia inteligencia" (Proverbios 3:5).

Pida que se sienten formando un círculo. Camine detrás de sus alumnos tocando el hombro de cada uno mientras repiten el texto bíblico. El último que toque al terminar de decir el texto se unirá a usted. Juntos caminarán alrededor de los demás repitiendo esta acción hasta que todos vayan detrás de usted diciendo el versículo.

Para terminar

Asegúrese de que los alumnos recojan y ordenen su área de trabajo antes de irse. Recuerden las peticiones de oración e intercedan por ellas.

Invite a sus alumnos a la próxima clase. Recuérdeles que no importa lo que suceda durante la semana, pueden confiar en el poder de Dios.

LECCIÓN 25

Naamán obedece y confía en Dios

Base bíblica: 2 Reyes 5:1-16
Objetivo de la lección: Que los preescolares aprendan a confiar y obedecer a Dios.
Texto para memorizar: Confía en el Señor de todo corazón, y no en tu propia inteligencia (Proverbios 3:5).

¡PREPÁRESE PARA ENSEÑAR!

Naamán era el capitán del ejército sirio. El rey Aram respetaba a este líder, quien había vencido a muchos pueblos enemigos.

Cuando Naamán enfermó, quizá recurrió a otros dioses en busca de sanidad. Sin embargo, no recibió la ayuda que necesitaba y no sanaba de su lepra. Los sirvientes de Naamán se preocupaban por su salud y su recuperación. Esto nos hace pensar que quizá era un hombre justo, además de ser un gran líder militar. Fue a través de una joven esclava israelita que él se enteró del poder de un profeta de Dios, Eliseo, que vivía en Samaria.

Naamán le pidió permiso al rey para viajar hasta ese lugar y éste se lo concedió. El rey, siguiendo las reglas diplomáticas, envió una carta al rey de Israel, junto con regalos de oro, plata y finos vestidos. El rey de Siria supuso que podría comprar los servicios del profeta de Israel mandando costosos regalos.

Naamán se dio cuenta de que el rey de Israel era un hombre temeroso y que tal vez consideraría su visita como una posible trampa de parte de los sirios.

Cuando Eliseo se enteró de lo que sucedía en el palacio, mandó decir al rey que enviara al capitán sirio a verle. Cuando Naamán llegó a las puertas de la casa del profeta, éste envió a su siervo para darle instrucciones.

Naamán respondió lleno de ira a las indicaciones de Eliseo. No comprendía cómo podría ayudarle el sumergirse en el río Jordán. Una vez que decidió obedecer el mandato de Eliseo, fue sanado por medio de la gracia y el poder de Dios.

Después que Naamán fue sanado por Dios, su respuesta llenó de vergüenza a los israelitas, quienes aún estaban tratando de decidir a quién seguir, si a Dios o a Baal. Naamán dijo convencido: "Ahora sé que no hay otro Dios en toda la tierra, sino el Dios de Israel" (2 Reyes 5:15). Eliseo reconoció el poder de Dios cuando se negó a recibir los regalos que Naamán le ofrecía. Sabía que había sido Dios quien había sanado el cuerpo del capitán sirio.

Hay momentos cuando le pregunto a Dios: "¿Para qué quieres que haga eso?" Pero, historias como la de Naamán me ayudan a recordar que el futuro no está en mis manos, sino en las de Él. Cuando pongo mis ojos en Dios y fortalezco mi confianza por medio de la obediencia, sé que Él proveerá para mis necesidades y cumplirá su propósito en mí.

Adaptación

Esta historia tiene una lección importante para los preescolares: la confianza y la obediencia van de la mano. Es imposible confiar en Dios sin obedecerle. Ellos deben comprender que así como confían en sus padres y obedecen sus órdenes, así también deben confiar en Dios y obedecerle. En este mundo lleno de confusión, los niños pueden encontrar seguridad al aprender que es posible confiar en Dios, aun cuando su comprensión sea limitada.

Los preescolares son activos, con lapsos cortos de atención. Obsérvelos mientras participan en las diferentes actividades. Si alguno está muy inquieto, cambie el ritmo de la lección o actividad, o simplemente sonríale. Muchas veces una sonrisa es lo que el niño necesita para volver a enfocar su atención.

Recuerde que sus alumnos son curiosos e inquisitivos por naturaleza. Hacen preguntas acerca de los personajes y situaciones de la Biblia, reconocen la diferencia entre aquel tiempo y el de ahora, y se cuestionan sobre la comida o la forma de vestir. A través de sus preguntas, escuche con atención y descubra si relacionan al Dios del Antiguo Testamento con el Dios a quien ellos aman y adoran. Los preescolares necesitan comprender que Dios no cambia. Las personas de los tiempos bíblicos podían confiar en Él. Y, ahora nosotros también podemos hacerlo porque Dios es el mismo hoy, ayer y por los siglos.

DESARROLLO DE LA LECCIÓN

Las siguientes actividades le ayudarán a captar la atención de los niños y prepararlos para el estudio de la Biblia.

Eliseo dice...

Pida a los niños que se paren frente a usted y dígales: Vamos a participar en un juego que se llama "Eliseo dice". Si yo digo: "Eliseo dice que toquen su nariz", ustedes deben tocar su naríz. Pero si solamente digo: "Toquen su naríz", y lo hacen, deben sentarse porque no dije el nombre de Eliseo. Repita el juego (Eliseo dice que toquen sus zapatos, que salten, que toquen sus cejas, que den vueltas, etc.) hasta que la mayoría esté en sus asientos.

Explíqueles que cuando siguen las reglas del juego, están siendo obedientes. De la misma forma, Dios quiere que muestren obediencia siempre. La historia bíblica de hoy trata de un hombre que fue obediente.

Mural de obediencia

Para esta actividad necesita un trozo grande de cartulina, hojas de papel, lápices o marcadores de colores y cinta adhesiva.

En la parte superior del mural escriba: "La obediencia es importante". Pida a los niños que dibujen alguna situación en la que se muestre obediencia. Cuando terminen, peguen los dibujos en el mural y hablen sobre su significado.

BIBLIA

Use estas actividades para enseñar a sus alumnos la verdad bíblica.

Naamán está enfermo

Necesitará un termómetro o una caja de medicamentos vacía. Muestre a los niños el termómetro o la caja de medicamentos y pregúnteles: ¿Han visto esto antes? ¿Pueden decirme qué es y para qué sirve? (dé tiempo para que respondan). El termómetro (o la medicina) les sirve a los médicos para ayudar a los enfermos.

La historia bíblica de hoy trata de un hombre que estaba enfermo. Su nombre era Naamán. Él tenía una enfermedad grave en la piel. Escuchen con atención la historia bíblica para que sepan lo que le sucedió.

Historia bíblica

Recorte seis círculos de papel y ponga cinta adhesiva por la parte posterior de cada uno. Escoja a un alumno para que represente a Naamán durante la historia bíblica.

Consiga un trozo de papel o un tapete de color azul que represente el río Jordán.

Naamán obedece y confía en Dios

Reúna a los niños alrededor del tapete o papel azul mientras narra la historia.

Naamán era un general muy importante del ejército sirio, pero tenía una grave enfermedad en la piel. (Pida al niño que se siente a su lado y pegue los círculos en sus brazos, piernas y rostro).

La esposa de Naamán tenía a su servicio a una muchacha israelita. "Si el señor Naamán fuera a buscar al profeta de Dios en Israel, se curaría de su enfermedad", dijo la joven.

Naamán fue a ver a su rey y le dijo: "La sierva de mi esposa dice que hay un profeta de Dios en Israel que puede curarme".

"Enviaré una carta al rey de Israel", dijo el rey de Siria.

Entonces Naamán fue a ver al rey de Israel y le dio la carta que decía: "Por favor, ayuda a mi siervo. Lo envío para que lo sanes de su enfermedad".

Al terminar de leer la carta, el rey se preocupó mucho y le dijo: "¿Cómo quieres que te cure? ¡No soy Dios!"

Eliseo era profeta de Dios y sabía que Él podía sanar a Naamán. Así que le dijo al rey que enviara a su casa al capitán del ejército sirio.

Naamán se dirigió con todos sus carros y sirvientes rumbo a la casa de Eliseo. Cuando llegaron, el profeta envió a su ayudante para darle un mensaje especial a Naamán.

"Ve al río Jordán y sumérgete siete veces. Después que hayas hecho esto, estarás sano", dijo el ayudante.

Naamán se enojó mucho y dijo: "¿Qué es esto? Eliseo debería haber venido a orar por mí o enviarme a uno de los hermosos ríos de mi país. A mí no me gusta el río Jordán. ¡Me voy de aquí!"

Pero los sirvientes de Naamán lo convencieron para que hiciera lo que el profeta había ordenado, así que fueron hasta el río Jordán. Naamán caminó hasta el río y comenzó a entrar poco a poco (pida al niño que simule sumergirse en el río) y se sumergió siete veces.

Cuando salió del agua la última vez, su piel estaba limpia y sana como la de un bebé (pida al niño que se ponga de pie y se sacuda para remover los círculos de su piel).

¡Naamán no podía creerlo! Su piel estaba totalmente sana. No tenía más esa terrible enfermedad, ¡Estaba curado!

Naamán regresó a ver a Eliseo y le dijo: "Ahora sé que solamente hay un Dios en todo el mundo. Por favor, acepta estos regalos que traigo para ti".

"No, muchas gracias", dijo Eliseo. "Yo hice solamente lo que Dios me dijo. Dios fue el que te sanó de tu enfermedad". Naamán adoró a Dios y se fue a su país muy contento y agradecido por el milagro que el Señor había hecho en él.

CONEXIÓN

Esta actividad le ayudará a relacionar la verdad bíblica con la vida diaria de sus alumnos.

¡Sumérgete siete veces en el río!

Para esta actividad necesitará lápices, cinta adhesiva, lápices o marcadores de colores, tijeras, palitos de madera (dos por niño) y trozos de cartulina azul (22 x 30 cms.).

Recorte una abertura de 7.5 cms. en los trozos de cartulina azul y entregue una a cada niño.

Permita que escriban su nombre y tracen la palabra de fe en su hoja de trabajo.

Sigan las instrucciones de la página 58 del libro del alumno para completar esta actividad. Anime a sus alumnos a usar su trabajo terminado para repasar la historia bíblica.

Memorización

Pida a sus alumnos que escojan un lugar del salón y permanezcan ahí mientras explica las instrucciones del juego. Pida que se sienten en el piso y dígales: Voy a contar del uno al siete. Cuando llegue a siete, el primero en saltar y ponerse de pie dirá el texto bíblico conmigo.

Repita el juego varias veces hasta que todos hayan dicho el texto con usted.

Para terminar

Entonen un coro sobre la confianza mientras reúne a todos los niños para orar. Anímelos a mencionar sus peticiones de oración y a orar unos por otros. Es importante que todos lleven a casa los trabajos hechos en clase. De esta forma los padres sabrán lo que sus hijos hacen en la escuela dominical. Despídalos después de invitarlos a la próxima clase.

notas

_____
_____
_____
_____
_____
_____
_____
_____
_____
_____
_____
_____
_____
_____
_____
_____
_____
_____
_____
_____
_____

Job confía en Dios a pesar de sus problemas

Base bíblica: Job 1—2; 5; 15; 19; 36; 41—42

Objetivo de la lección: Que los preescolares aprendan a confiar en Dios en medio de las circunstancias difíciles.

Texto para memorizar: Confía en el Señor de todo corazón, y no en tu propia inteligencia (Proverbios 3:5).

¡PREPÁRESE PARA ENSEÑAR!

El libro de Job se llama así por ser el nombre del personaje principal del mismo.

Job vivía en la tierra de Uz. Era un hombre sumamente rico que poseía mucho ganado, sirvientes y una gran descendencia. Esta historia contiene temas que siempre han sido motivo de reflexión para el ser humano. La sabiduría de este libro es una invitación a depender completamente de Dios, aun en las circunstancias más desesperadas, y no confiar en las posesiones, riquezas, salud o bienestar.

Cuando leemos las calamidades que le acontecieron a este hombre, es normal preguntarnos: ¿Cómo es posible que un Dios justo haya permitido que algo así le sucediera a un hombre recto? Pero, al leer la historia, entendemos que la fe de Job estaba siendo probada y, a pesar de lo terrible de las circunstancias, este hombre tenía una inquebrantable confianza en Dios.

Job tuvo una vida recta delante de Dios todo el tiempo. Aunque disfrutó la seguridad de la riqueza por un período, en un instante perdió todo lo que poseía. Además, sufrió emocional y físicamente. Lo perdió todo: familia, casa, ganado, salud y riqueza. Pero, en medio de esa tempestad, Job reconoció a Dios como el Creador y sustentador de la vida. "Jehová dio, Jehová quitó. Sea el nombre de Jehová exaltado" (Job 1:21) Esta es una poderosa declaración del poder y la gracia de Dios.

Cuando, al igual que Job, reconocemos que todo le pertenece a Dios, podemos enfrentar las situaciones más difíciles sabiendo que lo que somos no depende de las cosas materiales, la salud o la familia. Podemos confiar en Dios sabiendo que todas las cosas están bajo su control.

Adaptación

Los preescolares viven en un mundo en el que suceden calamidades o desastres inexplicables. Ellos temen a lo desconocido y se preguntan qué sucederá en el futuro. Un hombre de negocios se declaró en bancarrota y dos semanas después estaba buscando un nuevo trabajo. La primera pregunta de su hijo de cinco años fue: "Papá, ¿vamos a tener comida?" Este niño comprendía que por falta de trabajo, quizá sufrirían escasez. La respuesta de su padre fue: "¿Puedes ver los pájaros en los árboles? Dios los alimenta todos los días. Así que Dios nunca nos dejará sin comida a nosotros, que somos más valiosos que las aves".

Ore y pida al Señor que le ayude a transmitir esa confianza a sus alumnos. Ayúdeles a reconocer que Dios es el Creador de todo y que Él tiene el control absoluto de todas las circunstancias.

DESARROLLO DE LA LECCIÓN

Estas actividades le ayudarán a enfocar la atención de los niños y prepararlos para escuchar la historia bíblica.

Repaso general

Hagan un breve repaso de lo que han estudiado durante las lecciones pasadas. Pida que algunos voluntarios hablen de los personajes bíblicos y qué hicieron. Si desea, use el libro del alumno para guiarse.

Haga énfasis en que todos estos personajes tenían en común la fe y la confianza en Dios.

Confianza

Escriba en la pizarra o en una cartulina la palabra "CONFIANZA", con letras muy grandes.

Sobre una mesa cubierta con un mantel plástico o periódico, coloque plastilina o masa para modelar y algunos palitos de madera. Pida a los niños que con esos materiales traten de hacer algunas de las letras que están viendo en la pizarra.

Mientras trabajan, recuérdeles que Débora, Gedeón, la mujer sunamita y Naamán confiaron en Dios.

Unan las letras que hayan hecho para formar la palabra CONFIANZA y póngala en un lugar visible del salón.

BIBLIA

Use estas actividades para contar a sus alumnos la verdad bíblica.

¡Lo perdió todo!

Durante la semana busque recortes de revistas que ilustren las posesiones de Job (casa, familia, amigos, animales, riquezas, etc.) y péguelas en una cartulina.

67

Muestre las ilustraciones a sus alumnos y dígales que la historia bíblica habla de un hombre que poseía todas las cosas que ven en la cartulina, pero que de pronto lo perdió todo. Pregúnteles: ¿Cómo se sentirían ustedes en esa situación? (escuche las respuestas).

Pongan atención a la historia bíblica para que sepan qué sucedió con este hombre.

HISTORIA BÍBLICA

Job confía en Dios

Job amaba a Dios y confiaba en Él. Dios había bendecido a Job de muchas formas. Le dio esposa, siete hijos y tres hijas. También tenía muchos trabajadores y miles de animales, una casa grande y muchas riquezas.

Pero, un día muchas cosas malas comenzaron a sucederle a Job. Sus hijos murieron, al igual que sus animales y sus sirvientes. También perdió todas sus posesiones.

Job se sentía muy triste. Rasgó su ropa, se sentó sobre ceniza y lloró amargamente. Sin embargo, sabía que Dios no lo había dejado y dijo: "Aunque me han sucedido muchas cosas malas, yo amo a Dios y confío en Él. Yo sé que Él no tiene la culpa de todo esto que ha sucedido".

Después, Job se enfermó gravemente. Muchas llagas cubrieron su cuerpo y le hacían sentir muy mal. La esposa de Job, cansada de todas estas calamidades, le dijo: "Todo lo que te pasa es terrible, deberías olvidarte de Dios". Pero Job sabía que eso no era correcto y le dijo: "Algunas veces nos suceden cosas buenas; otras, nos suceden cosas malas, pero yo he escogido confiar en Dios, sin importar las circunstancias".

Los amigos de Job fueron a verlo y uno de ellos le dijo: "Deberías hablar con Dios sobre todo esto que te sucedió". El otro también habló diciendo: "Si eres un hombre justo, debes pedirle a Dios que te ayude". Un tercer amigo le dijo: "Las cosas malas les suceden a las personas que no actúan bien".

Job escuchó con atención a sus amigos y todo lo que dijeron lo hizo sentirse aun más triste. Pero él seguía confiando en Dios.

Cuando los amigos de Job terminaron de hablar, otro hombre llamado Eliú dijo: "Dios es grandioso". Job escuchó las palabras que este hombre decía.

Finalmente Dios le habló a Job: "Yo soy Dios. Yo las circunstancias. Dios no dejó a Job, aun cuando le sucedieron muchas cosas malas. Por su fidelidad, Dios bendijo a Job nuevamente y tuvo muchos más animales, riquezas y trabajadores que antes. También tuvo más hijos y vivió feliz por mucho tiempo.

Repaso bíblico

Necesitará un pañuelo o tela oscura para vendar los ojos de los niños.

Indique a los niños que formen un círculo; luego pida un voluntario para vendarle los ojos. Dígale: Aunque no puedas ver, puedes confiar en que yo te ayudaré a caminar alrededor del círculo. Mientras caminamos, dime algo que aprendiste durante la historia bíblica.

Hágalo con cada niño de su clase. Dígales que así como confiaron en que usted los guiaría por el salón, deben confiar en que Dios estará con ellos para guiarlos en los tiempos difíciles.

CONEXIÓN

Estas actividades le ayudarán a relacionar la verdad bíblica con la vida diaria de los alumnos.

¡Muy triste!

Abran los libros del alumno en la página 59 y entregue a cada alumno un trozo de cartulina o papel grueso.

Dé tiempo para que escriban su nombre y tracen la palabra de fe de la unidad (confiar). Recuérdeles que confiar es creer que Dios hará lo que Él ha prometido.

Ayude a los niños a recortar la tira del nombre, la palabra de fe y los tres círculos. Después deben pegarlos en el trozo de cartulina y decorarla como deseen.

Usen esta hoja para repasar la historia bíblica. Dígales que la lleven a casa para contar la historia de Job a sus familiares y amigos.

Memorización

Para esta actividad necesitará cinta adhesiva y una silla.

Pegue una tira de cinta adhesiva en el piso. Después ponga una silla en el otro extremo del salón. Quite todo obstáculo que pudiera estorbar a los niños para realizar este ejercicio.

Coloque a los niños frente a la cinta y dé las siguientes instrucciones: Vamos a caminar hasta donde está nuestro invitado. Al llegar allí, daremos una vuelta alrededor de la silla y brincaremos cinco veces diciendo el texto para memorizar. ¿Están listos?

Repitan un par de veces el ejercicio. Luego pida que se sienten en el piso y pregúnteles: ¿Por qué piensan que dimos cinco brincos? (escuche las respuestas). ¿Sobre cuántos personajes bíblicos estudiamos en esta unidad? (cinco). ¿Pueden decirme quiénes eran? (Débora, Gedeón, la mujer sunamita, Naamán y Job).

Para terminar

Asegúrese de que los niños lleven a casa sus trabajos manuales. Agradezca a cada uno por haber asistido a la clase de hoy y haga una mención especial de los que asistieron durante toda la unidad. Anuncie que el tema de la siguiente lección será "Soy parte de mi iglesia". Termine con una oración y no olvide recordar a sus alumnos que pueden confiar en Dios en todo momento.

68

Año 2
Introducción • Unidad VII

SOY PARTE DE MI IGLESIA

Objetivo de la unidad: Que los preescolares sepan que son parte importante de la iglesia y, por lo tanto, de la familia de Dios.

Texto para memorizar: No dejando de congregarnos (Hebreos 10:25).

Palabra de fe: IGLESIA: Las personas que conocen y aman a Dios y a su Hijo, Jesús, son la iglesia. El lugar a donde vamos a alabar a Dios se llama templo.

Lecciones de la unidad:

Lección 27   Soy parte de mi iglesia
Lección 28   Aprendo de la Biblia
Lección 29   Aprendo a ayudar a los demás
Lección 30   Doy mi ofrenda a Dios

Enseñanzas de las lecciones para los preescolares:

✘ Aprenderán que forman parte importante de la iglesia.
✘ A través de la Biblia aprenderán más sobre Dios.
✘ Aprenderán que los miembros de la iglesia se ayudan unos a otros.
✘ Comprenderán que ofrendar es parte importante en la vida de los cristianos.

La iglesia ha sido llamada la novia de Cristo, el cuerpo de Cristo, comunidad de creyentes, el pueblo de Dios, familia espiritual y grupo de cristianos. Esos diferentes nombres convergen en una sola verdad: la iglesia está formada por las personas que conocen a Dios y han sido salvas por la sangre de Cristo.

La iglesia funciona como una comunidad de creyentes a quienes se les ha asignado la responsabilidad de anunciar las buenas de la salvación por medio de Jesucristo.

La iglesia primitiva marcó las pautas a seguir para las futuras generaciones de creyentes. En el libro de los Hechos podemos aprender cómo resolvían conflictos, cómo administraban las finanzas, cómo predicaban y se asignaba el liderazgo. Esto nos deja un precedente para saber cómo desea Dios que se conduzca su iglesia.

A través de estas historias anime a los preescolares a participar en la comunión de los creyentes mediante el aprendizaje, el compañerismo, la alabanza y la oración.

Soy parte de mi iglesia

Base bíblica: Hechos 2:42-47
Objetivo de la lección: Que los preescolares aprendan que son parte importante de la iglesia.
Texto para memorizar: No dejando de congregarnos (Hebreos 10:25).

¡PREPÁRESE PARA ENSEÑAR!

Los miembros de la iglesia primitiva se dedicaban a la enseñanza, al compañerismo, a la oración y a adorar a Dios.

Puesto que los primeros cristianos eran judíos, las reuniones se llevaban acabo en el templo o en hogares. Cuando se reunían, el pueblo veía la manera en que adoraban a Dios y se amaban entre sí.

Dios bendijo su dedicación al estudio de su Palabra, a la adoración y al compañerismo que tenían unos con otros.

El libro de los Hechos nos dice que "el Señor añadía cada día a la iglesia los que iban siendo salvados" (Hechos 2:47, Versión Popular). Cuando la gente decidía seguir a Jesús, se unían al grupo de cristianos redimidos y compartían todas las cosas.

La iglesia testificaba a los demás a través de sus vidas transformadas y el compañerismo cristiano.

Así como la iglesia primitiva dio testimonio, nuestras iglesias deben ser un reflejo del amor de Dios a los demás. Debemos adorar a Dios juntos, orar unos por otros, ayudarnos en cualquier necesidad y compartir lo que tenemos con los más necesitados. La gente verá así que predicamos un evangelio vivo y muchas personas se sentirán atraídas hacia nuestro Señor Jesucristo.

Adaptación

Algunos de los niños a los que usted enseña forman parte de familias que participan activamente en la iglesia. Otros pertenecen a familias que asisten esporádicamente, y otros quizá vengan por primera vez. De cualquier modo, la verdad es que los preescolares tienen poco control sobre su asistencia, pues dependen de sus padres o familiares para ir a la iglesia. Usted puede mantener e incrementar la asistencia de su clase contactando a las familias de sus alumnos y desarrollando relaciones entre ellos, especialmente entre los padres de familia. Su tarea como maestro es hacer que su salón sea un lugar donde sus alumnos se sientan seguros y bienvenidos, donde aprendan más de Dios y lo adoren con libertad. También debe ser un lugar en el que aprendan a amarse unos a otros y a compartir entre ellos.

Cada uno de sus alumnos tiene una personalidad única. Algunos siempre están listos a participar en todo lo que puedan. Otros son más reservados y callados. Aun cuando no muestren deseo de estar en la iglesia, tenga la seguridad de que aprenderán de Dios y podrán desarrollar amistades que les servirán toda la vida.

Ayúdelos a entender que todos somos parte de la familia de Dios y que debemos amarnos y cuidarnos los unos a los otros.

DESARROLLO DE LA LECCIÓN

Utilice estas actividades para centrar la atención de los niños y prepararlos para el estudio de la Palabra de Dios.

Construyamos un templo

Para esta actividad necesitará cinta adhesiva, bloques de plástico, cajas vacías, latas y cartones limpios.

Use la cinta adhesiva para hacer el contorno de un cuadrado en el piso. Coloque cerca el material de trabajo. Pida a sus alumnos que utilicen esos elementos para construir un templo. Cuando el trabajo esté concluido, pregúnteles: ¿Qué fue lo que hicieron? (un templo). El lugar donde nos reunimos a alabar a Dios se llama templo y nosotros somos la iglesia. La iglesia está formada por las personas que conocen y aman a Dios y a su Hijo, Jesús.

¿Cómo es nuestro templo?

Pida al pastor de su congregación o al director de escuela dominical que lleven al grupo de preescolares a dar un breve recorrido por las instalaciones del templo.

Indique a los niños que mientras caminan, deben poner mucha atención en todo lo que ven porque les hará algunas preguntas a su regreso.

Cuando estén de nuevo en el salón, pregúnteles qué fue lo que vieron y escuche sus respuestas.

Haga énfasis en que las personas se reúnen en el templo para aprender de Dios, alabarle y orar juntos.

BIBLIA

Estas actividades le servirán para ayudar a los niños a comprender la verdad bíblica.

¡Vamos al templo!

Necesitará algunas frazadas, mantas o toallas para esta actividad.

Acomode las frazadas en el piso y diga a los niños: Es tiempo de dormir. Necesitamos descansar para que podamos ir al templo por la mañana. Escojan un lugar para descansar.

Cuando estén recostados sobre las frazadas, si es posible, apague las luces o cubra las ventanas, y diga: "Dios, gracias porque nos permites descansar". Luego indique a los niños: Todos deben cerrar los ojos, pero cuando prenda las luces y diga: "¡Es hora de ir al templo!", todos deben levantarse y tomar su lugar para escuchar la historia bíblica.

Historia bíblica

Enseñe a sus alumnos a usar las manos para hacer un símbolo que represente a la iglesia: Deben unir las manos juntando las puntas de los dedos y separando las palmas. Pídales que hagan ese símbolo cada vez que escuchen la palabra "iglesia" durante la historia bíblica.

La iglesia de Jerusalén

Los discípulos amaban mucho a Jesús. Después que se fue al cielo, les hablaron a muchas personas sobre Él.

Más y más personas creían que Jesús era el Hijo de Dios y decidían amarlo y seguirlo. Esas personas que vivían en Jerusalén formaron la primera iglesia cristiana.

Las personas querían conocer más sobre Jesús y le pedían a los discípulos que les hablaran sobre el Hijo de Dios. Ellos pasaban muchas horas enseñando a la gente lo que Jesús les había enseñado.

Muchos se convirtieron en fieles seguidores de Jesús y se amaban unos a otros. También se reunían a compartir sus alimentos, comían juntos el pan y hablaban del amor que Jesús les había demostrado al morir en la cruz.

Otras veces se reunían para orar unos por otros y darle gracias a Dios por haber enviado a su Hijo al mundo.

Todas estas personas formaban la iglesia y se reunían en las casas para adorar a Dios. Hoy en día nos reunimos en el templo para orar, alabar a Dios y escuchar su Palabra.

Las personas de la iglesia de Jerusalén se ayudaban unas a otras. Algunas veces vendían sus tierras o sus casas para ayudar a los necesitados, porque sabían que amar a Dios significaba también amar a los demás.

Ellos se sentían felices por haber conocido a Jesús y hablaban de Él a otras personas. Cada día la iglesia crecía más porque muchos otros decidían amar y seguir a Jesús.

Repaso bíblico

Si es posible, juegue con sus alumnos al escondite. Pídales que mientras usted cuenta del 1 al 20, busquen un lugar para esconderse dentro del salón de clase. Después los buscará y conforme los vaya encontrando, deben decirle algo de lo que aprendieron en la historia bíblica.

CONEXIÓN

Estas actividades le servirán para relacionar la verdad bíblica con la vida diaria de sus alumnos.

¿Cuántas iglesias hay?

Durante la semana busque en revistas cristianas algunas fotografías de diferentes templos (recuerde que deben ser templos cristianos únicamente). Si no cuenta con este tipo de material, pida ayuda a su pastor o a otros hermanos de la iglesia.

Muestre las fotografías, explicándoles que alrededor del mundo hay muchos templos cristianos en donde la gente se reúne para adorar a Dios. Haga hincapié en que todos los que hemos creído en Jesús somos hijos de Dios y formamos parte de la iglesia.

Yo soy parte de mi iglesia

Entregue a cada niño el libro del alumno abierto en la página 61, tijeras y un sujetador de papel con dos patitas.

Ayúdeles a recortar la figura del templo y el círculo de dibujos. Asegúrese de que escriban su nombre en la parte posterior de la figura del templo.

Sigan las instrucciones de la página 62 para ensamblar el trabajo manual. Cuando hayan terminado, repasen lo que aprendieron en la historia bíblica usando los trabajos elaborados.

Memorización

Coloque a los niños en fila y pida que marchen alrededor del salón. Repitan el texto para memorizar: "No dejando de congregarnos" (Hebreos 10:25). Cambie el ritmo de la caminata y realicen movimientos variados mientras hacen el ejercicio.

Para terminar

Guíe a sus alumnos en oración y den gracias a Dios por la bendición de formar parte de la iglesia. Hágales sentir que al ser hijos del mismo Padre celestial, todos somos una misma familia. Anímelos a asistir a la próxima clase puntualmente y pídales que, de ser posible, traigan su Biblia a clase (puede ser una Biblia infantil o un libro de historias bíblicas).

Aprendo de la Biblia

Base bíblica: Hechos 17:10-12
Objetivo de la lección: Que los preescolares aprendan que a través de la Biblia pueden aprender de Dios.
Texto para memorizar: No dejando de congregarnos (Hebreos 10:25).

¡PREPÁRESE PARA ENSEÑAR!

Cuando el apóstol Pablo llegaba a una ciudad, el primer lugar que visitaba era siempre la sinagoga. En este pasaje él acababa de huir de Tesalónica después de haber predicado y enseñado. De ahí viajó a Berea, una ciudad que estaba a 96 kilómetros de distancia.

Cuando Pablo llegó a la sinagoga de Berea, encontró a un grupo de judíos dispuestos a escuchar su mensaje. Pablo enseñó que la muerte y resurrección de Jesucristo estaban profetizadas en el Antiguo Testamento, y proclamó a Jesús como el Mesías prometido, el Hijo de Dios.

Los pobladores de Berea escucharon a Pablo y buscaron diligentemente en las Escrituras para descubrir la verdad. Mientras estudiaban las Escrituras, encontraron la verdad que provenía de Dios.

El estudio de la Biblia es importante para el crecimiento del cristiano. Al estudiarla, aprendemos qué es lo que Dios quiere de nosotros. Si rehusamos estudiar la Palabra de Dios, nos quedaremos estancados en nuestro crecimiento espiritual. Tome un minuto para reflexionar y analizar sus hábitos de lectura de la Biblia. ¿Está estudiando la Palabra de Dios como Él desea que lo haga? Mientras se prepara para enseñar sobre la importancia de la Palabra de Dios, recuerde que los conocimientos que ahora enseña a sus alumnos les permitirán tener bases sólidas que sustenten su desarrollo espiritual.

Adaptación

Es posible que a algunos alumnos de su clase sus padres les lean una historia bíblica diariamente. Quizá otros no posean una Biblia en casa. Cualquiera que sea el caso, ayúdelos a entender que la Biblia es un libro muy especial porque fue inspirado por Dios, y que, a través de él, pueden aprender más sobre Jesús y el reino de Dios.

En esta lección tendrá la oportunidad de mostrar a sus alumnos su respeto y amor por la Biblia al manipularla con cuidado. Aunque los preescolares no puedan entender lo que significa ser "inspirada por Dios", les ayudará a construir los fundamentos de respeto y amor hacia la Palabra de Dios.

Los preescolares comienzan a desarrollar interés por los libros. También están aprendiendo a comparar historias de la Biblia y a elegir su favorita. Pregúnteles por qué la Biblia es especial y dígales por qué la Biblia es especial para usted.

DESARROLLO DE LA LECCIÓN

Use las siguientes actividades para centrar la atención de los niños y guiarlos al aprendizaje bíblico.

Tiempo de enseñar

Pida que los que trajeron su Biblia a clase la pongan sobre la mesa. Si las posibilidades se lo permiten, obséquieles un caramelo o un lápiz como reconocimiento.

Conceda unos minutos para que todos los niños hojeen y observen los libros que trajeron sus compañeros. Siéntese con ellos y léales alguna historia de su elección.

Dígales que la Biblia es un libro muy especial que nos ayuda a aprender de Dios.

Encuentra la Biblia

Para esta actividad necesita una caja grande, libros diversos y una Biblia.

Ponga los libros y la Biblia dentro de la caja. Pida que un voluntario meta una mano en la caja y trate de encontrar la Biblia. Cuando la tenga en sus manos, siéntese con ellos y pregúnteles: ¿Por qué piensan que la Biblia es diferente a los otros libros? (porque la Biblia es la Palabra de Dios). Haga un breve recordatorio de la clase pasada antes de iniciar la narración de la historia bíblica.

BIBLIA

Estas actividades le servirán para introducir a los preescolares en el estudio de la Palabra de Dios.

¿Qué traes al templo?

Forme un círculo con sus alumnos y pregúnteles: ¿Qué es lo que tus papás y tú traen todos los domingos cuando vienen al templo? (escuche las respuestas).

Explíqueles que traemos la Biblia al templo porque al leerla y estudiarla aprendemos más sobre Dios. La historia bíblica de hoy habla de un grupo de personas que deseaban aprender más de Dios.

Historia bíblica

Tenga a la mano una Biblia antes de iniciar la historia y explique: En un lugar llamado Berea, algunas personas habían decidido seguir a Jesús. Se reunían en la sinagoga, que era el lugar donde adoraban y estudiaban las Escrituras para aprender más de Dios. Ahora vamos a hacer lo mismo que hicieron esas personas: estudiaremos la Palabra de Dios.

Las personas de Berea estudian la Palabra de Dios

Pablo y Silas amaban a Dios y a su Hijo Jesús. Ellos eran parte de la iglesia primitiva (los primeros cristianos en el mundo). Iban de lugar en lugar hablando a las personas sobre Jesús porque deseaban que toda la gente lo conociera y formara parte de la iglesia.

Un día Pablo y Silas fueron a un nuevo lugar llamado Berea y visitaron la sinagoga. Ese era el lugar donde las personas se reunían a estudiar las Escrituras. Cuando llegaron, comenzaron a hablar sobre la Palabra de Dios a la gente que estaba reunida.

"Escuchen, tenemos buenas noticias para ustedes: ¡Jesús, el Hijo de Dios vive y los ama!" Las personas escucharon con atención las palabras de Pablo y Silas. Deseaban escuchar más acerca de Jesús.

Todos los días las personas se reunían con Pablo y Silas en la sinagoga para escuchar más sobre Dios y su Hijo. Ellos creyeron que Pablo les decía la verdad y decidieron seguir a Jesús. Muchos en Berea llegaron a ser cristianos y formaron parte de la iglesia de Cristo. Nosotros también formamos parte de la iglesia de Cristo porque lo amamos y es nuestro Salvador.

CONEXIÓN

Las siguientes actividades le ayudarán a relacionar la verdad bíblica con la vida diaria de los preescolares.

Iguales y diferentes

Para esta actividad necesitará una Biblia, hojas de papel, hilo grueso o listón (30 cms.) y tijeras.

Entregue a los niños las hojas de papel y pida que las enrollen. Después ayúdeles a atar el listón por el centro. De esta forma tendrán un modelo de cómo eran las Escrituras en la antigüedad.

Muéstreles la Biblia y compárenla con los rollos que hicieron. Explíqueles que los cristianos de Berea y de Jerusalén conocían las Escrituras en forma de rollos, mientras que nosotros tenemos la Palabra de Dios en forma de libro. Sin embargo, el contenido es el mismo porque nos ayuda a aprender más de Dios.

Nosotros aprendemos de la Biblia

Reparta los libros del alumno, lápices o marcadores de colores. Dé tiempo para que escriban su nombre y tracen la palabra de fe de esta unidad (iglesia). Recuérdeles que las personas que conocen y aman a Dios y a su Hijo, Jesús, son la iglesia; y el lugar a donde vamos a alabar a Dios se llama templo. Pídales que encierren en un círculo a la familia de los tiempos bíblicos y cómo eran las Escrituras que estudiaban. Luego pida que encierren en un cuadrado a la familia moderna y la Biblia que usan.

Den vuelta la hoja y dé unos minutos para que encierren en un círculo todas las Biblias que encuentren en la habitación.

Memorización

El texto para memorizar es muy corto y seguramente la mayoría de los niños ya lo saben de memoria. Permita que algunos voluntarios lo repita al resto de la clase. Si desea, motívelos haciendo un concurso y entregando premios sencillos.

Para terminar

Entonen un coro que hable sobre la iglesia o la Palabra de Dios. Oren juntos dando gracias a Dios porque a través de la Biblia pueden conocer más de Él.

Asegúrese de que todos los niños lleven a casa la Biblia o el libro que trajeron, así como los trabajos hechos en clase.

notas

Aprendo a ayudar a los demás

Base bíblica: Hechos 6:1-7
Objetivo de la lección: Que los preescolares aprendan que los miembros de la iglesia se ayudan unos a otros.
Texto para memorizar: No dejando de congregarnos (Hebreos 10:25).

¡PREPÁRESE PARA ENSEÑAR!

Cuando una iglesia crece y está activa, en ocasiones surgen problemas. A veces las personas se sienten despreciadas o incómodas. Estas situaciones han existido desde los primeros tiempos de la iglesia.

En la iglesia primitiva, una de las principales tareas de los cristianos era cuidar de los más débiles y desprotegidos. Algunos necesitaban sólo ayuda temporal. Otros, como las viudas que no podían trabajar, recibían 14 comidas a la semana, es decir, dos comidas diarias.

Conforme la iglesia crecía, comenzaron a surgir problemas en torno a esta tarea. Algunos miembros de la iglesia, en especial el grupo de griegos, sintieron que sus viudas eran desatendidas. Así como en nuestros tiempos, la responsabilidad también recaía sobre los líderes. Los apóstoles analizaron el problema y se dieron cuenta que aunque los griegos tenían razón, la prioridad de los apóstoles era orar y predicar la Palabra de Dios. En lugar de dedicarse por completo al cuidado de las viudas, los apóstoles escogieron siete hombres llenos del Espíritu Santo, sabios y de buen testimonio. Mientras los siete varones se encargaban del área administrativa, los apóstoles se dedicaban libremente a predicar las buenas nuevas del evangelio.

Adaptación

Muchas veces las prioridades del ministerio, como la oración y el estudio de la Palabra de Dios, se dejan a un lado porque algunos miembros de la iglesia demandan mucho tiempo del pastor. Mientras prepara esta lección, ore para que Dios le muestre maneras en las que puede servir a Dios y apoyar a su pastor con las tareas o ministerios de su iglesia local.

Vivimos en una sociedad egocéntrica en la que, tristemente, los preescolares no pueden encontrar muchos ejemplos de servicio a los demás. En esta lección usted podrá dar ejemplo a sus alumnos de lo que es servir. Busque oportunidades para servir a los miembros de su clase y felicite a aquellos que sirvan a sus compañeros.

DESARROLLO DE LA LECCIÓN

Use estas actividades para captar la atención de los niños y prepararlos para el estudio bíblico.

Buenos ayudantes

Use este tiempo para enseñar a los niños diversas formas de ayudar dentro del salón o del templo. Por ejemplo, pueden recoger la basura, guardar los lápices de colores, limpiar las mesas, acomodar las Biblias, etc.

Dé unos minutos para que ordenen algún área del salón o para que organicen los materiales. Mientras lo hacen, hable con ellos sobre la importancia de ayudarse unos a otros.

Notas para los padres

Para esta actividad necesita tarjetas u hojas blancas, estambre, lana o listón (30 cms. por niño), tijeras, papeles de colores, pegamento, y crayones o lápices de colores.

Entregue a los niños una tarjeta escrita con la siguiente nota: "Estimado padre: Por favor, dé a su hijo una pequeña ofrenda la próxima semana. Nuestra historia bíblica hablará sobre la iglesia primitiva y cómo se ayudaban unos a otros. Los preescolares recogerán una ofrenda especial al inicio de la clase. Gracias por su generosidad".

Permita que sus alumnos decoren la nota y la enrollen. Ayúdeles a atar el listón al rollo para asegurarlo y pídales que lo entreguen a sus padres al terminar la clase.

BIBLIA

Utilice esta actividad para enseñar a sus alumnos la verdad bíblica.

Historia bíblica

Recuerde que los preescolares aprenden a través de los sentidos. Por eso es importante que prepare algunas ayudas visuales para ilustrar la lección.

Un plan para ayudar

Los discípulos trabajaban mucho todos los días para hablar a otros sobre Jesús. Caminaban por las calles enseñando a las personas el mensaje del evangelio de Dios.

Mucha gente había creído que Jesús era el Hijo de Dios y se reunían para adorarle. Algunos de ellos eran de Jerusalén y otros de un lugar llamado Grecia.

Los seguidores de Jesús cuidaban de sus semejantes y se preocupaban por ellos. Si algunos no tenían alimentos, otros se aseguraban de proveerles lo que necesitaban. Sin embargo, algunas personas no estaban completamente satisfechas.

Un día, un grupo de hombres griegos que amaban a Jesús fueron a hablar con los apóstoles y les dijeron: "¡No es justo! ¿Ustedes piensan que está bien que nuestras viudas no tengan suficiente alimento?"

Los apóstoles no estaban enterados de esta situación, así que reunieron a todos los miembros de la iglesia para tratar el tema. Querían buscar una solución.

Ellos sabían que era muy importante que todos tuvieran suficiente alimento, pero los apóstoles tenían que dedicar tiempo para orar y predicar la Palabra de Dios. Era difícil que ellos hicieran todo. Por eso decidieron escoger a siete ayudantes especiales. Éstos se encargarían de suplir las necesidades de los demás hermanos de la iglesia.

Los apóstoles oraron por los siete ayudantes antes de que empezaran a trabajar. Después, los ayudantes comenzaron su trabajo y cuidaban que a nadie le faltara alimento. Así los apóstoles tuvieron más tiempo para hablar a otros sobre Jesús, y la iglesia siguió creciendo.

CONEXIÓN

Use las siguientes actividades para relacionar el aprendizaje bíblico con la vida diaria de los preescolares.

Siete ayudantes

Recorte las estampas correspondientes a esta lección de las páginas 124 y 125 del libro del alumno.

Entregue los libros y lápices para que los niños escriban su nombre y tracen la palabra de fe. Dé tiempo para que coloreen a los doce apóstoles de la página 65 del libro del alumno y proveáles pegamento para que coloquen la estampa de los siete ayudantes en el lugar correspondiente.

Den vuelta la hoja. Mientras los niños pegan las estampas de alimentos en la bolsa de comida, hábleles de la responsabilidad que tenemos los cristianos de ayudar a los necesitados.

¡Necesitamos ayudantes!

Pida que algunos voluntarios recojan los materiales que utilizaron en la actividad anterior. Unos pueden recoger la basura, mientras otros guardan los crayones, el pegamento y las tijeras. Hágales saber que ayudar es importante para nuestro crecimiento espiritual.

Memorización

Mientras sus alumnos ordenan el salón antes de irse a casa, repita con ellos un par de veces el texto para memorizar. Si lo desea, puede invitar a algunos padres de familia para que escuchen lo que sus hijos han aprendido.

Para terminar

Agradezca a los niños por la ayuda que le brindaron y por su participación durante la clase. Ore por las peticiones de oración y despídanse con un coro que hable sobre la iglesia. Recuérdeles que deben llevar a casa la nota que hicieron para sus padres y traer su ofrenda la próxima semana.

notas

Doy mi ofrenda a Dios

Base bíblica: Hechos 11:27-30
Objetivo de la lección: Que los preescolares aprendan por qué es importante ofrendar.
Texto para memorizar: No dejando de congregarnos (Hebreos 10:25).

¡PREPÁRESE PARA ENSEÑAR!

En esta historia de Hechos vemos que por primera vez se menciona la profecía en este libro. Los profetas de Dios son mensajeros enviados a predicar, enseñar, explicar y predecir eventos futuros.

En este pasaje, el profeta Agabo anunció a la iglesia de Antioquía que se aproximaba un tiempo de hambre en todo el mundo. La iglesia primitiva no cuestionó el mensaje de Agabo, revelado por el Espíritu Santo. Tampoco discutieron si los hermanos de Judea merecían la ayuda o no. Inmediatamente acordaron reunir ayuda y enviarla a los cristianos de esa región.

En este pasaje también se nos muestra que la iglesia seguía madurando bajo la guía del Espíritu Santo. Vemos cómo la congregación de la iglesia de Antioquía ayudó a la congregación de la iglesia de Judea en tiempos de necesidad. Como resultado de su obediencia, Dios decidió enviarles al profeta y encargarles la misión de ayudar a su iglesia hermana. Cuando un miembro de nuestra familia pasa por necesidad, hacemos todo lo posible por ayudarlo. Asimismo Dios utilizó a los cristianos de Antioquía para ayudar a los hermanos de Judea.

La iglesia es una familia fortalecida por medio del Espíritu Santo y unificada por Cristo. Todos los que hemos aceptado el sacrificio de Jesús y lo hemos invitado a venir a nuestro corazón, hemos sido adoptados por Dios. Por tanto, somos hermanos y hermanas en Cristo Jesús. Y, como familia de Dios, es nuestro deber ayudarnos los unos a los otros.

Mientras prepara esta lección, medite: ¿Cuál es su actitud al dar? ¿Se preocupa por la familia de la fe? ¿O siente el dar como una obligación, no como un privilegio? Ore pidiendo a Dios que le permita ser un modelo para sus alumnos de cómo a dar a los demás.

Adaptación

Es probable que algunos de sus alumnos reciban mesadas o una pequeña cantidad de dinero semanalmente, y quizá lo reúnan para comprarse algo. Para ellos es emocionante recibir dinero en su cumpleaños o por alguna celebración especial, y después poder comprarse el juguete que desearon por mucho tiempo. Cuando los niños dan su dinero, esperan recibir algo tangible a cambio.

Cuando dan sus ofrendas a la iglesia, muchas veces no entienden cuál es el verdadero propósito. A través de esta lección, explíqueles maneras específicas en que se utilizan las ofrendas. Enseñe también los principios para que sean dadores alegres.

DESARROLLO DE LA LECCIÓN

Utilice las siguientes actividades para captar la atención de sus alumnos y guiarlos en el estudio bíblico.

Mi ofrenda

Para esta actividad necesita un recipiente para la ofrenda y algunas monedas.

Coloque el recipiente para la ofrenda cerca de la entrada del salón. Conforme lleguen los niños, pídales que depositen allí su ofrenda. Si alguno no ha llevado dinero, entréguele algunas de las monedas que preparó con anterioridad. Dígales: Gracias por traer sus ofrendas. Con este dinero podemos ayudar a los demás. Nuestra iglesia usa este dinero para mantener limpio el templo donde adoramos a Dios, para pagar el teléfono y la luz, para comprar los materiales que usamos en la escuela dominical y dar un salario al pastor. De esta forma él puede tener siempre algo para comer. También se usa para ayudar a los necesitados, para enviar misioneros a otros países, y para muchas otras cosas.

Después de recoger la ofrenda, oren dando gracias por ella. Si alguno de los niños puede contar las monedas, pídale que lo haga. O, cuente usted la ofrenda delante de todos para que sepan cuánto dinero se recogió.

Un cuadro de monedas

Para esta actividad necesitará hojas de papel, monedas, crayones, tijeras, trozos de cartulina y pegamento.

Coloque sobre una mesa los materiales. Enseñe a sus alumnos que, al poner las monedas debajo de las hojas de papel y marcar con crayones sobre la superficie de la hoja, la forma de la moneda quedará marcada.

Dé tiempo para que realicen esta actividad. Le sugerimos que esté atento ya que algunos niños pequeños tienen la costumbre de llevarse las monedas a la boca.

Cuando terminen de marcar sus monedas, indíqueles que las recorten. Luego deben pegarlas en el trozo de cartulina y decorar ésta como deseen. Pídales que en sus hojas escriban su nombre y la frase: "Yo puedo ofrendar". Ayude a los que estén aprendiendo a escribir.

BIBLIA

Estas actividades le ayudarán a enseñar a los niños la verdad bíblica de hoy.

Coros para ofrendar

Enseñe a los niños algún coro que hable sobre la ofrenda. Entónenlo varias veces y, de ser posible, muestre algunos ademanes que puedan hacer mientras cantan para complementar la actividad. Entonen el canto cada vez que recojan la ofrenda.

Historia bíblica

En papel amarillo dibuje seis círculos grandes y recórtelos. Dibújelos de tal forma que parezcan monedas.

Ponga el recipiente para la ofrenda frente a usted. Elija a seis alumnos para que tengan las monedas y las depositen cuando usted lo indique durante la historia bíblica.

Los discípulos comparten

Agabo era un hombre que amaba a Dios y estudiaba su Palabra. Él era profeta. Eso significa que era una persona que escuchaba a Dios, le obedecía y trasmitía a las demás personas mensajes del Señor.

Un día Dios habló a Agabo y lo envió a un lugar llamado Antioquía. Agabo obedeció al Señor e hizo lo que le ordenó. Cuando llegó, Dios le dio un mensaje especial para la iglesia de Antioquía.

"Escuchen con atención", dijo Agabo. "Tengo algo importante que decirles: Dios quiere que sepan que algunas partes del mundo, incluyendo Judea y Jerusalén, no tendrán alimentos por algún tiempo. No lloverá y la gente estará muy hambrienta".

Todos los que estaban allí se preocuparon mucho, pues sabían que muchos cristianos vivían en esos lugares.

"¿Qué podemos hacer para ayudar?", preguntó alguien.

"Tal vez deberíamos enviarles ayuda para que no pasen hambre", dijo otra persona. Todos los que estaban reunidos decidieron enviar algo para ayudar a los hermanos de Judea.

Entonces recogieron una ofrenda especial para enviarla a los necesitados (pida a los niños que depositen las monedas de papel en el recipiente para la ofrenda).

Bernabé y Saulo estaban en Antioquía, pero después iban a regresar a Judea. Así que los hermanos les preguntaron: "¿Podrían llevar esta ofrenda a nuestros hermanos en Judea?"

Bernabé y Saulo aceptaron. Tomaron la ofrenda y la entregaron a los ancianos de la iglesia de Judea para que la repartieran entre los necesitados. Los creyentes de Antioquía se sintieron muy felices por haber ayudado a los hermanos necesitados.

CONEXIÓN

Use estas actividades para ayudar a los preescolares a conectar la verdad bíblica con la vida diaria.

Bolsa para las monedas

Recorte 30 cms. de lana para cada miembro de su clase. Entregue los libros del alumno y permita que escriban su nombre y tracen la palabra de fe de la unidad. Después, pídales que cuidadosamente recorten las nueve monedas y las cuenten.

Repita con los niños el texto para memorizar mientras guardan sus monedas en una bolsa de papel o de tela. Repasen el contenido de la historia bíblica mientras cierra las bolsas con la lana.

Anímelos a usar la bolsa de monedas para contarle a sus familiares lo que aprendieron en la historia bíblica.

¿Por qué es importante ofrendar?

Provea hojas blancas y lápices de colores para que sus alumnos hagan un dibujo sobre la importancia de ofrendar.

Cuando terminen, pegue todos los dibujos en una cartulina y colóquela en un lugar visible para que los miembros de su congregación puedan observarla.

Memorización

Para esta actividad necesita un recipiente y siete monedas de papel.

Escriba en las monedas cada una de las palabras del texto para memorizar. Pida a los niños que repitan el texto con usted mientras depositan una a una las monedas en el recipiente. Permita que los que no hayan aprendido el texto realicen varias veces el ejercicio.

Para terminar

Entonen el coro que aprendieron sobre la ofrenda y repasen brevemente lo que aprendieron durante esta unidad. Asegúrese de que todos lleven a casa sus trabajos manuales terminados y despídanse con una oración.

Dígales que en las próximas cinco clases estudiarán sobre un personaje bíblico muy especial llamado Pablo. Si es posible, envíe notas a los niños que hayan faltado invitándolos al inicio de la próxima unidad.

Año 2
Introducción • Unidad VIII

LA HISTORIA DE PABLO

Objetivo de la unidad: Que al estudiar la vida de Pablo, los preescolares aprendan que ellos también pueden enseñar con amor las buenas nuevas de Jesús.

Texto para memorizar: Deben amar a los demás, así como Cristo nos amó (Efesios 5:2).

Palabra de fe: BUENAS NOTICIAS: Dios nos ama y envió a su Hijo Jesús. Esta es la buena noticia que los cristianos debemos predicar a los demás.

Lecciones de la unidad:

Lección 31   Saulo conoce a Jesús
Lección 32   Saulo predica sobre Jesús
Lección 33   Pablo le habla a Lidia sobre Jesús
Lección 34   Pablo le habla de Jesús a un carcelero
Lección 35   Pablo predica de Jesús a los romanos

Enseñanzas de las lecciones para los preescolares:

✗ Aprenderán que Dios tiene poder para transformar a las personas.
✗ Estudiarán que Pablo fue un gran predicador del evangelio.
✗ Sabrán que es importante hablar de Jesús a los demás.
✗ Comprenderán que, en medio de las situaciones difíciles, pueden hablar a otros sobre Jesús.

En la unidad pasada sus alumnos aprendieron sobre la iglesia primitiva y la comunión entre los creyentes. En la siguiente unidad, aprenderán más sobre el crecimiento de la iglesia primitiva a través del trabajo de un hombre, Saulo, quien después fue conocido como Pablo.

Pablo fue el primer misionero. Viajó a través de Asia menor, Grecia y Roma. Durante sus viajes predicó las buenas noticias de Jesucristo con los judíos y los gentiles.

Él es un ejemplo para nosotros. Cuando conocemos, amamos y seguimos al Hijo de Dios, podemos anunciar con libertad a otros sobre Él.

En poco más de diez años, Pablo estableció muchas iglesias a través del imperio romano. Una vez que él conoció a Jesús, no tuvo otro objetivo sino predicar el mensaje de salvación con las personas. Los preescolares aprenderán una importante verdad: cuando seguimos y amamos a Jesús, necesitamos hablar de Él a nuestros prójimos.

Saulo conoce a Jesús

Base bíblica: Hechos 9:1-19
Objetivo de la lección: Que los preescolares aprendan que Dios tiene poder para transformar a las personas.
Texto para memorizar: Deben amar a los demás, así como Cristo nos amó (Efesios 5:2).

¡PREPÁRESE PARA ENSEÑAR!

Saulo fue un judío celoso de la ley. Como líder religioso, creía que su responsabilidad era terminar con los seguidores de Jesús. Por tanto, fue un acérrimo perseguidor de los cristianos. Saulo quería detener la propagación del cristianismo en una ciudad muy importante. Damasco era una ciudad dedicada al comercio, por lo que muchos mercaderes pasaban por ahí. Detener el cristianismo en Damasco hubiera significado un retroceso para el evangelio de Jesús.

Sin embargo, mientras Saulo se dirigía a Damasco, tuvo una experiencia que cambió su vida por completo. Una luz brillante del cielo apareció ante él, y el perseguidor conoció a Aquel a quien él perseguía: Jesús. Habiendo quedado ciego por esa luz tan brillante, Saulo descubrió que estaba equivocado y rindió su vida a Cristo.

Dios llamó a Ananías, que vivía en la ciudad de Damasco, para que visitara al recién convertido y llevara sanidad para su vista. Ananías, lleno de temor por las terribles cosas que había oído de este hombre, obedeció fielmente a Dios y fue a la casa donde estaba Saulo. Dios le había dicho a éste que Ananías iría a verlo. Cuando el discípulo llegó y oró por él, Saulo recobró la vista. Su vida fue transformada y él estaba listo para predicar el mensaje de las buenas noticias de Jesús.

Saulo dejó de ser perseguidor de Jesús y se convirtió en un valiente discípulo que llevó el evangelio a muchos lugares.

Mientras prepara esta lección, ore para que pueda conocer más a Jesús. Pídale que cambie su corazón y le dé poder para anunciar el evangelio a sus alumnos.

Adaptación

Vivimos en un mundo cambiante. La gente, las circunstancias, los tiempos, todo cambia. Es normal que los preescolares atraviesen períodos de cambio. Por ejemplo, mudarse de casa o de ciudad significa separarse de familiares y amigos. Sin embargo, muchas veces los cambios nos ayudan. Los niños conocerán nuevos amigos y la familia se unirá más al sentirse lejos. La vida de Saulo cambió dramáticamente en un instante cuando tuvo un encuentro personal con Jesús.

Ayude a sus alumnos a comprender que el cambio que experimentó Saulo fue para bien. Después de ser un perseguidor, pasó a ser un fiel mensajero de Jesús. Guíelos a entender que cuando conocemos a Jesús, debemos hablar de Él a los demás.

DESARROLLO DE LA LECCIÓN

Las siguientes actividades le ayudarán a centrar la atención de sus alumnos en el aprendizaje bíblico.

¿Quién te dijo?

Necesitará una hoja blanca y lápices de colores o crayones.

Ponga sobre una mesa los materiales y pida a los niños que se acerquen. Pregúnteles: ¿Quién fue la primera persona que les habló de Jesús? (permita que respondan).

Explíqueles que Jesús ama a las personas y desea que todos lo conozcan. La historia bíblica de hoy es sobre un hombre que conoció a Jesús.

Entregue las hojas y los colores para que hagan un dibujo de la primera persona que les habló de Jesús.

¡Vamos de viaje!

Para esta actividad necesita dibujos o figuras de aviones, trenes, autobuses, barcos, etc.

Muestre los dibujos y pregunte para qué se usan esos medios de transporte. Escuche las respuestas. Luego hagan una lista de las cosas que se necesitan para viajar. Dígales que la historia de hoy es sobre un hombre que hizo un viaje en el que le sucedió algo muy importante.

BIBLIA

Estas actividades le permitirán introducir a sus alumnos en el estudio bíblico.

Una luz muy brillante

Para esta actividad necesita una linterna.

Apague las luces y trate de mantener el salón lo más oscuro posible. Pida a los niños que formen fila (asegúrese de quitar cualquier obstáculo que pueda hacerlos tropezar) y sigan la luz hasta llegar a sus asientos para escuchar la historia bíblica.

Cuando todos estén sentados, encienda las luces y dígales: Nuestra historia bíblica trata de un hombre que iba por un camino y, de pronto, una luz brillante lo cegó.

Historia bíblica

Saulo conoce a Jesús

Saulo no creía que Jesús era el Hijo de Dios y tampoco quería a sus seguidores. Cada vez que escuchaba que alguien hablaba de Jesús, se enojaba mucho y ordenaba que lo llevaran a la cárcel.

Un día Saulo fue a ver a un hombre muy importante de Jerusalén y le dijo: "Tengo que hacer un viaje a la ciudad de Damasco. Quiero que me dé una carta de autorización para traer y meter a la cárcel a todo el que vea hablando de Jesús".

Ese hombre le dio la carta y Saulo comenzó el viaje. Caminó y caminó mucho tiempo. Cuando estaba cerca de la ciudad de Damasco, de pronto una luz muy brillante del cielo lo deslumbró y cayó a tierra.

Entonces una voz del cielo le habló y le dijo: "Saulo, ¿por qué me persigues?"

"¿Quién eres Señor?", preguntó Saulo asustado.

"Yo soy Jesús, a quien tú persigues. Levántate y ve a la ciudad; ahí se te dirá lo que tienes que hacer", dijo el Señor.

El hombre que acompañaba a Saulo no podía hablar. Había escuchado la voz, pero no había visto a nadie. Saulo se puso de pie, pero no podía ver. ¡Se había quedado ciego!

Su acompañante lo ayudó a llegar hasta la ciudad. Allí Saulo esperó por tres días.

En Damasco vivía un hombre que amaba a Dios. Se llamaba Ananías. El Señor le pidió a Ananías que fuera a ver a Saulo y orara por él.

Pero Ananías respondió: "He escuchado sobre Saulo. Él persigue a las personas que te aman, y vino a Damasco para arrestarnos y hacernos daño".

Entonces Dios le dijo: "Saulo es diferente ahora. Yo lo he escogido para servirme. Él hablará a otros sobre mí. Ve sin temor".

Ananías hizo lo que Dios le pidió. Fue a ver a Saulo y, poniendo las manos sobre sus ojos, oró por él. De inmediato Dios le devolvió la vista y, desde ese día, Saulo se convirtió en un fiel seguidor de Jesús.

Repaso bíblico

Siente a los niños formando un círculo. Dígales que el niño al que usted alumbre con la linterna, debe decir algo sobre la historia bíblica. Tenga cuidado de no dirigir la luz a los ojos de los niños. Dé oportunidad para que todos participen en el repaso.

CONEXIÓN

Estas actividades le ayudarán a relacionar la verdad bíblica a la vida diaria de los preescolares.

Un hombre transformado

Entregue los libros del alumno y lápices para que escriban su nombre y tracen la palabra de fe de esta unidad: Buenas noticias.

Ayude a los niños a identificar las cuatro figuras de la página 69 y a numerarlas según el orden de la historia. Dé tiempo para que coloreen la hoja de trabajo por ambos lados.

Memorización

Escoja a un líder. Explique a los niños que deben seguir a ese líder por el salón, haciendo lo que él indique mientras repiten el texto para memorizar. Repitan el juego hasta que la mayoría haya tenido la oportunidad de ser el líder.

Para terminar

Pregunte a sus alumnos si tienen peticiones de oración y tengan un tiempo especial de oración. Entonen algunos coros antes de despedirse, e invítelos a la próxima clase en la que seguirán estudiando sobre Saulo.

notas

_____

_____

_____

_____

_____

_____

_____

_____

_____

_____

_____

_____

_____

_____

_____

_____

_____

Saulo predica sobre Jesús

Base bíblica: Hechos 9:19-29
Objetivo de la lección: Que los preescolares aprendan que Pablo fue un gran predicador del evangelio.
Texto para memorizar: Deben amar a los demás, así como Cristo nos amó (Efesios 5:2).

¡PREPÁRESE PARA ENSEÑAR!

Después de su conversión, Saulo pasó algunos días con los discípulos de Damasco. Ananías, el discípulo que Dios usó para sanar a Saulo de su ceguera, posiblemente fue parte de ese grupo que lo ayudó a crecer espiritualmente.

La Escritura nos dice que Saulo, quien fue perseguidor de los cristianos y celoso de su religión, comenzó su ministerio por Cristo con el mismo celo. De inmediato empezó a predicar con valentía el mensaje de Jesús. Saulo se dirigió a la sinagoga para predicar y ahí fue bienvenido como rabí, habiendo sido entrenado por el honorable maestro Gamaliel.

Todos en la sinagoga se quedaron atónitos al escuchar acerca del cambio efectuado en Saulo. El que en un tiempo era opositor de la verdad, ahora contaba su experiencia de haber conocido la verdad a través de ese encuentro personal con Jesús.

El ministerio de Saulo creció poderosamente y, mientras proclamaba la verdad, enfrentó la oposición que en un tiempo él dirigía. Los líderes de la oposición hicieron planes para matarlo. Querían impedir que siguiera proclamando el evangelio de Jesús. Sin embargo, los cristianos que una vez le temieron, ahora hicieron planes para rescatarlo. Saulo escapó de Damasco para regresar a Jerusalén. Allí los seguidores de Jesús aún le temían y lo rechazaban, pensando que se trataba de una trampa para apresarlos. Pero Bernabé vio el testimonio de Saulo y creyó que el Salvador en verdad lo había transformado. Con la ayuda de Bernabé, Saulo fue aceptado por la iglesia de Jerusalén.

Saulo podría haberse desanimado, pero no fue así. También hubiera podido regresar a su vida antigua, pero siguió firme en lo que había creído. Él había conocido a Jesús y ahora era un hombre nuevo, dispuesto a arriesgar su vida para predicar el evangelio. ¿Cuánto está dispuesto a arriesgar usted para que otros puedan conocer a Jesús?

Adaptación

Aunque a esta edad quizá muchos de los niños no hayan enfrentado adversidades por creer en Jesús, quizá en algún momento serán ridiculizados, oprimidos o incluso perseguidos por causa de Jesús. El ejemplo de Saulo, que proclamó a Jesús sin impor-

tarle la adversidad, servirá como una base sólida para el crecimiento espiritual de sus alumnos.

DESARROLLO DE LA LECCIÓN

Use estas actividades para captar la atención de sus alumnos e introducirlos en el estudio de la Palabra de Dios.

¡Es muy difícil!

Forme un círculo con sus alumnos. Pídales que intenten permanecer parados en un solo pie por diez segundos, o que den cinco pasos hacia atrás con los ojos cerrados.

Permita que lo intenten varias veces y después ayúdelos a hacerlo. Explíqueles que a veces es difícil realizar algunas actividades, pero conforme lo intentamos se hace más fácil, sobre todo si recibimos ayuda.

Lo mismo le sucedió al personaje de la historia de hoy. Estaba atravesando por una situación difícil, pero recibió la ayuda de Dios.

Recordatorio de amor

Para esta actividad necesita platos de cartón, lápices, marcadores de colores, listón o cinta, tijeras y un perforador para papel.

Coloque sobre una mesa los materiales. Escriba en cada plato: "¡Jesús te ama!" Luego haga dos orificios a 10 cms. del borde del plato. Introduzca la cinta por ellos y anúdela para que puedan colgar el trabajo cuando esté terminado.

Permita que los niños decoren el plato a su gusto. Dígales que podrán obsequiarlo a alguien que necesite escuchar de Jesús.

BIBLIA

Estas actividades ayudarán a los niños a comprender mejor el estudio bíblico.

Cuida tus pasos

Use las sillas del salón de clases para formar una pista de obstáculos. Pida a los niños que caminen de un extremo del salón al otro por la pista.

Después reúnalos para escuchar la historia bíblica. Antes, pregúnteles si fue fácil o difícil caminar a través de los obstáculos. Escuche sus respuestas y dígales que la historia bíblica se trata de una situación difícil que Saulo enfrentó.

Historia bíblica

Invite con anticipación a un varón de su congregación para que narre la historia bíblica representando a Saulo, a Bernabé o a un cristiano de Damasco. Puede vestirse usando una túnica larga o una manta.

Dé la bienvenida a su invitado y pida a los niños que pongan mucha atención a la narración.

Saulo predica sobre Jesús

Saulo había sido enemigo de los cristianos y no quería saber nada sobre Jesús. Pero un día, cuando viajaba a Damasco, Dios le habló y cambió su corazón.

Ahora Saulo era un hombre diferente. Amaba a Jesús y deseaba conocerlo más y más cada día.

Él decidió que debía hablarle de Jesús a las personas, así que fue a la sinagoga.

"Escuchen, tengo buenas noticias para ustedes", dijo Saulo. "Jesús, el Hijo de Dios, vive y nos ama".

Todos estaban muy asombrados por lo que escuchaban. "¿Es Saulo?", preguntó alguien, "¿no es el mismo que llevaba a los cristianos a la cárcel?"

"Sí, pero ahora es diferente. ¡Escúchenlo!", dijo otra persona.

Saulo predicaba el evangelio por dondequiera que iba, y las personas creían en Jesús.

Los líderes judíos estaban preocupados porque muchas personas estaban creyendo en Jesús. Así que decidieron matar a Saulo. Vigilaron cuidadosamente las puertas de la ciudad para asegurarse de que él no se fuera.

Los amigos de Saulo se enteraron de ese plan y decidieron ayudarlo a escapar. Una noche, cuando estaba muy oscuro, lo llevaron a una casa que tenía una ventana en el muro de la ciudad. Después lo pusieron en una canasta y lo bajaron muy lentamente.

Cuando la canasta llegó al piso, Saulo salió de ella y caminó rápidamente hasta llegar a Jerusalén. Estaba seguro que encontraría a otros cristianos que lo ayudarían. Pero los cristianos de esa ciudad todavía le tenían miedo. Nadie creía que era diferente.

Bernabé habló con Saulo y se dio cuenta de que Dios lo había cambiado. Después lo llevó con los demás discípulos y seguidores de Jesús. A partir de ese día Saulo formó parte de la iglesia y predicaba por todas partes el mensaje de Jesús.

Repaso bíblico

Para esta actividad necesita una canasta grande.

Siente a los niños formando un círculo. Ponga la canasta en el centro y pregúnteles: ¿Quién recuerda para qué usaron una canasta en la historia bíblica? (para ayudar a Saulo a escapar de Damasco).

Indique a los niños que cuando mencione el nombre de uno de ellos, debe meterse en la canasta y decir algo que recuerde sobre la historia. Dé oportunidad para que todos participen.

CONEXIÓN

Use estas actividades para conectar la verdad bíblica con la vida diaria de los preescolares.

La canasta de Pablo

Entregue a cada niño el libro del alumno, abierto en la página 71, y un lápiz. Dé tiempo para que tracen la palabra de fe y escriban su nombre.

Siga las instrucciones de la página 72 y ayúdelos a recortar, doblar y pegar sus canastas. Anímelos a usar sus trabajos terminados para repasar la historia bíblica.

Tiempos difíciles

Hable con sus alumnos acerca de los momentos difíciles que todas las personas atraviesan. Pídales que mencionen algunas situaciones que los hayan hecho sentir tristes o preocupados.

Hágales saber que Dios cuida de ellos tal como cuidó de Saulo.

Memorización

Escriba el versículo en la pizarra y ayude a sus alumnos a identificar las letras que lo forman. Recuerde que muchos de ellos están recién aprendiendo a leer y quizá sólo conozcan las vocales. Repitan el versículo varias veces antes de despedirse.

Para terminar

Asegúrese de que los niños recojan los materiales y ordenen el salón antes de irse a casa. Tenga un tiempo especial de oración por los enfermos o los que no pudieron ir. Exhórtelos a contar a sus familiares lo que aprendieron hoy en la clase.

notas

Pablo le habla a Lidia sobre Jesús

Base bíblica: Hechos 16:14-15
Objetivo de la lección: Que los preescolares aprendan que es importante hablar a otros sobre Jesús.
Texto para memorizar: Deben amar a los demás, así como Cristo nos amó (Efesios 5:2).

¡PREPÁRESE PARA ENSEÑAR!

Filipos era una colonia romana y un punto importante de comercio en el imperio romano. Allí no existía sinagoga puesto que el número de judíos era pequeño. La ciudad estaba poblada principalmente de oficiales y gente retirada del ejército romano. Pero, a pesar de no haber sinagoga, existía un punto de reunión fuera de la ciudad, al lado del río. Cuando en algún lugar no se podía establecer una sinagoga, los seguidores de Jesús acostumbraban reunirse cerca de un río, así que Pablo seguramente conocía esa costumbre.

Pablo encontró a un grupo de mujeres que alababa a Dios cerca de un río. En ese grupo se encontraba una mujer llamada Lidia. Ella comerciaba una tela cara y fina llamada púrpura. Esta mujer de negocios fue la primera persona que se convirtió al cristianismo en Europa y reconoció a Jesús como su Salvador personal. Lidia ofreció la hospitalidad de su hogar a Pablo y a los que viajaban con él, y continuó aprendiendo más sobre Jesús al recibir al apóstol en su casa.

En todo lugar a donde Pablo iba, encontraba la manera de predicar el mensaje de Jesús con los de esa región: judíos, gentiles, hombres, mujeres, esclavos y libres. A todos Pablo les predicaba de Jesús y de su salvación.

Mientras prepara esta lección, medite si usted está yendo más allá de su círculo de amistades para anunciar de Jesús a otras personas. Pida a Dios que le ayude y le dé valor para hablar a todo aquel que necesite escuchar su mensaje de salvación.

Adaptación

Los preescolares son honestos, sinceros y confiables. Enseñarles a hablar de Cristo a los demás es una gran oportunidad, porque a esta edad no tienen las preocupaciones y prejuicios de los adultos.

Con el ejemplo de Pablo, los alumnos aprenderán que es importante que hablen de Jesús a toda persona, en cualquier momento u oportunidad que Dios les dé. Ayúdeles a entender que anunciar a otros de Cristo es una reacción natural por el gran amor que Él nos ha dado.

DESARROLLO DE LA LECCIÓN

Utilice estas actividades para centrar la atención de los niños en el tema de estudio.

¡Buenas noticias!

Para esta actividad necesita un teléfono de juguete.

Anime a los niños a hacer llamadas imaginarias para contar a sus amigos las buenas noticias sobre Jesús. Permita que todos participen en la actividad.

Explíqueles que la historia de hoy es sobre las buenas noticias que Pablo predicó en un pueblo llamado Filipos.

Los preescolares están en una fase de pensamiento concreto. Eso quiere decir que asimilan las cosas en forma literal. Las ideas abstractas, como "buenas noticias", son difíciles de entender para ellos. Por tanto, permita que escuchen el concepto varias veces, y defina el significado y sus implicaciones de manera clara y sencilla.

¿Con qué letra empieza?

Para esta actividad necesitará lápices o crayones de color púrpura (violeta), hojas de papel y un marcador negro.

Escriba en cada hoja una letra P grande y repártalas a los niños. Pregúnteles con qué letra empieza el nombre de Pablo. Luego pida que dibujen la letra y decoren la hoja a su gusto. Estos ejercicios permitirán a los preescolares identificar algunas letras.

BIBLIA

Use estas actividades para ayudar a sus alumnos a comprender la verdad bíblica.

Color púrpura o violeta

Durante la semana consiga tela u objetos de color púrpura. Muéstrelos a los niños y pregúnteles qué otros objetos de ese color conocen.

Pregúnteles: ¿Saben con qué letra empieza la palabra púrpura? (con P). ¿Conocen a alguien cuyo nombre también empiece con P? (Pablo). Dígales que la historia bíblica trata de un viaje que hizo Pablo a una tierra llamada Filipos.

Cerca del río

Ponga un pliego de papel o una manta azul en el piso, y diga a los niños: Imaginen que esta manta es un río y todos nos sentaremos alrededor para escuchar la historia bíblica.

Historia bíblica

Pida a los niños que se sienten alrededor de la manta azul y tenga a la mano un trozo de tela púrpura para ilustrar su lección. Haga un recordatorio breve de la lección anterior para que los niños relacionen al personaje bíblico.

Lidia aprende acerca de Jesús

Después que Saulo llegó a Jerusalén, Dios le dijo que tendría un nuevo nombre: Pablo. Todos sus amigos comenzaron a llamarlo así.

Un día él y sus amigos decidieron hacer un viaje a un lugar llamado Filipos. Querían contarle a la gente de allí las buenas noticias de Jesús.

Después de algunos días de viaje, por fin llegaron a Filipos y se quedaron ahí por muchos días. El día sábado era especial para las personas que amaban a Dios, porque se reunían para adorarle.

"Vamos a buscar un lugar para orar cerca del río", dijo Pablo a sus amigos.

Todos salieron de Filipos y llegaron hasta un río cercano. Allí vieron a algunas mujeres reunidas que estaban orando. Entonces Pablo comenzó a hablarles de Jesús. Les dijo que el Hijo de Dios las amaba y quería ser su Salvador. Una mujer llamada Lidia, que era vendedora de tela púrpura, estaba escuchando con atención las palabras de Pablo y sintió que Dios le estaba hablando. Sintió algo muy especial en su corazón y decidió seguir a Jesús también.

¡Lidia estaba feliz! Ahora Jesús era su amigo y ella formaba parte de la iglesia. Luego invitó a Pablo y a sus amigos a hospedarse en su casa. Allí les preparó alimentos y los trató con mucho amor.

Pablo y sus amigos se quedaron algunos días en la casa de Lidia, hablando de Jesús a las personas.

Busca la tela perdida

Antes de iniciar la clase, esconda un trozo de tela púrpura en el salón. Reúna a los niños y dígales: Hay un trozo de tela escondido en este salón. Voy a contar hasta 20 mientras ustedes lo buscan. Cuando lo encuentren, deben traérmelo. Cuando tenga el trozo de tela, pida que se sienten. Luego se lo pasarán uno por uno mientras dicen algo que recuerden de la historia bíblica.

Repaso bíblico

Para esta actividad necesita algunos caramelos o premios pequeños.

Pida a sus alumnos que contesten las siguientes preguntas y, conforme lo hagan, entrégueles un pequeño obsequio: ¿Cuál fue el nuevo nombre de Saulo? (Pablo). ¿A qué lugar viajó Pablo? (a Filipos). ¿A dónde fueron a orar Pablo y sus amigos? (a un río). ¿Quiénes estaban ahí? (un grupo de mujeres). ¿Qué fue lo que Pablo les contó a las mujeres? (las buenas noticias sobre Jesús). ¿Cómo se llamó la mujer que aceptó a Jesús? (Lidia). ¿Cuál era su trabajo? (vendía tela púrpura).

CONEXIÓN

Estas actividades le servirán para relacionar la verdad bíblica con la vida diaria de sus alumnos.

Pablo le habla de Jesús a Lidia

Abran los libros del alumno en la página 73 y permita que los niños tracen la palabra de fe y escriban su nombre. Entregue lápices de colores para que coloreen las figuras de Pablo y Lidia (pueden colorear la túnica de Lidia de color púrpura). Mientras tanto, haga un repaso de la historia bíblica.

Den vuelta la hoja y sigan las instrucciones de la página 74 para encontrar a Pablo y a Lidia.

¿A quién le puedes hablar de Jesús?

Pida a sus alumnos que nombren a una persona a la que podrían hablarle de Jesús durante la semana. Escriban los nombres en una cartulina para recordarlos en oración.

Exhórtelos a contar las buenas noticias de Jesús a sus amigos y familiares, tal como lo hizo Pablo.

Memorización

Necesitará 12 corazones de papel y cinta adhesiva.

Escriba las palabras que forman el texto para memorizar en cada corazón y escóndalos en el salón. Pida a sus alumnos que los busquen. Cuando los encuentren, péguenlos en la pizarra y repitan un par de veces el texto bíblico.

Para terminar

Formen un círculo y permita que cada uno haga una oración corta por las personas a las que hablarán de Jesús. Concluya dando gracias por la clase e intercediendo por sus alumnos.

Invítelos a la siguiente clase para continuar las lecciones sobre Pablo.

notas

Pablo le habla de Jesús a un carcelero

Base bíblica: Hechos 16:20-34
Objetivo de la lección: Que los preescolares aprendan que, en medio de las situaciones difíciles, pueden hablar a otros de Jesús.
Texto para memorizar: Deben amar a los demás, así como Cristo nos amó (Efesios 5:2).

¡PREPÁRESE PARA ENSEÑAR!

Pablo y Silas enfrentaron la primera adversidad cuando echaron fuera el demonio de una joven esclava que adivinaba el futuro. La Biblia nos dice que los judíos trataban de desacreditar el testimonio de Pablo y mucha gente trató de hacerle daño.

La joven, que estaba poseída por un espíritu de adivinación, era utilizada por sus amos para sacar ganancia monetaria. Básicamente ella adivinaba el futuro de los clientes y éstos les pagaban a los amos por ello.

Cuando Pablo y Silas encontraron a esta joven, el espíritu dentro de ella los reconoció como siervos de Dios. Los siguió por el mercado anunciando que eran siervos del "Dios altísimo". Cuando Pablo se volvió a ella y ordenó al espíritu que saliera de la joven, éste inmediatamente obedeció por el poder de Jesucristo.

Los dueños de la joven, al perder así la fuente de sus ganancias, se enojaron mucho.

Pablo y Silas fueron encarcelados pero no se entristecieron. Más bien escogieron alabar a Dios. El carcelero estaba presente, escuchándolos cantar. Y, cuando Dios utilizó el terremoto para librarlos, Pablo y Silas no escaparon ni permitieron que el soldado atentara contra su vida, sino que le hablaron de Jesús. El carcelero y su familia recibieron a Jesús por el valiente testimonio de Pablo y Silas.

Aun en las situaciones más difíciles, Pablo escogió hablar de Jesús a los que necesitaban el perdón y la salvación. Mientras prepara esta lección, pida que Dios le dé fortaleza para ser un testimonio fiel del amor de Dios para los demás.

Adaptación

Utilice esta oportunidad para hablar de Cristo a sus alumnos. Muchas veces damos por sentado que los niños que asisten a la escuela dominical ya son salvos, pero no siempre es así. En el cristianismo no hay lugar para suposiciones.

Conocer a Jesús como Salvador personal es lo mejor que le puede pasar a los niños de su clase. Y, usted tiene la oportunidad de guiarlos a los pies del Salvador.

DESARROLLO DE LA LECCIÓN

Use estas actividades para captar la atención de los niños y prepararlos para el estudio de la Biblia.

La cárcel

Para esta actividad necesita bloques de plástico o cajas vacías. Ponga los bloques o las cajas en el piso y pida a los niños que construyan una cárcel. Cuando hayan concluido, pida que sacudan la cárcel como si fuera un terremoto.

Repitan el ejercicio varias veces. Luego dígales que la historia bíblica habla sobre una cárcel y un terremoto.

¿Cuántas cadenas?

Necesitará tijeras, pegamento o cinta adhesiva y tiras de cartulina (5 x 40 cms.)

Ponga sobre una mesa las tiras y el pegamento. Enseñe a los niños a elaborar cadenas de la siguiente forma: Pegue los dos extremos de una tira de papel para formar un círculo. Introduzca otra tira por el medio y repita la operación. Añada las tiras que necesite según el número de eslabones que deseen en la cadena.

Explíqueles que la historia bíblica tiene que ver con unas cadenas que le pusieron a un personaje muy importante.

¡Buenas noticias!

Escriba las palabras "BUENAS NOTICIAS" en la parte superior de la pizarra. Luego permita que algunos niños traten de copiar las letras en la parte inferior.

Mientras lo hacen, hable con ellos sobre el significado de las buenas noticias.

BIBLIA

Estas actividades ayudarán a los preescolares a comprender mejor la historia bíblica.

¡Encadenados!

Reúna a sus alumnos para que escuchen la historia bíblica. Cuando estén sentados, entrégueles las cadenas que elaboraron. Pídales que se las coloquen en las manos mientras escuchan el relato.

Historia bíblica

Haga un breve repaso de la historia bíblica de la semana pasada para que sus alumnos no pierdan la continuidad del relato.

Un carcelero aprende acerca de Jesús

Pablo y Silas estaban en Filipos, predicando las buenas noticias de Jesús. Algunos de los que vivían allí creían que los discípulos estaban locos. No querían que siguieran hablando del evangelio.

Esos hombres acusaron a Pablo y a Silas de desobedecer la ley y alborotar a la gente, así que los llevaron a la cárcel. Cuando llegaron a la prisión, los carceleros los pusieron en el calabozo más profundo y los encadenaron.

La cárcel estaba muy oscura esa noche. Pablo y Silas estaban encadenados a la pared y no podían moverse. Era un lugar muy feo y sucio, pero ellos no tenían temor sino que cantaban y oraban a Dios. Los otros prisioneros escuchaban con atención las alabanzas de los discípulos.

Cuando ya era muy tarde, de pronto la prisión comenzó a sacudirse violentamente. Las cadenas se abrieron y Pablo y Silas pudieron moverse. Un gran terremoto había hecho que las puertas de la cárcel se abrieran.

Los discípulos sabían que Dios los estaba ayudando y le dieron gracias.

El carcelero, que estaba encargado de todos los presos, estaba durmiendo cuando la cárcel comenzó a sacudirse. Al sentir aquel movimiento, se levantó inmediatamente y fue a ver lo que estaba sucediendo.

"¡Ay, las puertas están abiertas!", gritó asustado. "Seguramente todos los prisioneros se escaparon. Estoy en un gran problema".

"No te preocupes, todos estamos aquí", dijo Pablo.

El carcelero alumbró con una antorcha y vio que ninguno se había ido. "Ustedes los cristianos son muy diferentes. Aunque tuvieron la oportunidad de escapar, no se fueron. ¿Qué puedo hacer para conocer a Jesús?", preguntó.

"Solamente cree en el Señor Jesucristo, y tú y toda tu familia serán salvos", le dijo Pablo.

"Yo deseo hacerlo", contestó el carcelero muy emocionado. Después llevó a Pablo y a Silas a su casa, donde les dio de comer y hablaron más acerca de Jesús.

Desde ese día el carcelero de Filipos y su familia creyeron en Jesús y formaron parte de la iglesia.

Repaso bíblico

Indique a los niños que formen una fila y caminen alrededor del salón. Cuando escuchen la palabra "terremoto", deben sacudir las cadenas de papel y sentarse en el piso.

Elija a algunos para que pasen al centro del círculo y digan algo que aprendieron en la historia bíblica. Repita el juego varias veces hasta que todos hayan participado en el repaso.

CONEXIÓN

Estas actividades le ayudarán a relacionar la verdad bíblica con la vida diaria de sus alumnos.

Cadenas rotas

Recorte las cuatro estampas correspondientes a esta lección, de la página 125 del libro del alumno.

Dé tiempo para que tracen la palabra de fe y escriban su nombre. Reparta las estampas y pegamento. Siga las instrucciones de la página 76 del libro del alumno para completar la actividad.

Mientras trabajan, hable con sus alumnos sobre la importancia de hablar de Jesús a otros aun en tiempos de dificultad.

Hablemos a otros acerca de Jesús

Lea la lista de nombres que elaboraron la semana pasada. Luego pregunte cuántos les hablaron de Jesús a los amigos o familiares que están incluidos en esa lista.

Explique a los niños que hablar de Jesús es sencillo. Solamente deben contar lo que han aprendido en la clase de escuela dominical. Sugiérales que usen los materiales que elaboran en clase como herramientas de evangelismo.

Memorización

Forme un círculo con los niños y dígales: Mientras repetimos el texto para memorizar, vamos a sacudirnos como el terremoto sacudió la cárcel de Filipos. Repitan juntos el texto tres veces; después para que algunos pasen al centro y lo digan sin ayuda.

Para terminar

Asegúrese de que el área de trabajo quede ordenada antes que sus alumnos se vayan a casa. Entregue los trabajos elaborados y anímelos a usarlos para contarle a sus padres lo que aprendieron en la historia bíblica.

Despídalos en oración y recuérdeles que la próxima semana estudiarán la última lección sobre el apóstol Pablo.

Pablo predica de Jesús a los romanos

Base bíblica: Hechos 28:11-31
Objetivo de la lección: Que los preescolares aprendan a hablar de Jesús en cualquier lugar.
Texto para memorizar: Deben amar a los demás, así como Cristo nos amó (Efesios 5:2).

¡PREPÁRESE PARA ENSEÑAR!

En Hechos 28 aprendemos acerca del viaje misionero de Pablo a Roma. Pablo había estado como prisionero en una cárcel de Cesarea por mucho tiempo. Al fin pidió que el César examinara su caso en la capital del imperio. Así que fue enviado por mar a Roma.

El viaje se inicia en el capítulo 27 y continúa en el 28, con el naufragio del barco en el que viajaban Pablo y otras 276 personas. Durante el viaje, en cada parada e incluso durante el naufragio, el apóstol continuó predicando de Jesús. En todo lugar donde estuvo, sin importar las circunstancias, aprovechó cada oportunidad para hablar del Señor. En Malta se hospedó en la casa de Publio, gobernador de la región, y ahí Dios lo utilizó para sanar al padre de Publio. En Siracusa Pablo permaneció tres días, esperando mejores condiciones del tiempo. En Puteoli se hospedó con los creyentes y ahí enseñó a la gente acerca de Jesús.

Ya en Roma, le permitieron vivir en una casa rentada con un guardia. Éste seguramente estaba con Pablo todo el tiempo, quizá hasta encadenado a él. Durante ese período de encarcelamiento, Pablo recibió visitantes y habló con judíos romanos, quienes deseaban escuchar lo que él enseñaba acerca de Jesús. Estas fueron oportunidades que el apóstol aprovechó para hablar de Jesús antes del juicio y frente a su futuro incierto.

Pablo no permitió que las circunstancias, la gente poderosa o condiciones adversas le impidieran hablar de Jesús. Proclamó valientemente a su Salvador personal en todo lugar. ¿Qué tan valiente es usted para hablar de Cristo? Mientras prepara esta lección, pida a Dios que le llene de su Espíritu Santo para que con denuedo pueda predicar su palabra.

Adaptación

"Jesús nos ama" ha sido la verdad bíblica de las cinco lecciones acerca de Pablo. Al concluir esta unidad, asegúrese de que todos sus alumnos entiendan que Jesús los ama. Los preescolares aprenden a través de experiencias. Al tratarlos con amor y sincera preocupación por su vida espiritual, sentirán el amor de Jesús a través de usted.

El amor incondicional que les demuestre, revelará el amor incondicional de Dios por ellos.

DESARROLLO DE LA LECCIÓN

Utilice estas actividades para centrar la atención de los niños en el tema de estudio.

La historia de Pablo

Repasen brevemente las lecciones anteriores y pida a los niños que dibujen algo que recuerdan sobre el apóstol Pablo. Conforme hagan sus dibujos y repasen las historias, recordarán lo que aprendieron y cómo Dios usó a Pablo para predicar a otros.

Dígales que estudiarán la última historia sobre este siervo de Dios. Pegue los dibujos en la pared del salón en forma de mural.

El viaje de Pablo

Con anticipación busque en revistas algunas fotografías de barcos, el mar y elementos de viaje. Péguelas en una cartulina y platique con sus alumnos sobre los viajes marítimos. Explíqueles que los barcos sirven para transportar a personas y objetos de un puerto a otro.

La historia de hoy es sobre un viaje en barco que hizo Pablo para llegar a una ciudad muy importante llamada Roma.

Si sabe hacer barquitos de papel, entregue hojas a sus alumnos para que juntos elaboren uno y lo pinten.

BIBLIA

Estas actividades ayudarán a los preescolares a comprender mejor la historia bíblica.

Busca la pareja

Recorte varios corazones grandes, de papel o cartulina de diferentes colores, y recórtelos por la mitad. Ponga sobre la mesa varios trozos de cinta adhesiva para que los niños puedan tomarlos.

Reparta las mitades de corazón entre sus alumnos y dígales: Mientras cuento hasta 25, busquen a la persona que tiene la otra mitad de su corazón. Cuando la encuentren, vayan hacia la mesa y unan las dos mitades con cinta adhesiva. Después siéntense con su compañero para escuchar la historia bíblica.

Historia bíblica

Pida a sus alumnos que, cada vez que escuchen el nombre de Pablo durante la historia bíblica, levanten las manos. Practiquen un par de veces antes de iniciar la narración.

Los romanos escuchan acerca de Jesús

Pablo predicó a muchas personas las buenas noticias de su amigo Jesús. Esto hizo que muchos hombres del pueblo se enojaran y arrestaran a Pablo.

Ellos lo enviaron a una ciudad llamada Roma para que lo juzgaran. Un guardia vigilaba todos sus movimientos.

Roma era un lugar lejano. Por eso tenían que hacer el viaje en barco. Cada cierto tiempo el barco se detenía para comprar alimentos y arreglar los desperfectos. En cada lugar donde paraban, Pablo predicaba las buenas noticias de salvación a la gente y muchos creían en Jesús.

Finalmente el viaje de Pablo estaba por terminar, Roma estaba muy cerca. Los cristianos que vivían ahí sabían que Pablo pronto llegaría a su ciudad.

"¡Bienvenido a Roma!", gritaron los cristianos a Pablo al verlo llegar. Pablo estaba muy feliz de ver a personas de la iglesia que amaban a Jesús.

Las autoridades romanas le permitieron a Pablo vivir en su propia casa, aunque un guardia tenía que vigilarlo siempre. Todos los días las personas iban a visitar a Pablo y a escuchar sobre Jesús.

Unos líderes judíos importantes, que vivían en esa ciudad, también fueron a escuchar las buenas noticias que Pablo predicaba. Todos los días diferentes personas aceptaban a Jesús y se unían a la iglesia. Esto hacía que Pablo se sintiera muy feliz y agradecido con Dios por la oportunidad de predicar su Palabra.

Pablo estuvo en Roma dos años; durante ese tiempo predicó a mucha gente sobre Jesús, el Hijo de Dios.

Repaso bíblico

Reparta hojas blancas y lápices de colores para que sus alumnos elaboren un dibujo sobre la historia bíblica.

Añada estos dibujos al mural que hicieron anteriormente y repasen todos los hechos importantes que estudiaron de la vida de Pablo. Haga énfasis en que Dios puede cambiar a las personas y usarlas para su servicio así como lo hizo con Pablo.

CONEXIÓN

Use estas actividades para conectar la verdad bíblica con la vida diaria de sus alumnos.

Rompecabezas

Entregue los libros del alumno y ayude a los niños a recortar cuidadosamente la página 77. Dé tiempo para que escriban su nombre, tracen la palabra de fe y dibujen la ilustración.

Permita que recorten los rompecabezas siguiendo las líneas marcadas. Verifique que las tijeras que usen sean seguras para evitar accidentes.

Sigan las instrucciones de la página 78 para completar la actividad. Provea sobres o bolsas de plástico para que los niños lleven el rompecabezas a casa y cuenten a sus familiares lo que aprendieron en la historia bíblica.

Siguiendo el ejemplo de Pablo

Observen el mural que elaboraron previamente. Permita que los niños digan qué fue lo que más les gustó de las historias sobre Pablo. Enfatice que al igual que Pablo, ellos tienen la responsabilidad de hablarles de Jesús a las personas. Sugiérales algunas formas sencillas de hacerlo; por ejemplo, orando por sus amigos enfermos, siendo amables y obedientes en la escuela, y contándo lo que aprenden en la escuela dominical.

notas

88

Año 2
Introducción • Unidad IX

LA BIBLIA NOS AYUDA A TOMAR DECISIONES

Objetivo de la unidad: Que a través de la vida de estos personajes bíblicos, los preescolares aprendan a tomar decisiones sabias.

Texto para memorizar: Felices los que practican la justicia y hacen siempre lo que es justo (Salmos 106:3, VP).

Palabra de fe: OBEDECER: Es hacer lo que Dios quiere que hagamos.

Lecciones de la unidad:

Lección 36   Isaac decide ser amable
Lección 37   Jonás toma una decisión incorrecta
Lección 38   Jonás toma una decisión correcta
Lección 39   Daniel decide hacer lo correcto
Lección 40   Ester decide ayudar al pueblo de Dios

Enseñanzas de las lecciones para los preescolares:

✗ Aprenderán que Dios desea ayudarlos a ser bondadosos.
✗ Sabrán que las decisiones incorrectas acarrean consecuencias dolorosas.
✗ Sabrán que cuando deciden hacer la voluntad de Dios, el Señor los bendice.
✗ Comprenderán la importancia de hacer lo correcto delante de Dios.
✗ Aprenderán que Dios los respalda cuando deciden actuar correctamente.

Los preescolares comienzan a entender más de Dios a través de las historias bíblicas y el testimonio de los hermanos adultos. Por medio de estas cinco lecciones bíblicas, entenderán que Dios desea que tomen decisiones correctas y Él está dispuesto a ayudarlos en todo momento.

Estudiarán las buenas decisiones que tomaron personajes bíblicos como Isaac, Jonás, Daniel y Ester. Mediante su ejemplo, comprenderán que Dios también desea guiarlos cuando enfrenten decisiones.

La enseñanza de estas lecciones es una base importante para cimentar la escala de valores de sus alumnos. En un mundo lleno de pecado y contradicciones, los preescolares necesitan saber que Dios desea que sus hijos sean sabios y decidan correctamente para caminar en santidad y ser bendecidos.

Isaac decide ser amable

Base bíblica: Génesis 26:17-31
Objetivo de la lección: Que los preescolares decidan ser amables con sus semejantes.
Texto para memorizar: Felices los que practican la justicia y hacen siempre lo que es justo (Salmo 106:3, VP).

¡PREPÁRESE PARA ENSEÑAR!

Las promesas que Dios dio a Abraham se cumplieron en la vida de su hijo Isaac.

Isaac, siendo hijo de Abraham, estaba acostumbrado a una vida de éxito. Sus cosechas y ganado eran abundantes. Era un hombre rico, con una esposa muy bella e hijos gemelos.

Esas bendiciones abundantes causaron envidia entre sus enemigos, especialmente los filisteos, que se sentían celosos y amenazados. Tener agua era una ventaja especial en el desierto. Cuando Isaac cavó pozos para obtener agua, estableció cierto derecho de propiedad sobre esa tierra.

El rey de los filisteos, Abimelec, sentía que Isaac se había hecho muy poderoso. Cuando Abimelec quiso apoderarse del pozo de agua, prácticamente le estaba declarando la guerra a Isaac. Sin embargo, esto no pareció ser problema para Isaac. Él se retiró y abandonó los pozos de agua que su padre había cavado en el pasado.

Una situación similar ocurrió en el valle de Gerar, una tierra inhóspita y desierta, con pocos recursos de agua. Algunas personas mantenían guardias en sus pozos para evitar que otros tomaran el agua. Una vez más la codicia llenó el corazón de estos hombres y le reclamaron a Isaac la propiedad de otro pozo. De igual manera, Isaac decidió retirarse y así mantener la paz.

La pregunta que podríamos hacernos al leer esta historia sería: ¿Por qué Isaac no decidió defender sus derechos y utilizar su poder? La Palabra de Dios nos da la respuesta en Génesis 26:22: "Al fin Dios nos ha dado libertad para prosperar en este lugar". Isaac confiaba en Dios; por eso fue bondadoso con sus enemigos y recibió las bendiciones y promesas de Dios.

¿Alguna vez ha enfrentado conflictos y sintió el deseo de imponer sus derechos?

Lea Miqueas 6:8 y ore para que Dios le permita responder con amor a cualquier situación difícil que pueda surgir en su salón de clase.

Adaptación

Los preescolares pueden notar los parámetros de amabilidad y cortesía que han establecido los adultos que los rodean. Puesto que sus alumnos deben aprender a interactuar con otros niños, esta historia será un buen ejemplo y les enseñará a ser amables con su prójimo. Ayúdelos a entender que cuando somos amables con los demás, agradamos a Dios.

Anímelos a compartir y a ser amables unos con otros. Obsérvelos mientras juegan e identifique cuáles son las necesidades de las que debe tratar en esta clase.

DESARROLLO DE LA LECCIÓN

Estas actividades le permitirán captar la atención de sus alumnos y dirigirlos al estudio bíblico.

¿Qué es una decisión?

Busque en el diccionario el significado de esta palabra y explíquelo con un lenguaje sencillo a sus alumnos. Pregunte cuántos de ellos han tenido que hacer alguna decisión. Escuche sus experiencias y dígales que durante esta unidad aprenderán que Dios desea ayudarles a decidir correctamente.

Agua para compartir

Llene dos vasijas con agua potable hasta la mitad. Coloque las vasijas, vasos y toallitas (para limpiar) en una mesa, al nivel de los niños. Anímelos a servirse agua unos a otros. Mientras toman el agua dígales: El agua es importante. La gente, los animales y las plantas necesitan agua para vivir. ¿De qué forma me ayudaron ustedes con el agua? (Sirviéndoles a otros y compartiendo). Ustedes decidieron ser amables al servir agua a sus compañeros. Dios desea que seamos amables con nuestro prójimo.

En la historia de hoy descubriremos cómo Isaac decidió ser amable, aun cuando otras personas decidieron quitarle el agua que le pertenecía.

Construyamos juntos

Si tiene muchos alumnos, reúnalos en grupos de dos a cuatro. Si la clase es pequeña, pueden trabajar todos juntos para construir una estructura. Puede utilizar bloques o vasijas de plástico, cajas de diferentes tamaños, etc.

Permita que cada grupo decida qué desean construir, cómo lo harán y qué papel tomará cada integrante del grupo. Explíqueles que en ocasiones es difícil trabajar en equipo. Dios desea que seamos amables con nuestros compañeros mientras trabajamos juntos. Ayúdelos a completar sus proyectos de construcción.

Una vez terminados los proyectos, dé oportunidad para que muestren su trabajo a los demás compañeros, explicando en qué consiste. Diga: Ustedes trabajaron juntos para hacer estas lindas construcciones. Pude ver que fueron amables unos con otros mientras trabajaban juntos. Cuando decidimos ser amables, tomamos una decisión correcta. Dios desea que tomemos buenas decisiones. En nuestra historia aprenderemos hoy acerca de un hombre llamado Isaac, que amaba a Dios. En esa historia hablaremos de las buenas decisiones que Isaac tomó.

BIBLIA

Use estas actividades para ayudar a sus alumnos a comprender mejor la verdad bíblica.

Mudanza

Para esta actividad necesita dibujos de animales, de preferencia de buen tamaño para trasladarlos de un lado a otro del salón o lugar de clase.

Reúna a los niños y coloque las figuras de los animales en un lugar visible para ellos. Diga: ¡Es tiempo de trasladarse! ¿Cómo mudarías de un lugar a otro a tu familia, tus animales, las carpas para acampar, comida y agua? (permita que respondan).

Isaac tenía una familia grande, muchas personas que trabajaban para él, y muchos animales. Así que tuvo que cargar con sus tiendas para acampar, platos, mantas y ropa. Debe haber sido muy difícil para Isaac trasladarse de lugar con todas sus pertenencias.

Historia bíblica

Ilustre la historia bíblica usando figuras de animales (ovejas, camellos, cabras, etc.). Busque en revistas ilustraciones de animales y péguelas a un trozo de cartulina para hacerlas más resistentes.

Por la parte posterior péugeles un tubo de cartón o una caja pequeña para que puedan permanecer paradas.

Cuatro pozos de agua

Los animales de Isaac necesitaban agua para beber. Hacía mucho calor y estaban sedientos. Isaac, su familia y sus siervos también tenían sed, pero no había agua.

Los siervos cavaron pozos en el mismo lugar donde Abraham, el padre de Isaac, había encontrado agua muchos años atrás. Un pozo es un agujero en la tierra por donde brota agua.

Mientras cavaban, uno de los trabajadores se dio cuenta de que la tierra estaba húmeda. Entonces siguió cavando hasta que de pronto el agujero comenzó a llenarse de agua. ¡Por fin habían encontrado un pozo!

Otros pastores que estaban cerca fueron hasta el lugar y dijeron: "Ese pozo nos pertenece ¡El agua es nuestra!"

Isaac sabía que el pozo le pertenecía, pero deseaba ser amable y obedecer a Dios. Así que para evitar peleas, dejó el pozo.

Otra vez los siervos de Isaac tuvieron que cavar para buscar agua y encontraron otro pozo. Nuevamente los otros pastores se acercaron enojados, diciendo que el pozo les pertenecía a ellos.

Isaac fue amable otra vez y obedeció a Dios. Se llevó a sus animales y junto con sus siervos fueron a buscar otro pozo.

Después de cavar, encontraron un pozo de agua fresca para que los animales pudieran beber. Todos estaban muy felices porque ya no tendrían sed.

Esa noche Dios le dijo a Isaac: "No tengas miedo, yo estoy contigo". Isaac sabía que Dios lo había ayudado a ser amable y a encontrar otro pozo. Así que, en agradecimiento, construyó un altar para orar y adorar a Dios.

Los siervos encontraron un nuevo pozo de agua fresca para beber. ¡Ahora Isaac tenía suficiente agua para su familia y sus animales!

Los hombres que habían peleado con Isaac por el agua fueron a verlo. "¿Qué hacen aquí?", les preguntó Isaac.

"Hemos visto que Dios está contigo y te bendice", dijeron los hombres. "Queremos ser tus amigos".

Isaac aceptó y les ofreció un gran banquete. Todos comieron y disfrutaron un hermoso tiempo de compañerismo. Los hombres prometieron ser siempre amigos y amables unos con otros.

CONEXIÓN

Estas actividades ayudarán a los niños a relacionar la verdad bíblica con su vida diaria.

Dios ayuda a Isaac

Para esta actividad necesita cinta adhesiva, tijeras, lápices de colores o crayones, bolsas de plástico y palitos planos de madera (tres por niño).

Entregue los libros del alumno, los palitos de madera y las tijeras. Ayude a los niños a recortar y a doblar el escenario. Después permita que escriban la palabra de fe y coloreen, recorten y peguen las tres figuras a los palitos de madera.

Dé tiempo para que organicen su propia representación de la historia usando su trabajo manual terminado. Asegúrese de que cada uno escriba su nombre en sus figuras y las guarden en una bolsa plástica para llevarlas a casa.

Demuestra amabilidad

Para esta actividad necesita libros, rompecabezas o algunos juegos para compartir. Si no cuenta con éstos, organice juegos en los que haya interacción entre los niños y en los que tengan que esperar su turno.

Los preescolares están aprendiendo a compartir. Muchas veces es difícil para ellos ser amables cuando se trata de sus juegos preferidos. Mientras sus alumnos interactúan, hable sobre la importancia de obedecer a Dios siendo amables con sus amigos mientras juegan juntos. Enséñeles que deben compartir sus juguetes, esperar con paciencia su turno y permitir que otros participen en las actividades.

Memorización

Escriba el texto para memorizar en una cartulina grande, con letras claras para que los niños no tengan dificultad en aprenderlo. Tome en cuenta que muchos de ellos aún no van a la escuela y apenas se están familiarizando con la lectura. Lea el texto en voz alta y después explique a sus alumnos las letras que lo conforman. Repítanlo juntos un par de veces y coloque la cartulina en un lugar visible del salón durante toda la unidad.

Para terminar

Pida a los niños que ordenen y guarden los materiales que utilizaron durante la clase. Luego, reúnanse para realizar sus peticiones de oración. Intercedan unos por otros y despídanse entonando un canto de alabanza al Señor.

notas

Jonás toma una decisión incorrecta

Base bíblica: Jonás cap. 1 y 2

Objetivo de la lección: Que los preescolares aprendan que tomar malas decisiones trae serias consecuencias.

Texto para memorizar: Felices los que practican la justicia y hacen siempre lo que es justo (Salmo 106:3, VP).

¡PREPÁRESE PARA ENSEÑAR!

La historia de Jonás nos muestra las consecuencias que trae desobedecer a Dios. Pero, al mismo tiempo nos recuerda la paciencia y el perdón amoroso del Señor.

Jonás fue profeta en Israel y Asiria entre los años 793 al 753 a.C. Cuando Dios le ordenó que fuera a Nínive, la idea no le agradó. Nínive era una ciudad importante, que se convertiría en la capital del imperio asirio. Para los judíos, la destrucción de Nínive hubiera sido vista como un regalo de Dios. Jonás no quería darle a Dios la oportunidad de salvar a los habitantes de ese lugar.

¿Cuánto le costó a Jonás el boleto para dirigirse a Tarsis? Probablemente pagó una gran cantidad de dinero. Sin embargo, cuando Jonás volvió a poner pie en tierra, estaba cansado, hambriento y de camino a Nínive. Cambios importantes sucedieron en su vida durante esos eventos. Primero, Dios utilizó la desobediencia de Jonás para mostrar su gloria a un grupo de marineros. Segundo, Jonás estuvo a punto de perder la vida, de manera que suplicó a Dios su perdón y lo adoró.

A veces se considera al gran pez en la historia de Jonás como un castigo de Dios. Sin embargo, realmente fue un acto de misericordia, ya que de esa manera le salvó la vida a Jonás. ¿Cuántas veces ha experimentado usted la gracia salvadora de Dios? Medite en alguna ocasión cuando la misericordia de Dios le salvó de las consecuencias del pecado, dándole una nueva oportunidad para obedecer.

Adaptación

Al relatar la historia de Jonás a sus alumnos, les da la oportunidad de conocer mejor la personalidad de Dios. Tal vez esta historia podría inspirar sentimientos de temor hacia Dios, pero a través de su enseñanza, sus alumnos entenderán que Él cuidó de Jonás, aun en medio de su rebeldía. Ayúdelos a entender que Dios está cerca, aun cuando ellos toman malas decisiones.

Mientras los preescolares crecen, su percepción de Dios se basa en lo que perciben en sus hogares y en la iglesia. Evalúe cuidadosamente sus acciones y palabras mientras enseña. Ore pidiendo a Dios que le permita ser de bendición a sus alumnos, de modo que vean en usted un ejemplo de obediencia a Dios.

DESARROLLO DE LA LECCIÓN

Use estas actividades para captar la atención de sus alumnos y prepararlos para el aprendizaje bíblico.

Un gran pez

Durante la semana dibuje la figura de un gran pez en un pliego grande de papel o en cartón.

Pida a los niños que juntos coloreen el pez y lo adornen a su gusto. Mientras, dígales que hoy estudiarán lo que le pasó a un hombre llamado Jonás con un gran pez.

¡Un viaje en barco!

Ponga una manta grande en el piso y reúna a sus alumnos, dígales: Imaginemos que este es nuestro barco, el piso es el agua y vamos a dar un paseo. Mientras se acomodan sobre la manta, pregúnteles: ¿Qué les gustaría llevar a un verdadero viaje en barco? (comida, agua, ropa, etc.).

¿Qué sucedería si comenzara una tormenta? (el barco podría estrellarse, inundarse o hundirse). En la historia de hoy vamos a hablar sobre un barco que atravesó una gran tormenta.

BIBLIA

El uso de estas actividades permitirá a los niños comprender mejor la verdad bíblica.

Peces distintos

Para esta actividad necesita plastilina o masa para modelar de diferentes colores, y manteles o bolsas de plástico.

Proteja el área de trabajo con los manteles o bolsas, y provea la plastilina a sus alumnos. Dé tiempo suficiente para que formen peces de diferentes colores y tamaños. Mientras trabajan, explíqueles que en la historia de hoy Dios usó un gran pez para enseñarle una lección a Jonás.

Al terminar, permita que cada uno muestre los peces que formó y prepare una pequeña exposición para los padres de familia.

Historia bíblica

Pida a sus alumnos que se sienten nuevamente en el "barco imaginario" mientras narra la historia bíblica.

Jonás toma una mala decisión

Un día Dios le habló a Jonás y le dijo: "Ve a la gran ciudad de Nínive y diles que se arrepientan de su maldad".

Jonás escuchó las palabras de Dios, pero no deseaba obedecerle. A él no le gustaban las personas que vivían en Nínive, así que pensó en un plan para escapar.

Jonás pensó en irse lo más lejos posible para que Dios no pudiera encontrarlo. Entonces fue al puerto de Jope y buscó un barco para huir. Jonás sabía que a Dios no le agrada que le desobedezcan. Sin embargo, decidió irse en el barco.

Jonás no se sentía feliz por lo que había hecho, así que prefirió dormir para no pensar. Pero, algo terrible sucedió mientras estaba durmiendo.

Un fuerte viento comenzó a azotar el barco. Lo movía de un lado al otro como si fuera de papel. El viento se hacía cada vez más fuerte. Los marineros y los pasajeros estaban muy asustados y comenzaron a clamar a sus dioses, pero la fuerza de la tormenta seguía aumentando.

Entonces el capitán del barco despertó a Jonás y le dijo: "¿Cómo puedes dormir tan tranquilo? Levántate y clama a tu Dios. Tal vez Él pueda ayudarnos y nos salve de esta terrible tormenta".

Los marineros querían saber quién tenía la culpa de lo que estaba sucediendo y le preguntaron a Jonás.

Él contestó: "Yo sirvo a Dios, quien hizo el mar y la tierra, y estoy huyendo de Él".

La tormenta era cada vez peor y los marineros le preguntaron a Jonás qué debían hacer para calmarla.

"Deben arrojarme al mar", dijo Jonás. "Es mi culpa. No debí desobedecer a Dios".

Los marineros no querían arrojar a Jonás al mar, así que trataron con todas sus fuerzas de llevar el barco a tierra pero no pudieron. La tormenta era muy violenta y no podían controlar la nave.

Finalmente tomaron a Jonás y lo arrojaron al mar. Después oraron a Dios, alabándolo por salvarlos de la muerte.

La tormenta terminó, y el mar quedó tranquilo y sereno. Mientras tanto, Jonás estaba en las profundidades del mar. Entonces Dios preparó un gran pez que se tragó a Jonás y lo tuvo en su vientre por tres días y tres noches.

Dentro del pez, Jonás oró pidiéndole perdón a Dios por haberle desobedecido. Se sentía avergonzado por haber huido. También dio gracias al Señor por salvarle la vida.

Dios sabía que Jonás estaba arrepentido por su mala decisión y escuchó su oración. Así que le ordenó al gran pez que fuera cerca de la playa y arrojara a Jonás.

La próxima semana estudiaremos lo que sucedió cuando Jonás tomó la decisión correcta y obedeció a Dios.

CONEXIÓN

Use estas actividades para relacionar la verdad bíblica con la vida diaria de sus alumnos.

La gran tormenta

Recorte la estampa del pez de la página 121 del libro del alumno.

Reparta los libros, las estampas y lápices de colores para que los niños dibujen el barco, a los marineros y a Jonás. Permita que tracen la palabra de fe de esta unidad (obedecer) y escriban su nombre. Sigan las instrucciones de la página 82 del libro del alumno para completar la actividad.

Consecuencias de la desobediencia

Dialogue con sus alumnos sobre lo que sucede si desobedecen a sus padres. Escuche con atención sus respuestas y haga referencia a lo que aprendieron en la historia bíblica. Recuérdeles que la obediencia es muy importante en la vida de los que aman a Dios.

Memorización

En la figura del gran pez que elaboraron al principio de la clase, escriba con letras grandes el texto para memorizar, y léalo en voz alta varias veces. Pida a los niños que formen un círculo y que pasen el pez de mano en mano mientras usted cuenta en silencio hasta diez. Cuando diga "¡alto!", el niño que tenga el pez deberá decir el texto para memorizar. Continúen el juego hasta que todos hayan participado.

Para terminar

Oren pidiéndole a Dios que les ayude a obedecer siempre e intercedan por las peticiones de oración. Entregue los materiales correspondientes e invítelos a la próxima clase para seguir aprendiendo sobre las decisiones.

Antes de despedirse, entonen algún coro que hable sobre la historia de Jonás y el gran pez, o sobre la obediencia.

notas

Jonás toma una decisión correcta

Base bíblica: Jonás 3:1-10
Objetivo de la lección: Que los preescolares aprendan que deben obedecer a Dios.
Texto para memorizar: Felices los que practican la justicia y hacen siempre lo que es justo (Salmo 106:3, VP).

¡PREPÁRESE PARA ENSEÑAR!

Mientras se encontraba en las entrañas del gran pez, Jonás oró con fe a Dios, pidiéndole perdón y restauración. Dios escuchó su oración y contestó su ruego.

En el capítulo 2 del libro de Jonás no se indica que Dios haya hablado a Jonás mientras estaba en el vientre del pez. Jonás tuvo que esperar durante tres días la respuesta de Dios. No fue sino hasta que estuvo en tierra firme que volvió a escuchar la voz del Señor. Sabemos que Dios realmente había perdonado a Jonás, pues volvió a darle la misma orden: "Ve a Nínive".

La historia de Jonás es tan asombrosa que en ocasiones nos olvidamos de la misericordia que Dios mostró hacia el pueblo de Nínive. Pero Nínive es como un retrato de lo que le pasó a Jonás. Los habitantes de Nínive estaban haciendo lo malo ante los ojos de Dios. Cuando el mensaje de la destrucción les fue anunciado, se abstuvieron de alimento y agua por muchos días, y se vistieron de luto mientras clamaban misericordia de Dios. Los habitantes de Nínive sólo necesitaron un llamado de atención para escuchar el mensaje de Dios y arrepentirse. Él los perdonó y los puso en el camino de la rectitud.

¿Muestran sus acciones que está obedeciendo a Dios? Ore al Señor para que, a través de sus palabras y acciones, sus alumnos aprendan a obedecer a Dios en todo tiempo.

Adaptación

Seguramente sus alumnos han experimentado lo que sucede cuando toman una mala decisión y después tienen que pedir perdón. A través de esta lección, sus alumnos aprenderán que Jonás tomó una mala decisión, pero después pidió perdón y Dios le dio una nueva oportunidad para obedecer. Asimismo, es importante que entiendan que si tomamos una mala decisión, debemos arrepentirnos y pedir misericordia a Dios, quien siempre está dispuesto a perdonarnos.

Sus alumnos escuchan frecuentemente historias en las que hay personajes buenos y malos. En esta lección verán que las personas buenas a veces también toman malas decisiones. Ayúdeles a entender que Dios puede cambiar a las personas y ayudarles a tomar buenas decisiones.

A medida que los preescolares crecen, sienten más necesidad de conocer a Dios. Utilice esta historia para resaltar el amor incondicional de Dios. Jonás no se ganó el amor de Dios, ni tampoco los habitantes de Nínive, sino que Dios les mostró su amor desde el principio hasta el fin. Ayúdelos a comprender que Dios desea que lo amen y le obedezcan en todo tiempo, y que está dispuesto a perdonarlos y restaurarlos si alguna vez toman alguna mala decisión.

DESARROLLO DE LA LECCIÓN

Las siguientes actividades le servirán para captar la atención de los preescolares y guiarlos en el estudio bíblico.

Construyamos una ciudad

Necesitará plastilina de distintos colores y manteles o bolsas de plástico.

Proteja el área de trabajo con las bolsas o los manteles y provea el material para que sus alumnos construyan una ciudad. Mientras trabajan, dígales que la historia bíblica trata de una ciudad llamada Nínive, donde vivían muchas personas.

¿Cuál es la diferencia?

Consiga un trozo de tela áspera y otro de tela suave. Póngalos sobre una mesa y permita que sus alumnos toquen ambas telas. Pregúnteles: ¿Cuál se siente más suave? (permita que respondan). Explíqueles que después que Jonás salió del gran pez, decidió obedecer a Dios y fue a la ciudad adonde Dios lo había enviado. Allí le dio al pueblo un mensaje especial de parte de Dios. Cuando la gente escuchó el mensaje, decidió vestirse con ropas ásperas, como esta tela (muéstrela). Aprenderemos más sobre esto durante la historia bíblica.

Diferentes ciudades

Busque libros o revistas que tengan fotografías de ciudades y permita que sus alumnos las vean. Mientras, explíqueles que en una ciudad viven y trabajan muchas personas.

Dé tiempo para que comenten sobre la ciudad donde viven y, si lo desean, que hagan un dibujo que la represente.

BIBLIA

Use estas actividades para ayudar a sus alumnos a comprender mejor la verdad bíblica.

Historia bíblica

Haga un breve repaso de la historia del domingo anterior para que los niños relacionen los dos relatos.

Jonás obedece a Dios

Después que el gran pez se tragó a Jonás y lo tuvo en su vientre por tres días y tres noches, lo arrojó en la playa. Jonás estaba muy arrepentido por haber desobedecido a Dios y le pidió perdón.

"Levántate y ve a Nínive", le dijo Dios a Jonás nuevamente.

Esta vez Jonás decidió ser obediente y hacer la voluntad de Dios, así que comenzó el viaje hacia Nínive.

Dios le había dado un mensaje especial para las personas que vivían ahí. "A Dios no le agrada la vida que llevan. Hay mucha maldad entre ustedes. ¡Dentro de 40 días esta ciudad será destruida!", dijo Jonás a los habitantes de Nínive.

Las personas de la ciudad se arrepintieron de sus pecados y pidieron perdón a Dios. El rey dijo que todos debían orar y usar ropa áspera (muestre la tela) en señal de arrepentimiento. Tampoco comieron ni bebieron nada.

Ellos querían demostrarle a Dios que estaban arrepentidos por todas las cosas malas que habían hecho.

Dios escuchó la oración de los habitantes de Nínive. Sabía que estaban sinceramente arrepentidos y perdonó sus pecados. La ciudad no fue destruida y todos los habitantes decidieron obedecer al Señor.

Jonás tomó una buena decisión al hacer lo que Dios le había ordenado. También la gente de Nínive tomó una buena decisión al arrepentirse y pedir perdón. Y nosotros podemos hacer buenas decisiones al obedecer la voluntad de Dios.

CONEXIÓN

Estas actividades le ayudarán a relacionar la verdad bíblica con la vida diaria de sus alumnos.

Obediencia y desobediencia

Platique con sus alumnos sobre lo que implica ser obediente o desobediente. Plantee diferentes situaciones para que ellos le digan qué sucedería si son obedientes o desobedientes. Por ejemplo: Si les piden alejarse del fuego; si les asignan algunas tareas domésticas, etc.

Reflexionen sobre las consecuencias de la obediencia y la desobediencia.

¡Yo también puedo obedecer a Dios!

Recorte las estampas correspondientes a esta lección de la página 120 del libro del alumno.

Permita que los niños escriban su nombre y tracen la palabra de fe. Ayúdelos a recortar las dos líneas de la parte superior siguiendo las líneas punteadas, y a doblar la hoja por la mitad.

Dé tiempo para que coloreen la hoja de trabajo, añadan las estampas al lugar correspondiente y, en el espacio en blanco, hagan un dibujo que ilustre la obediencia.

Usen las hojas de trabajo terminadas para repasar lo que estudiaron hoy en la lección.

Memorización

En un recipiente ponga varios papeles que contengan las siguientes indicaciones: "Di el texto saltando", "di el texto llorando", "di el texto gritando", etc.

Ponga el recipiente en el centro del salón. Pida a los niños que pasen uno por uno a tomar un papel. Si es necesario, léales la orden indicada para que puedan cumplirla mientras repiten el texto para memorizar.

Para terminar

Recojan y ordenen todos los materiales que utilizaron para la clase y reúnanse para orar. Despida a los niños con afecto e invítelos a la próxima clase.

notas

Daniel decide hacer lo correcto

Base bíblica: Daniel 1:1-15

Objetivo de la lección: Que los preescolares aprendan a tomar decisiones de acuerdo a la voluntad de Dios.

Texto para memorizar: Felices los que practican la justicia y hacen siempre lo que es justo (Salmo 106:3, VP).

¡PREPÁRESE PARA ENSEÑAR!

Daniel nació durante el reinado de Josías y creció durante un tiempo de reformas. Cuando el rey Josías murió en una batalla, en 609 a.C., el pueblo de Judá empezó a hacer lo malo ante Dios, ignorando a los profetas.

En el año 605, Nabucodonosor llegó a ser rey del poderoso imperio babilónico. Durante ese año atacó y conquistó Jerusalén, llevándose consigo a los hombres más ilustres y preparados para que estuvieran a su servicio en el palacio real. Daniel y sus amigos hicieron la larga jornada desde Jerusalén hasta la ciudad de Babilonia. Aunque los llevaron contra su voluntad, Daniel y sus amigos decidieron confiar en Dios y obedecerle. Decidieron que, sin importar las circunstancias, servirían a Dios.

Daniel decidió no comer los alimentos de la mesa real, sabiendo que si los probaba, estaría abandonando su alianza con Dios. Daniel confió en Dios todo el tiempo y Él le respondió.

La vida de Daniel nos da un ejemplo de cómo debemos actuar cuando enfrentamos situaciones difíciles. Sabemos que podemos confiar en que Dios nos dará la fuerza y la sabiduría para enfrentarlas.

Adaptación

Los preescolares se enfrentan a situaciones difíciles y nuevas para ellos. Por ejemplo: el primer día de clases, los maestros, nuevas enseñanzas, nuevos amigos, etc.

La historia de Daniel es una excelente manera de mostrar a sus alumnos que no importa qué tan difícil sea la situación, Dios estará siempre con ellos si se lo piden.

Los preescolares reaccionan de diferentes maneras ante las situaciones nuevas. Algunos muestran ansiedad cuando sus padres no están cerca. A otros les emociona la oportunidad de explorar las cosas por sí mismos. Al presentar esta lección, ayúdelos a entender que a Dios le agrada cuando elegimos hacer lo bueno, y que Él siempre estará con nosotros para ayudarnos, aun en las situaciones más difíciles.

DESARROLLO DE LA LECCIÓN

Estas actividades le ayudarán a centrar la atención de los niños en el tema de estudio.

Alimentos saludables

Para esta actividad necesitará una bolsa de plástico o papel para cada niño, ilustraciones de alimentos (frutas, vegetales, carne, etc.), latas, cajas o recipientes de comida limpios.

Distribuya los recipientes y las ilustraciones alrededor del salón y entregue a los niños una bolsa. Pídales que busquen y guarden en su bolsa alimentos saludables para su cuerpo. Dé cinco minutos para que realicen la actividad.

Cuando todos hayan terminado, reúnalos y que cada uno muestre los alimentos que eligió. Conversen sobre las decisiones y dígales que la historia bíblica trata de un joven llamado Daniel, que tuvo que hacer una importante decisión.

Diferentes vegetales

Necesitará masa para modelar o plastilina de colores, manteles o bolsas de plástico, y palitos de madera.

Cubra el área de trabajo con las bolsas o manteles, reparta los materiales y pida a los niños que formen sus vegetales favoritos. Mientras trabajan, dígales que hay una parte en la historia de hoy en la que hablarán de los vegetales.

BIBLIA

Use estas actividades para ayudar a los niños a comprender mejor la historia bíblica.

Decisiones

Divida las sillas de su salón en dos grupos y forme a los niños en una fila. Permita que cada uno decida en cuál grupo de sillas se sentará para escuchar la historia bíblica.

Cuando todos estén en su lugar, hable con ellos de las decisiones que toman diariamente en sus casas y la importancia que tienen.

Haga énfasis en que es importante consultar con Dios antes de tomar decisiones, como lo estudiarán en la historia de hoy.

Un invitado especial

Invite a un varón de su congregación para que represente a Daniel y cuente la historia bíblica. Pídale que use el atuendo adecuado y provéale con anticipación los materiales que necesita.

Historia bíblica

Presente al invitado especial con una breve introducción sobre su persona. Explique a sus alumnos que Daniel estaba cautivo en un país muy lejano, porque su pueblo había sido conquistado por un rey muy poderoso. Sin embargo, Daniel confiaba en Dios y por eso decidió hacer lo correcto.

Permita que el invitado pase al frente a narrar la historia.

Daniel decide obedecer a Dios

Daniel y sus amigos avanzaban por el polvoriento camino. Cada paso que daban los alejaba más de sus hogares y sus familias.

El rey Nabucodonosor, que gobernaba Babilonia, invadió con sus ejércitos la ciudad de Jerusalén, donde vivían Daniel y sus amigos. Los soldados escogieron a los mejores hombres jóvenes, como Daniel, para llevarlos a trabajar en el palacio del rey en Babilonia.

Tendrían que vivir bajo las órdenes de Nabucodonosor y aprender las costumbres de su país.

Después del largo viaje, Daniel y sus amigos llegaron al lugar donde iban a vivir. También tendrían que ir al colegio, para aprender el idioma de los babilonios y sus tradiciones.

Cuando llegó la hora de comer, los criados del rey les sirvieron una comida extraña. No era la clase de alimentos que agradaban a Dios. Daniel y sus amigos querían comportarse bien en Babilonia, pero también deseaban obedecer a Dios.

Estaban convencidos de que los alimentos del rey no eran buenos para su cuerpo y que a Dios no le agradaban. Así que Daniel decidió hablar con uno de los ayudantes del rey.

"Por favor, ¿podríamos comer sólo vegetales y beber agua?", preguntó Daniel amablemente.

"El rey ha ordenado que cada día coman de sus alimentos para que estén más sanos y fuertes. Si no cumplo sus órdenes, me castigará", contestó el siervo.

Daniel le dijo que durante diez días les diera solamente agua y vegetales. Si después de ese tiempo su aspecto era más débil que el de los demás, entonces comerían los alimentos del rey.

El siervo del rey aceptó el trato y alimentó a Daniel y a sus amigos con vegetales y agua durante diez días.

Cuando el plazo se terminó, Daniel y sus amigos se veían más saludables y fuertes que todos los demás jóvenes.

El siervo del rey estaba muy sorprendido y permitió que los muchachos siguieran alimentándose con vegetales y agua.

Daniel y sus amigos decidieron hacer lo correcto y obedecer a Dios. Por eso Él los bendijo durante todo el tiempo que vivieron en Babilonia.

Repaso bíblico

Permita que el invitado especial haga las siguientes preguntas a los niños a manera de repaso: ¿Cuál era la ciudad de Daniel y sus amigos? (Jerusalén). ¿Por qué estaban cautivos? (su ciudad había sido conquistada). ¿Cómo se llamaba el rey? (Nabucodonosor). ¿A cuál ciudad llevaron a Daniel? (Babilonia). ¿Por qué Daniel no quiso recibir la comida del rey? (no era agradable a Dios). ¿Con qué se alimentaron Daniel y sus amigos? (vegetales y agua). ¿Qué sucedió después de los diez días de prueba? (estaban más fuertes y sanos que los demás).

Despídanse del invitado y agradézcanle su visita.

CONEXIÓN

Estas actividades le ayudarán a conectar la verdad bíblica con la vida diaria de sus alumnos.

Decisiones acertadas

Durante la semana prepare un cartel para ilustrar esta actividad. Divida en dos un pliego grande de papel o cartulina. En un lado pegue recortes de alimentos saludables, y en el otro, alimentos que no benefician (dulces, bebidas embotelladas, comida "chatarra", etc.).

Péguelo en la pared y pida a los niños que identifiquen los alimentos que los ayudan a nutrirse sanamente. Platiquen sobre la importancia de decidir con sabiduría en todas las áreas de su vida.

Daniel obedece a Dios

Recorte las estampas correspondientes a esta lección de la página 120 del libro del alumno.

Dé tiempo para que escriban su nombre y tracen la palabra de fe (obedecer). Entregue las estampas para que las peguen en el lugar correcto y busquen las zanahorias escondidas. Mientras los niños trabajan, haga un repaso de la historia bíblica.

Den vuelta la hoja para ver el texto para memorizar, y peguen las estampas en las figuras correspondientes.

Memorización

Use la actividad del libro del alumno para repasar el versículo bíblico. Permita que los niños relacionen las figuras de los vegetales con las estampas y ordenen el texto. Cuando todos hayan terminado, pida que cierren los libros y repítanlo un par de veces.

Para terminar

Reúnanse para orar por las necesidades de los niños y entonen un canto antes de despedirse. Recuérdeles que deben poner en práctica lo que aprendieron en clase, obedeciendo a sus padres y maestros durante la semana. Reparta los trabajos para que los lleven a casa e invítelos a la siguiente clase.

Ester decide ayudar al pueblo de Dios

Base bíblica: Ester 3:8-11; 4:1-5, 15-16; 8:5-17

Objetivo de la lección: Que los preescolares aprendan que a través de sus decisiones pueden ayudar a otros.

Texto para memorizar: Felices los que practican la justicia y hacen siempre lo que es justo (Salmo 106:3, VP).

¡PREPÁRESE PARA ENSEÑAR!

Al leer el libro de Ester nos da la impresión de ser una novela. Pero, el drama y las emociones ahí representadas, fueron reales. Amán intentó utilizar su poder para dañar a todo un pueblo.

Mardoqueo fue un hombre obediente y fiel, que trabajó discretamente para salvar al pueblo judío de la exterminación planeada por Amán. Ester fue la reina de Persia, esposa del rey Asuero que gobernaba el imperio. Aunque era la primera dama del reino, se encontraba en una posición limitada de autoridad y poder.

Posiblemente hubiera podido ayudar a su gente, pero habría significado arriesgar su vida. A través de esta historia, vemos la mano de Dios moviéndose en la vida de Ester para salvar a su pueblo. La historia concluye diciéndonos que muchas personas no judías reconocieron el poder y la soberanía de Dios.

A través de la vida de Ester aprendemos que, tomar la decisión de obedecer a Dios, no siempre es fácil. Muchas veces esa decisión puede sacarnos de nuestra área de comodidad y seguridad. Pero cuando salimos de esa comodidad y seguridad que encontramos en nuestro hogar, con la familia e incluso en el trabajo, aprendemos que la verdadera seguridad existe cuando confiamos completamente en Dios.

Cuando dejamos de lado nuestro egoísmo e intereses personales, otros son beneficiados y Dios es glorificado.

Adaptación

Los preescolares a esta edad están empezando a darse cuenta de las necesidades de los demás. Se preocupan si ven que su amiguito está triste o empieza a llorar. A menudo podemos ver que consuelan a sus amigos y hacen todo lo posible para ayudarlos a estar contentos otra vez. A través de esta lección, sus alumnos aprenderán que ayudar a otros es una buena decisión que agrada a Dios. Él desea que amemos y ayudemos a nuestro prójimo, porque de esta forma obedecemos sus mandamientos.

DESARROLLO DE LA LECCIÓN

Use estas actividades para centrar la atención de sus alumnos en el tema de estudio.

Coronas para los reyes

Para esta actividad necesitará una tira ancha de cartulina o papel grueso para cada niño, tijeras, pegamento, cinta adhesiva, lápices o marcadores de colores, y trozos de papel de colores.

Reparta los materiales. Coloque una tira de papel alrededor de la cabeza de cada niño y marque el lugar donde la tira debe coincidir para que la corona quede a la medida. Ayúdelos a unir sus coronas con cinta adhesiva.

Dé tiempo para que escriban su nombre en la corona y la decoren a su gusto. Permita que los niños mayores hagan puntas en sus coronas usando las tijeras, y ayude usted a los más pequeños.

Mientras trabajan, pregúnteles: ¿Quiénes usan coronas? (los reyes y las reinas). ¿Qué hacen los reyes y las reinas? (gobiernan un país, ayudan a las personas y se encargan de que todo marche bien).

Explíqueles que los reyes y las reinas sirven a su pueblo. Su trabajo es garantizar la seguridad de su gente, proveer fuentes de trabajo y administrar los recursos de la comunidad.

La reina dice...

En este juego el maestro representa a la reina y los alumnos son los súbditos. La reina debe sentarse en un lado del salón, mientras los alumnos están en el extremo opuesto.

La reina dará indicaciones variadas a los súbditos, por ejemplo: "Sebastián, da tres pasos al frente". Pídales que brinquen, que miren a un lado, que caminen hacia atrás, etc.

Repita el juego hasta que todos sus alumnos hayan participado.

BIBLIA

Esta actividad permitirá a los preescolares comprender mejor la historia bíblica.

Historia bíblica

Prepare con anticipación tres figuras que representen a la reina Ester, a Mardoqueo y al rey Asuero, y en una cartulina grande dibuje un castillo. Permita que sus alumnos coloreen el castillo para usarlo como escenario. Use las figuras y el escenario para ilustrar la historia bíblica.

Ester ayuda al pueblo de Dios

Ester era reina. Su esposo era el rey Asuero. Ellos vivían en un gran palacio.

Un día un siervo de Ester le dijo: "Tu tío Mardoqueo está afuera y quiere verte. Parece que está muy triste. Está llorando y se ha vestido con ropa áspera".

Ester amaba mucho a su tío Mardoqueo, así que le pidió al siervo que le llevara ropa limpia y cómoda para cambiarse.

El siervo regresó de inmediato con la ropa porque Mardoqueo no quería aceptarla. Estaba muy triste y lo único que deseaba era que la reina supiera lo que estaba sucediendo.

Entonces Mardoqueo le pidió al siervo que le diera a la reina Ester una mala noticia. "Nuestro pueblo va a ser maltratado", dijo Mardoqueo. "Estoy vestido con ropa áspera por la tristeza que siento".

Ester supo después que el rey, sin darse cuenta, había dado permiso a un hombre malo, llamado Amán, para que pusiera una ley contra los judíos, el pueblo escogido de Dios.

Amán odiaba a Mardoqueo y deseaba exterminar a todos los judíos del reino.

La reina Ester también era judía, pero su esposo no lo sabía. Ella y su pueblo estaban en grave peligro.

Cuando Ester supo la mala noticia, decidió hacer algo para ayudar. Pero, antes le pidió a Mardoqueo y a los demás judíos que vivían en la ciudad que oraran por ella. También les dijo que no comieran nada durante tres días y que sólo oraran por ella.

Ester escogió obedecer a Dios para salvar a su pueblo y oró pidiéndole ayuda.

Pasados los tres días, Ester fue a ver al rey. Estaba temerosa porque nadie podía ir ante el rey si él no lo había llamado. Sin embargo, la reina sabía que Dios estaba con ella.

El rey Asuero, al ver a Ester, se puso muy contento y le dio permiso para hablar con él. Entonces la reina le dijo que era judía y que la ley que había promulgado ponía en peligro su vida y la de su pueblo. Luego le rogó que diera una nueva ley para proteger a su pueblo.

El rey hizo lo que Ester le pidió y dictó una nueva ley para salvar a los judíos. Amán fue castigado por sus maldades, y Mardoqueo, junto con todos los judíos del reino, hicieron una gran celebración y alabaron a Dios. Estaban felices porque Dios los había librado de la muerte.

La reina Ester decidió ser valiente y obedecer a Dios para salvar a su pueblo.

CONEXIÓN

Use estas actividades para relacionar la verdad bíblica con la vida diaria de sus alumnos.

¡Tú también puedes ayudar a otros!

Siente a los niños formando un círculo. Pídales que se pongan sus coronas para imaginar que son reyes y reinas. Luego dígales que piensen en cómo podrían ayudar a otras personas.

Pida que algunos voluntarios pasen al centro del círculo y digan en qué forma ayudarían a la gente si fueran los reyes de una nación.

Explíqueles que aunque no lleguen a ser reyes, pueden escoger ser serviciales con su prójimo, por ejemplo, ayudando a mantener limpio el templo, ayudando a los ancianos, colaborando en los deberes del hogar, etc.

Coronas de obediencia

Entregue los libros del alumno abiertos en la página 87. Provea lápices para que tracen la palabra de fe y escriban su nombre. Unan los puntos para formar una corona como la de la reina Ester.

Provea materiales para que sus alumnos decoren las joyas de la corona y repasen la historia bíblica mientras realizan la actividad.

Memorización

Esta es la última lección de la unidad y seguramente la mayoría de sus alumnos ya saben el texto de memoria. De ser posible, platique con el pastor para que su clase diga ante la congregación el texto y lo que aprendieron en esta unidad. Podrían hacerlo en el cierre de la escuela dominical o en el culto.

Para terminar

Repasen brevemente lo que estudiaron a lo largo de las cuatro lecciones de esta unidad, recordando a los personajes bíblicos y sus enseñanzas. Dé una breve introducción a la siguiente unidad e invite a los niños a la siguiente clase.

Ore por las necesidades de sus alumnos. Manténgase en contacto con las familias para saber cómo están aplicando en el hogar lo que aprenden en la escuela dominical.

notas

Año 2
Introducción • Unidad X

DIOS QUIERE QUE MOSTREMOS SU AMOR

Objetivo de la unidad: Que los preescolares aprendan que Dios desea que muestren amemos a los demás.

Texto para memorizar: Amémonos unos a otros, porque el amor es de Dios (1 Juan 4:7).

Palabra de fe: AMOR: Debemos amar a los demás. Dios ama a todas las personas.

Lecciones de la unidad:

Lección 41 Demostramos amor a nuestros amigos
Lección 42 Demostramos amor a Jesús
Lección 43 Contamos de Jesús a los demás
Lección 44 Demostramos su amor cuando ayudamos a los demás

Enseñanzas de las lecciones para los preescolares:

✘ Aprenderán que Dios desea que amen a sus amigos.
✘ Estudiarán por qué es importante demostrar amar a Jesús.
✘ Sabrán que cuando contamos de Jesús, también les mostramos el amor de Dios.
✘ Comprenderán que ayudar a los necesitados es una forma de amar.

"Amados, amémonos unos a otros; porque el amor es de Dios. Todo aquel que ama, es nacido de Dios, y conoce a Dios" (1 Juan 4:7). El amor por los demás proviene de Dios. Es por el amor que recibimos de Dios que podemos amar a nuestros semejantes.

Esta clase de amor no se refiere a una respuesta emocional sino a un amor constante y desinteresado, que busca el bien de los otros.

En las siguientes cuatro lecciones, los preescolares explorarán historias bíblicas que presentan el amor de Dios en acción. Escucharán sobre cuatro amigos que mostraron su amor por su amigo enfermo, llevándolo hasta Jesús. También conocerán la historia de dos hermanas que mostraban su amor por Jesús de distintas formas.

Comenzarán a comprender que el amor es más que palabras; es dedicar tiempo para escuchar a Dios, obedecerle y anunciar el mensaje de salvación, tal como lo hizo Felipe. Finalmente, a través de Tabita y Pedro descubrirán que mostrar el amor de Dios significa ayudar a los que están en necesidad.

Recuerde que su enseñanza debe ir de la mano con sus acciones. Si expresa amor a sus alumnos y se preocupa por ellos, tendrán un concepto más claro del tema de estudio.

Demostramos amor a nuestros amigos

Base bíblica: Marcos 2:1-12

Objetivo de la lección: Que los preescolares comprendan que al amar a sus amigos están demostrando el amor de Dios.

Texto para memorizar: Amémonos unos a otros, porque el amor es de Dios (1 Juan 4:7).

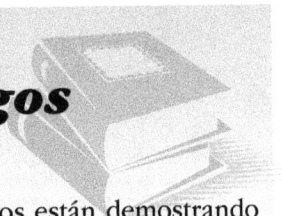

¡PREPÁRESE PARA ENSEÑAR!

En las próximas cuatro lecciones, los niños explorarán algunas historias bíblicas que muestran el amor de Dios.

Dios quiere que mostremos su amor. Esta simple verdad está respaldada por los actos de compasión de los hombres de Dios. En Mateo 22:34-40, un fariseo, intérprete de la ley, se acercó a Jesús para preguntarle: "Maestro, ¿cuál es el gran mandamiento en la Ley?"

Jesús contestó haciendo énfasis en la Shema (Deuteronomio 6:5; Levítico 19:18), "amarás a Dios con todo tu corazón y a tu prójimo como a ti mismo".

Jesús quería que supieran que el amor va más allá de un simple sentimiento o emoción; es un reflejo del amor de Dios depositado en el corazón de sus hijos. Es decir, es un amor constante que no cambia, ni tampoco depende de las acciones de otras personas.

El amor verdadero, que obra por el bien de otros, siempre nos guiará a la historia bíblica basada en Marcos 2:1-5, 11-12. Jesús estaba en la casa de Pedro en Capernaúm. Para entonces, el ministerio de Jesús y su reputación como sanador era conocida por todos, al grado que no podía ir a ninguna parte sin ser asediado por la muchedumbre.

Cuando llegó a Capernaúm, una multitud lo siguió. En la casa no quedaba espacio para nadie más.

Sin embargo, cuatro amigos no se dieron por vencidos y buscaron la forma de ver al Maestro. Estaban seguros de que si tan solo lograban llevar a su amigo paralítico cerca de Jesús, éste quedaría sano. Estos cuatro hombres, cuyos nombres la Biblia no menciona, no escatimaron esfuerzos para ayudar a su amigo. Demostraron el profundo amor que sentían por él al llevarlo a ver a Jesús. Mientras se prepara para estudiar la lección, pida al Señor que le ayude a encontrar maneras de mostrar amor hacia sus alumnos.

Adaptación

Parte de su responsabilidad como maestro de escuela dominical es crear oportunidades para que sus alumnos interactúen. Es durante esos períodos cuando se forman amistades sólidas. Observe a los preescolares mientras juegan. ¿Reflejan amor sus palabras y acciones? ¿Comparten ellos sus juguetes? ¿Se respetan y se hablan con amabilidad? Estas se-ñales muestran si están desarrollando el amor hacia los demás.

Recuerde que los preescolares están comenzando el proceso de socialización. Durante este período aprenden a compartir y a respetar a los demás. A través de la enseñanza bíblica entenderán lo que significa mostrar el amor de Dios a los amigos.

DESARROLLO DE LA LECCIÓN

Estas actividades le permitirán captar la atención de sus alumnos para guiarlos al aprendizaje bíblico.

Mi mejor amigo

Provea hojas blancas y lápices de colores para que cada uno dibuje a su mejor amigo. Dé cinco minutos para que realicen la actividad. Luego permita que muestren sus dibujos y cuenten algo sobre la persona que dibujaron. Dígales que los amigos son importantes porque muestran amor y aprecio. La lección trata del amor a los amigos.

Los amigos juegan juntos

Para esta actividad necesita rompecabezas, bloques de plástico, plastilina o masa para modelar.

Ponga los utensilios de juego sobre una mesa y permita que los niños jueguen juntos durante unos minutos. Mientras los observa, platique con ellos sobre la importancia de compartir los juguetes con sus amigos. Dígales que cuando son amigables y comparten, están demostrando el amor de Dios.

Los amigos comparten

Necesita una bolsa de dulces (caramelos) y una bolsa de galletas.

Divida a la clase en dos grupos. Reparta al primer grupo las galletas y al segundo grupo los dulces. Dígales que desea compartir con ellos esos alimentos porque los ama y los considera sus amigos. Enfatice la importancia de compartir con sus amigos y demostrar el amor de Dios.

Anime a los dos grupos a compartir entre ellos sus alimentos para que todos tengan lo mismo.

BIBLIA

Use esta actividad para preparar los corazones de sus alumnos para oír, entender y repasar la historia bíblica.

Cantos de amor

Antes de exponer la lección, entone con sus alumnos coros que hablen sobre el amor de Dios.

Historia bíblica

Prepare ayudas visuales para ilustrar la lección. Recuerde que los preescolares aprenden a través de los sentidos, por lo que es importante que ilustre sus clases o las haga lo más interactivas posible.

Cuatro amigos demuestran su amor

Jesús es el Hijo de Dios. Él puede hacer cosas que nadie más puede hacer, como el sanar a las personas que están muy enfermas.

Cuando Jesús vivió en la tierra demostraba su amor a toda la gente. Por eso muchas personas querían verlo y estar cerca de Él.

Un día Jesús visitó un pueblo llamado Capernaúm y se dirigió a la casa de un amigo.

"¡Jesús está en el pueblo!", dijeron las personas emocionadas. "¡Apresúrense, vamos a verlo!"

Jesús estaba en la casa hablando sobre el amor de Dios. Muchas personas habían ido a escucharlo. Eran tantas que ya no cabía nadie más.

"¿Escucharon? Jesús está en el pueblo", dijo un hombre que tenía un amigo paralítico. "Tal vez Él pueda sanarlo".

Los amigos del hombre paralítico decidieron llevarlo hasta donde estaba Jesús. Pero, como no podía caminar, lo pusieron en una manta y lo cargaron hasta la casa.

"Hay demasiada gente allí, no podremos entrar. ¿Cómo veremos a Jesús?", dijo uno de ellos. "Ya sé lo que vamos a hacer", dijo otro, "entraremos por el techo".

Los cuatro hombres tomaron a su amigo paralítico y con mucho cuidado lo subieron al techo de la casa. Luego comenzaron a hacer un orificio para poder introducirlo en la casa.

Después ataron unas cuerdas a la manta del paralítico y lentamente comenzaron a bajarlo hasta donde estaba Jesús.

Jesús miró al hombre y se dio cuenta de que no podía caminar. Observó a los amigos y se alegró por lo que habían hecho.

Entonces Jesús le dijo al paralítico: "Hijo, tus pecados te son perdonados".

¿Se imaginan lo que sucedió después? ¡Fue algo increíble! Jesús le dijo: "Levántate, toma tu camilla y vete a tu casa". Y el hombre hizo lo que Jesús le dijo. Sus piernas se fortalecieron y pudo caminar.

Sus amigos estaban felices porque Jesús lo había sanado milagrosamente.

Todas las personas miraban asombradas cómo este hombre podía caminar y alababan a Dios por lo que Jesús había hecho.

Repaso bíblico

Para esta actividad necesita una manta o frazada.

Coloque la manta en el piso y pida a los niños que se sienten alrededor, formando un círculo. Después, cada uno pasará a sentarse sobre la manta y dirá algo que recuerda de la historia bíblica.

CONEXIÓN

Use estas actividades para relacionar la verdad bíblica con la vida diaria de los preescolares.

Una muestra de amor

Reparta los libros del alumno y ábranlos en la página 89. Provea lápices de colores para que los niños coloreen al hombre paralítico y a sus amigos.

Dé tiempo para que escriban su nombre y, con diferentes colores, tracen la palabra de fe de esta unidad. Después, ayúdelos a recortar las siete piezas que forman el rompecabezas de la historia. Permita que armen su rompecabezas mientras repasan lo que aprendieron hoy.

Dé sobres o bolsas de plástico para que guarden las piezas del rompecabezas. Dígales que lo lleven a casa para que le cuenten a sus familiares.

Tarjetas de amor

Para esta actividad necesitará trozos de cartulina en forma de tarjetas, lápices o marcadores de colores, pinturas, pegamento, papeles de colores, estampas y otros elementos para decorar.

Reparta los materiales y pida a los niños que elaboren una tarjeta para su mejor amigo o amiga. En el interior, escriba el texto para memorizar y deje que los niños las decoren a su gusto.

Los preescolares están conociendo y comprendiendo el concepto de amistad. Esto incluye experiencias físicas y verbales. Use las reglas de su clase para definir claramente que el salón es un lugar donde todos deben tratarse como amigos. La amabilidad y el respeto deben ser una prioridad en la escuela dominical.

Memorización

Memorizar el texto bíblico es muy importante para el desarrollo de las lecciones. Escriba el texto bíblico con letras grandes en una cartulina. Procure que las letras sean claras para que los que comienzan a leer no tengan dificultades.

Lea el texto lentamente. Si desconocen el significado de alguna palabra, haga la aclaración correspondiente. Repítanlo varias veces hasta que se familiaricen con él. Pegue la cartulina en una pared para que puedan verlo constantemente.

Para terminar

Los preescolares pueden orar unos por otros con facilidad. Recalque que una de las formas más importantes en que pueden demostrar amor por sus amigos es orando por ellos.

Intercedan por las peticiones y entonen un canto que hable sobre el amor de Dios o la amistad.

Recuérdeles que lleven los trabajos realizados en clase. Despídalos con cariño y no olvide invitarlos a la clase de la próxima semana.

LECCIÓN 42

Demostramos amor a Jesús

Base bíblica: Lucas 10:38-42
Objetivo de la lección: Que los preescolares comprendan la importancia de amar a Jesús.
Texto para memorizar: Amémonos unos a otros, porque el amor es de Dios (1 Juan 4:7).

¡PREPÁRESE PARA ENSEÑAR!

María, Marta y Lázaro eran tres hermanos que vivían en Betania, un pueblo a tres kilómetros de Jerusalén. Ellos amaban a Jesús. Eran buenos amigos y cada vez que Él estaba cerca de su casa, los visitaba.

La Biblia nos dice que en una de esas visitas, las hermanas demostraron amor a su amigo en dos formas distintas. Marta era una mujer práctica, y quería demostrar que amaba a Jesús satisfaciendo su necesidad de alimento. Era su forma de hacerlo sentir bienvenido.

Por otro lado, María era más filosófica. Seguramente era la soñadora de la familia. Mientras su hermana estaba ocupada con el trabajo de la casa, María se sentó a los pies del Maestro y lo escuchó como la más fiel de sus seguidoras.

Como suele suceder cuando en una familia hay dos personalidades distintas, estas hermanas tuvieron un desacuerdo. Marta comenzó a sentirse ignorada, pues sólo ella trabajaba en los deberes de la casa, mientras María tenía toda su atención puesta en Jesús.

Jesús entendía los sentimientos de ambas. Estaban demostrando su amor por el Señor con acciones diferentes. Empero, Jesús recalcó un punto primordial: Todos nuestros deberes y actividades diarios no son importantes, comparándolos con el tiempo que pasamos con Él.

Mientras se prepara para la lección de esta semana, reflexione en sus motivaciones y prioridades. ¿Cuál es su motivación para enseñar? ¿Qué otros ministerios está desarrollando en su iglesia? ¿Trabaja con gozo o lo hace por obligación? Las respuestas a estas preguntas le ayudarán a descubrir si está actuando correctamente. Ore y pídale a Dios que le ayude, a fin de que su ministerio y sus deberes diarios no le distraigan de su relación íntima con Él.

Adaptación

Como maestro tiene la responsabilidad de enseñar a sus alumnos —mediante sus palabras y acciones— lo que significa pasar tiempo con Jesús cada día. Esa idea puede ser confusa para los niños pequeños. Ayúdeles a comprenderla dando ejemplos concretos. Por ejemplo: Pasan tiempo con Jesús cuando oran y hablan con Él; también al leer historias bíblicas o en sus devocionales familiares.

A los preescolares les gusta demostrar su amor a los demás. Desean colaborar en la clase y participar en proyectos para ayudar a otros. Son expertos en hacer amistades, así que les agradará saber que pueden conocer a Jesús como su amigo. Sea sensible a la guía del Espíritu Santo a través de esta lección. Si algún niño muestra el deseo de aceptar a Jesús, anúnciele el plan de salvación y guíelo en oración.

DESARROLLO DE LA LECCIÓN

Utilice esta actividad para centrar la atención de sus alumnos en el tema de estudio.

Una comida especial

Para esta actividad necesitará platos, vasos y otros utensilios de juguete para cocinar, una mesa, plastilina o masa para modelar.

Usando los materiales anteriores acondicione un área del salón como si fuera una pequeña cocina y permita que los niños jueguen allí. Mientras lo hacen, pregúnteles: ¿Cuál es su comida favorita? (permita que respondan). ¿Qué comida les gustaría ofrecerle a su mejor amigo si fuera a su casa?

Escuche sus respuestas con atención y dígales: Seguramente les gustaría preparar algo muy especial para su amigo. De esa forma le estarían mostrando su amor. Nuestra historia bíblica de hoy trata de dos mujeres que demostraron su amor a un amigo muy especial.

BIBLIA

Estas actividades le ayudarán a enseñar a sus alumnos la historia bíblica.

Visitemos a nuestros amigos

Forme una fila con los niños y colóquese al frente. Guíe la fila dando algunas vueltas por el salón.

Explíqueles que están haciendo un viaje imaginario para visitar a unos amigos.

Mientras caminan, platique con ellos sobre lo que hacen cuando visitan la casa de sus mejores amigos.

Guíe la fila hasta los asientos y pida que ocupen sus lugares. Dígales que la historia es sobre una visita muy especial que recibieron María y Marta.

Historia bíblica

Mantenga su Biblia abierta en el pasaje de estudio mientras relata la historia bíblica. Así sus alumnos se darán cuenta de que el relato está en la Palabra de Dios.

Una visita muy especial

Jesús y sus discípulos habían recorrido muchos lugares. Caminaron por largos senderos y visitaron diferentes pueblos. En todas partes las personas se reunían para escucharle hablar del amor de Dios.

Un día, Jesús y sus discípulos pasaron por una aldea llamada Betania. Hacía mucho calor y el camino era polvoriento y largo. El viaje había sido agotador.

Entraron a Betania y se dirigieron a la casa de María y Marta, que eran amigas de Jesús y lo amaban mucho.

Cuando Marta supo que Jesús estaba en su casa, se emocionó mucho y corrió a poner todo en orden. Limpió el polvo de los muebles, barrió el piso y se apresuró a hacer un delicioso pan para compartir con Jesús y sus discípulos. "¿Dónde está María?", se preguntaba Marta mientras trabajaba.

María también amaba a Jesús. Había anhelado ver otra vez a su amigo. Así que cuando Jesús llegó a su casa, se sentó a sus pies para escuchar todas las cosas maravillosas que el Maestro hablaba.

Cuando Marta se dio cuenta de que María estaba sentada a los pies de Jesús, le preguntó: "¿Qué estás haciendo?"

Después miró a Jesús y le dijo: "María me ha dejado haciendo todo el trabajo sola. ¡Dile que me ayude!" Marta se sentía cansada y malhumorada.

"Marta, Marta", dijo Jesús, "te preocupas por demasiadas cosas. María está actuando bien. Ella ha escogido escuchar el mensaje de Dios y eso es lo verdaderamente importante".

María y Marta amaban mucho a Jesús y deseaban mostrarle su amor. Ambas lo hicieron de forma distinta. Jesús sabía que lo amaban y Él también las amaba.

CONEXIÓN

Estas actividades le permitirán aplicar el aprendizaje bíblico a la vida diaria de sus alumnos.

¿Cómo le demuestras tu amor a Jesús?

Elaboren un mural sobre las distintas formas en que pueden mostrar el amor que sienten por Jesús.

Provea hojas de colores para que hagan dibujos. Los que están empezando a escribir pueden poner alguna frase que exprese su sentir. Explíqueles que cuando son amables y obedecen los mandamientos de Dios, están demostrando su amor por Jesús.

María y Marta

Para esta actividad necesita platos de papel o círculos de cartón, tijeras, pegamento y lápices o marcadores de colores.

Reparta los libros del alumno antes de la clase siga las instrucciones de la página 92 para hacer los cortes verticales en cada plato. Permita que tracen la palabra de fe de esta unidad (amor), que escriban su nombre y decoren sus platos.

Provea tijeras para que recorten las dos tiras de dibujos del libro del alumno (p. 91). Pídales que unan las tiras pegando las dos secciones marcadas con la letra A.

Ayúdelos a introducir la tira de dibujos entre las aberturas del plato o círculo de cartón. Cuando hayan terminado, peguen las secciones marcadas con la letra B.

Repasen la historia bíblica usando sus trabajos terminados.

Memorización

Pida a los niños que caminen hacia atrás. Por cada paso que den, deben decir una palabra del texto para memorizar.

Repitan el texto hasta que hayan dado una vuelta completa al salón. Luego repase con ellos en forma individual y ayude a los que tengan dificultad para aprenderlo.

Para terminar

Oren dando gracias a Dios por Jesús y por el amor que sienten los unos por los otros. Interceda por las peticiones de oración antes de despedirse.

Recuérdeles que en la próxima clase estudiaran sobre cómo hablar de Jesús a otros.

notas

Contamos de Jesús a los demás

Base bíblica: Hechos 8:26-40
Objetivo de la lección: Que los preescolares comprendan que pueden mostrar el amor de Dios anunciándo-
do las buenas nuevas sobre Jesús.
Texto para memorizar: Amémonos unos a otros, porque el amor es de Dios (1 Juan 4:7).

¡PREPÁRESE PARA ENSEÑAR!

Felipe, el evangelista de esta historia, no era uno de los doce, sino un judío griego, convertido al cristianismo y siervo fiel de la iglesia primitiva de Jerusalén. Cuando se inició la persecución a los cristianos en esa ciudad, Felipe continuó propagando el mensaje de Jesús en Samaria.

Un ángel del Señor le dio instrucciones a Felipe para que bajara al camino que cruzaba entre Jerusalén y Gaza. Gaza era una ciudad sureña de Palestina, que estaba a 80 kilómetros de Jerusalén.

El uso del término "ángel de Dios" indicaba que la travesía había sido originada por Dios.

Felipe pudo haber cuestionado a Dios o pospuesto su viaje. Sin embargo, se limitó a obedecer la voz de Dios. Felipe se acercó a la carreta donde se encontraba un hombre etíope, leyendo en voz alta el libro del profeta Isaías que hablaba de la venida del Mesías. Y, por esa razón Dios los puso en el mismo camino, para que Felipe le explicara el mensaje.

Dios preparó al etíope para oír el mensaje de Cristo y mandó a Felipe para que se lo diera a conocer. Al preparar la clase de esta semana, ore al Señor para que prepare el corazón de sus alumnos y entiendan el mensaje que Dios le ha dado para enseñarles.

Adaptación

Gracias a la obediencia de Felipe, el etíope pudo conocer a Jesús como su Salvador y alcanzar la vida eterna. Esta historia bíblica tiene dos importantes enseñanzas para los preescolares. Primera: Hay personas que no conocen a Jesús. Segunda: Hay personas que nunca lo conocerán, a menos que nosotros les hablemos de Él.

Por estas dos razones es importante que hablemos a otros acerca de Jesús. Mediante esta historia bíblica, puede sembrar en sus alumnos el deseo de predicar el evangelio de la salvación a los que no lo conocen.

Durante esta etapa de desarrollo, los preescolares están aprendiendo que el mundo va más allá de ellos y sus familias. Están desarrollando la capacidad para comunicarse y hablar de los sucesos importantes que ocurren a su alrededor; se dan cuenta de los cambios y son perceptivos a los sentimientos y emociones. Por tanto, es el tiempo oportuno para enseñarles que la mejor forma de mostrar a otros el amor de Dios es hablándoles de Jesús.

DESARROLLO DE LA LECCIÓN

Use estas actividades para captar la atención de sus alumnos y llevarlos al aprendizaje bíblico.

Buenas noticias

Para esta actividad necesita un periódico (diario).

Muestre el periódico a sus alumnos y pregúnteles para qué sirve. Escuche sus respuestas con atención. Basándose en ellas, explíqueles que el periódico es un medio de comunicación. A través de él, las personas se enteran de noticias buenas y malas.

Dígales que los cristianos también somos mensajeros de buenas noticias. Dios quiere que contemos a toda la gente sobre su Hijo Jesús, y la historia bíblica nos hablará de ello.

Jesús nos ama

Para esta actividad necesita un pliego de cartulina o papel para hacer un mural, marcadores de colores, estampas y, de ser posible, una figura que represente a Jesús.

En la parte superior de la cartulina escriba: "Jesús nos ama y nosotros lo amamos a Él".

Coloque sobre una mesa todos los materiales. Permita que los niños dibujen algo que les recuerde el amor de Jesús; luego, pida que decoren el mural usando las estampas y los marcadores. Peguen la figura de Jesús en el centro del mural.

Cuando el trabajo esté terminado, dígales: Dios quiere que amemos a los demás. Una forma de hacerlo es hablarles de Jesús. Vamos a pegar este cartel en la puerta para que todos los que lo vean recuerden que Jesús los ama.

BIBLIA

Use las siguientes actividades para enseñar a sus alumnos la historia bíblica.

Pasa la pelota

Para esta actividad necesita una pelota de plástico suave.

Siente a sus alumnos formando un círculo y diga:

(Rosita) voy a lanzarte suavemente esta pelota. Cuando la atrapes, debes decirme tu color favorito y lanzármela de nuevo. Repita el ejercicio con cada niño. Después que todos hayan participado, dígales: Si ustedes no me hubieran dicho cuáles son sus colores favoritos, yo no lo sabría. ¡Pero ahora lo sé! La historia bíblica de hoy es sobre un hombre de Etiopía que estaba leyendo un rollo, pero no comprendía lo que decía. Sin embargo, alguien lo ayudó a entender su significado.

Historia bíblica:

Felipe comparte acerca de Jesús

Felipe era un hombre que amaba a Dios. Él había conocido a Jesús como su Salvador personal y predicaba las buenas noticias del reino de Dios.

Cierto día un ángel le dijo a Felipe: "Levántate y ve al camino que está en el desierto".

Felipe obedeció y fue al camino que el ángel le había indicado. Luego caminó y caminó. Cuando por fin llegó al lugar, vio a un hombre de aspecto distinguido. Era etíope y uno de los oficiales más importantes de la reina de Etiopía.

Este hombre amaba a Dios y había hecho un largo viaje hasta Jerusalén para adorarle. Cuando regresaba a su país, se detuvo por un momento para leer las Escrituras.

El etíope estaba leyendo acerca de Jesús. Pero, no entendía el significado de esas palabras porque no sabía nada sobre el Hijo de Dios.

Mientras Felipe observaba al hombre, Dios le dijo: "Acércate a su carro". Felipe obedeció la orden de Dios y se aproximó hasta donde estaba el etíope.

"¿Entiendes lo que lees?", le preguntó Felipe.

"No, ¿cómo voy a entender si nadie me enseña?", contestó el hombre.

Entonces Felipe se sentó al lado del etíope y comenzó a contarle las buenas nuevas de Jesús. Le explicó que el Hijo de Dios lo amaba y deseaba ser su amigo y Salvador.

Mientras viajaban, encontraron un lugar donde había agua, y el etíope dijo: "Aquí hay agua, ¿puedo ser bautizado?"

Felipe le contestó: "Si crees de todo corazón en el Señor Jesús, ¡claro que puedes!"

"¡Yo creo que Jesucristo es el Hijo de Dios!", contestó el hombre muy emocionado.

Los dos bajaron hasta donde estaba el agua y Felipe bautizó al etíope. Cuando salieron del agua, Dios se llevó a Felipe de allí.

El hombre etíope estaba muy feliz y regresó a su casa con un corazón transformado, con la seguridad de que Jesús era su amigo y Salvador.

CONEXIÓN

Use los siguientes recursos didácticos para conectar la verdad bíblica con la vida diaria de sus alumnos.

Felipe y el etíope

Recorte las tres estampas correspondientes a esta lección de la página 121 del libro del alumno.

Dé tiempo para que los alumnos escriban sus nombres, tracen la palabra de fe y coloreen los dibujos. Después dígales que en los espacios en blanco de la página 93 peguen en orden la estampa que corresponde, para completar la historia de Felipe y el etíope.

Vayan a la página 94 y unan los puntos para encontrar en qué estaba sentado el funcionario etíope.

Anunciemos las buenas nuevas

Para esta actividad necesita tres corazones de papel por cada niño, lápices o marcadores de colores y materiales para decorar.

Escriba en los corazones "Jesús te ama" y repártalos para que los niños los decoren. Mientras lo hacen, repasen lo que aprendieron en la historia bíblica. Explíqueles que ellos, al igual que Felipe, pueden ser portadores de buenas noticias.

Anímelos a regalar esos corazones a sus amigos o familiares que necesiten saber de Jesús.

Memorización

Repitan el texto bíblico de diferentes formas, por ejemplo, brincando, gritando, aplaudiendo, con caras felices, etc. Esto le ayudará para que el aprendizaje sea más divertido y sus alumnos repasarán varias veces el versículo bíblico.

Para terminar

Oren por las personas a quienes entregarán los corazones y para que el Señor les permita contar con alegría las buenas nuevas de Jesús.

Agradézcales su presencia en la clase y entrégueles los trabajos que elaboraron.

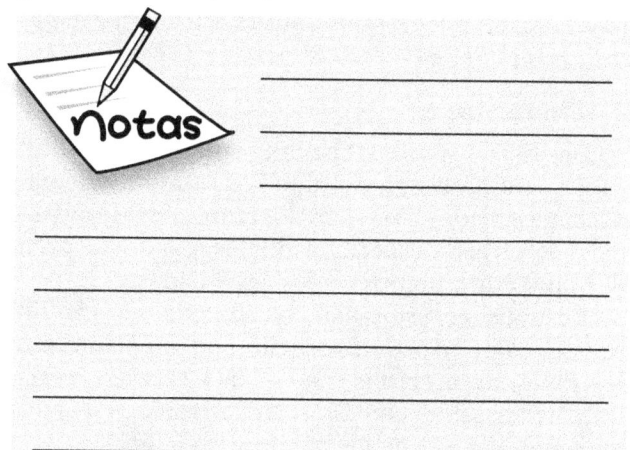

notas

Demostramossuamorcuandoayudamosalosdemás

Base bíblica: Hechos 9:36-42

Objetivo de la lección: Que los preescolares aprendan a demostrar el amor de Dios ayudando a su prójimo.

Texto para memorizar: Amémonos unos a otros, porque el amor es de Dios (1 Juan 4:7).

¡PREPÁRESE PARA ENSEÑAR!

Después que Saulo se convirtió al cristianismo, la iglesia primitiva disfrutó un período de paz y crecimiento.

Durante ese tiempo Pedro tuvo libertad para viajar por Judea, predicando a los cristianos que habían huido de Jerusalén a causa de la persecución. En Hechos 9:32, Pedro estaba predicando y sanando en Lida, un poblado a 19 kilómetros de Jope.

Jope era una aldea marítima situada a 61 kilómetros al noreste de Jerusalén.

Tabita (en hebreo) o Dorcas (en griego) era una discípula cristiana que vivía en Jope. Ella tenía el don del servicio y era una gran ayudante en su comunidad. Su vida era una evidencia de la fe en Cristo y el amor a Dios.

Tabita es un bello ejemplo de cómo podemos usar nuestros dones para servir a los que padecen necesidad.

Muchas de las personas pobres en Jope eran viudas y Tabita les mostraba el amor de Dios proveyéndoles ropa. Cuando Tabita se enfermó y murió, las personas que habían recibido ayuda de ella prepararon su cuerpo para el funeral.

El cuerpo fue colocado en una habitación de la casa de Tabita. Cuando sus amigos supieron que Pedro estaba en Lida, enviaron mensajeros a buscarlo. Al llegar a Jope, Pedro fue al lugar donde estaba el cuerpo de Tabita; allí oró en el nombre de Jesús y ella resucitó.

A través de la vida de Tabita aprendemos lo que significa el servicio cristiano, y, con su muerte, vemos la mano poderosa de Dios en acción por medio del apóstol Pedro.

Adaptación

Considere todas las opciones que tenga a su alcance para proveer a sus alumnos formas de ayudar a los necesitados. Por ejemplo: reunir una despensa, dar una ofrenda especial a la iglesia, o donar prendas de vestir o juguetes a los necesitados.

El mundo en estos tiempos es cada vez más insensible. Por eso es importante que, mediante esta lección, vean un ejemplo de amor y servicio cristiano. Deben saber que Dios desea bendecir a otras personas a través de los que forman la iglesia.

Fortalezca en los preescolares el deseo de compartir y ayudar a los que padecen necesidad. Enséñeles que Jesús nos dio el ejemplo supremo de servicio al dar su vida en la cruz.

DESARROLLO DE LA LECCIÓN

Haga uso de estas actividades para captar la atención de sus alumnos.

Viste al bebé

Necesita muñecos y ropa para vestirlos.

Coloque los muñecos y la ropa sobre una mesa. Permita que los niños jueguen vistiendo con distintas ropas a los muñecos. Mientras lo hacen, dígales: Una de las formas en que las familias cuidan a los bebés es vistiéndolos. La ropa sirve para cubrir a las personas y mantenerlas abrigadas.

En la historia bíblica de hoy aprenderemos acerca de una mujer llamada Tabita. Ella ayudaba a otras personas haciéndoles ropa.

¿Cómo se hace la ropa?

Para esta actividad necesitará algunas prendas de vestir y materiales de costura como hilos, botones, agujas, tela, etc.

Ponga sobre una mesa los materiales para que sus alumnos los observen y los toquen. Explíqueles que toda la ropa que se vende en las tiendas fue hecha por otras personas. Explique para qué sirve cada uno de los materiales de costura.

Dígales que en la historia bíblica estudiarán acerca de una mujer que hacía ropa para otras personas.

Si en su congregación hay algún sastre o costurera, pídale que visite su clase y le cuenten a los niños una breve descripción de su oficio.

BIBLIA

Estas actividades ayudarán a los preescolares a comprender mejor la historia bíblica.

Botones escondidos

Antes de la clase, esconda botones en el salón. Además, en una cartulina escriba con letras grandes la palabra "Ayudar".

Pida a los niños que busquen los botones escondidos. A medida que los encuentren, deben pegarlos

108

sobre las letras escritas en la cartulina. Observe con atención por si necesitan ayuda en esta actividad.

Cuando terminen, reúnalos para escuchar la historia bíblica.

Historia bíblica

Enseñe a los preescolares a hacer el símbolo del amor poniendo las manos cruzadas sobre su pecho. Pídales que cuando escuchen durante la historia bíblica alguna palabra que se relacione con el amor, hagan el símbolo.

Tabita ayuda a los demás

Tabita era una mujer muy buena que amaba a Jesús y vivía en un pueblo llamado Jope.

Ella demostraba el amor de Dios ayudando a los demás. Hacía ropa muy bonita para regalarla a las personas que no tenían dinero para comprarla.

Un día Tabita se enfermó gravemente y murió. Todos sus amigos la amaban mucho y se entristecieron al recibir la mala noticia.

Algunos de ellos fueron a casa de Tabita y la prepararon para su funeral. Luego la pusieron en una sala y recordaron las cosas buenas que ella había hecho por todos. Realmente había sido una buena amiga.

Mientras estaban en casa de Tabita, uno de ellos dijo: "¿Saben que Pedro está muy cerca de aquí?"

Pedro había sido discípulo de Jesús y predicaba las buenas nuevas en muchos lugares.

Los amigos de Tabita decidieron enviar a dos personas para que fueran a buscar a Pedro y lo llevaran a Jope.

Los mensajeros caminaron mucho hasta encontrar al apóstol y le dijeron: "Pedro, por favor, ven con nosotros. ¡Tabita ha muerto!"

De inmediato Pedro fue a Jope con ellos. Al llegar, lo llevaron a la habitación donde estaba el cuerpo de Tabita.

Los amigos de Tabita se acercaron a Pedro llorando y le mostraban los vestidos y los mantos que ella les había hecho.

Pedro mandó que toda la gente saliera del lugar. Luego se arrodilló y oró al Señor. Después, dirigiéndose a donde estaba el cuerpo de Tabita, le ordenó: "¡Tabita, levántate!"

Ella abrió los ojos y, al ver a Pedro, se sentó. Él le dio la mano para ayudarla a ponerse de pie, y llamó a los amigos de Tabita para que la vieran. ¡Todos estaban contentos! Dios había hecho un gran milagro.

Todas las personas que vivían en Jope se enteraron de esto, y muchos creyeron en Jesús.

CONEXIÓN

Estas actividades le permitirán relacionar la verdad bíblica con la vida diaria de los preescolares.

La historia de Tabita

Recorte las estampas correspondientes a esta lección de la página 95 del libro del alumno.

Después que hayan escrito su nombre y trazado la palabra de fe, pídales que peguen las estampas en el lugar que les corresponde según el relato bíblico.

Dé tiempo para que coloreen las figuras de la hoja de trabajo y haga un breve repaso de la lección.

¿Cómo podemos ayudar?

Provea hojas blancas y lápices de colores o crayones. Anime a los niños a pensar en algunas formas en que podrían ayudar a alguien durante la semana. Dígales: Hagan un dibujo de cómo pueden ayudar en casa. Cuando ayudan a alguien, están mostrando el amor de Dios. Dios desea que mostremos amor a las personas.

Deben llevarse el dibujo a casa como recordatorio de lo que aprendieron en la clase.

Memorización

Pida que algunos voluntarios pasen al frente y digan de memoria el texto bíblico. Prepare pequeños premios para reconocer el esfuerzo de sus alumnos.

Si desea, invite a los padres de familia y preparen una demostración de lo que estudiaron durante esta unidad.

Para terminar

Repasen brevemente las historias de la unidad. Luego, formen un círculo y oren pidiendo al Señor que les ayude a mostrar amor a sus semejantes.

Asegúrese de que todos lleven a su casa los trabajos manuales que elaboraron.

notas

Año 2
Introducción • Unidad XI

LA BIBLIA NOS HABLA DE RUT

Objetivo de la unidad: Que los preescolares aprendan que Dios los cuida y suple sus necesidades.

Texto para memorizar: Echa sobre Jehová tu carga y él te sostendrá (Salmo 55:22).

Palabra de fe: DIOS NOS CUIDA: Dios nos ama y nos muestra su amor cuidándonos y supliendo nuestras necesidades.

Lecciones de la unidad:

Lección 45   Rut y Noemí regresan a Belén
Lección 46   Rut conoce a Booz
Lección 47   Rut comparte con Noemí
Lección 48   En la familia de Rut se ayudan

Enseñanzas de las lecciones para los preescolares:

✗ Aprenderán que Dios cuida de ellos.
✗ Estudiarán que Dios usa a otras personas para cuidar de sus hijos.
✗ Comprenderán que Dios provee para las necesidades de sus hijos a través de la familia.

Rut y Noemí fueron dos mujeres valientes que dependieron del cuidado y la provisión de Dios en los momentos de mayor necesidad. Rut era moabita, casada con un hombre judío que servía a Dios. Cuando su esposo murió, ella decidió que no regresaría a su pueblo ni serviría a dioses falsos. Más bien escogió cuidar de su suegra, yendo a vivir a un país extraño y ajeno para ella.

Rut es un claro ejemplo de cómo Dios acepta, protege y provee a los que depositan su fe en Él.

Mientras estudia estas cuatro lecciones sobre Rut, ponga especial atención en el cuidado que Dios tiene para sus hijos. Platique con sus alumnos sobre las formas en que Dios nos muestra su amor y provee para nuestras necesidades. Dios cuidó de Rut y Noemí en el camino de regreso a Belén. También les proveyó comida en los campos de cultivo de Booz. Además, le dio a Rut un esposo amoroso y un hijo. Cada una de estas historias bíblicas es una hermosa ilustración del cuidado que Dios tiene para los que le sirven.

Rut y Noemí regresan a Belén

Base bíblica: Rut 1:1-9
Objetivo de la lección: Que los preescolares aprendan que Dios cuida de ellos.
Texto para memorizar: Echa sobre Jehová tu carga y él te sostendrá (Salmo 55:22).

¡PREPÁRESE PARA ENSEÑAR!

Noemí era una viuda hebrea que vivía en un país llamado Moab. Después de perder a su esposo y a sus dos hijos, se encontraba sola, con dos nueras extranjeras y ningún tipo de ayuda o protección. Fue entonces cuando Noemí decidió arriesgarse y regresar a Belén, su ciudad natal.

Esta ciudad estaba al otro lado del mar Muerto, a muchos kilómetros de Moab. Noemí tendría que hacer el viaje caminando, confiando en que encontraría a personas amables a su paso que le ofrecieran alimento, agua y un lugar donde descansar.

Por insistencia de Noemí, una de sus nueras decidió quedarse en Moab y comenzar una nueva vida. Sin embargo, Rut, la otra nuera, eligió dejar todo atrás para seguir a Noemí y así servir a Dios con todo su corazón. Esta no fue una decisión fácil para Rut, pues siendo aun joven, hubiera podido casarse otra vez y tener una familia.

Su suegra Noemí no tenía más hijos. Irse con ella a Belén podía implicar arduo trabajo y aun perder la oportunidad de tener un esposo y descendencia.

Su amor incondicional a Dios y a Noemí dio lugar a la historia del cuidado de Dios en favor de estas dos mujeres que creyeron, dependieron y confiaron en Él. En medio de la pobreza y el dolor de la viudez, tuvieron valor para emprender el viaje. Dios recompensó esa valentía dándoles un viaje seguro, lleno de provisiones y una llegada apacible a la ciudad de Belén.

Mientras se prepara para esta lección, piense en las personas que le han mostrado su amor incondicional. ¿Cómo se sintió ante ese amor? Ore para que Dios le permita ver a sus alumnos como Él los ve. Ore para que cada niño sea tocado con el amor incondicional de Dios. Mientras usted permite que Dios le use para tocar la vida de sus alumnos, Él le enseñará aún más sobre su cuidado y amor incondicional.

Adaptación

Es importante que los preescolares aprendan lo que significa amar a otros sin condiciones. Conforme lo pongan en práctica, comprenderán el amor incondicional que Dios tiene para ellos. Las leccio- nes de Rut proveen oportunidades a los niños para escuchar acerca del amor y cuidado de Dios sobre la familia de Rut y Noemí. Señale que así como Dios las mantuvo a salvo, así también se preocupa por nosotros y nuestras necesidades.

Quizá algunos de sus alumnos no hayan experi- mentado ese amor incondicional. Usted puede ser la primera persona que les brinde tal amor. A través de sus acciones, es posible que comiencen a creer que Dios los ama y los cuida. Demuéstreles su amor orando por ellos, enviándoles alguna tarjeta, escu- chándolos y mostrando interés por sus vidas.

Conforme muestre el amor de Dios a sus alumnos, notará cómo crece la confianza y la amistad entre ustedes. De esta forma su enseñanza será más efec- tiva, pues, no sólo escucharán el mensaje del amor de Dios sino que serán objeto del mismo.

DESARROLLO DE LA LECCIÓN

Use estas actividades para centrar la atención de sus alumnos en el tema de estudio.

Preparativos para un viaje

Para esta actividad necesitará un globo terráqueo o un mapa mundial, fotografías de medios de trans- porte (avión, barco, auto, tren, etc.) y una maleta.

Muestre los objetos a los niños y platiquen sobre los viajes. Escuche sus comentarios con atención y, si alguno de ellos ha viajado, pídale que cuente bre- vemente su experiencia.

Después dígales: En la historia bíblica de hoy aprenderemos sobre un viaje que hicieron Rut y Noemí. Noemí era la suegra de Rut. Esto significa que ella se había casado con un hijo de Noemí. Sin embargo, sus esposos habían muerto y tuvieron que hacer un largo viaje para llegar a Belén.

Así se escribe Rut

En una cartulina o pliego de papel escriba con letras grandes el nombre de Rut. Luego pida a los niños que peguen papelitos de colores siguiendo el contorno de las letras.

Mientras lo hacen, ayúdelos a identificar la forma y el sonido de cada letra. Esto les servirá para re- conocerlas con facilidad cuando las vean en el libro del alumno.

BIBLIA

Estas actividades le permitirán explicar mejor el contenido de la historia bíblica.

Rut y Noemí

Pida a los niños que formen una fila. Indíqueles que cuando escuchen el nombre de Noemí, deben agacharse; y cuando escuchen el nombre de Rut, tienen que dar un salto.

Repita el juego algunas veces antes de iniciar la clase bíblica.

Historia bíblica

Para ilustrar esta historia le sugerimos que busque dos mujeres de su congregación para representar a Noemí y Rut. Mientras usted narra la historia, ellas escenificarán el relato bíblico.

También puede usar títeres o figuras para el franelógrafo.

Muestre una Biblia a sus alumnos y dígales: Rut es el nombre de un libro de la Biblia. Rut fue una mujer que decidió amar y seguir a Dios. En la historia de hoy aprenderemos cómo Dios cuidó de Rut y su suegra durante un largo viaje.

De regreso a Belén

Noemí y Rut vivían en Moab, una tierra muy apartada de Belén, el lugar en donde Noemí había nacido.

Noemí, su esposo Elimelec y sus dos hijos se habían ido a vivir allá porque en su tierra no había alimentos. Sin embargo, poco tiempo después de haber llegado, Elimelec murió, así que Noemí se quedó sola con sus dos hijos.

Después de unos años, los hijos de Noemí se casaron con mujeres de ese país. Una de ellas era Rut.

Rut amaba mucho a su suegra y la cuidaba con cariño. Pasaron los años y los hijos de Noemí murieron, dejándola sola y desamparada.

Un día Noemí oyó que Dios había bendecido a su país y que allí había abundancia de alimentos. Entonces empacó todas sus cosas y se preparó para regresar.

Pero, Rut le dijo: "Yo no voy a dejarte; quiero ir contigo".

Noemí le contestó: "Rut, será un viaje muy largo. Además, no tengo dinero, ni esposo ni hijos. ¡No puedo cuidar de ti! Debes quedarte en Moab y regresar con tu familia".

Entonces Rut dijo: "No me pidas que te deje; a dondequiera que vayas, iré contigo y serviré a Dios como tú".

Noemí sabía que Rut la amaba mucho, así que no insistió más.

Caminaron y caminaron por muchos días. Dios cuidó de ellas mientras viajaban y les proveyó alimentos y lugares seguros para descansar.

Finalmente, cuando llegaron a Belén, Rut estaba feliz al conocer su nuevo hogar.

Rut y Noemí llegaron sanas y salvas hasta Belén porque Dios las cuidó durante el largo viaje.

CONEXIÓN

Use estas actividades para ayudar a los preescolares a relacionar la verdad bíblica con su vida diaria.

Dios nos cuida

Recorte, de la página 121 del libro del alumno, las dos estampas correspondientes a esta lección.

Dé tiempo para que los niños escriban su nombre y tracen la palabra de fe de esta unidad. Mientras lo hacen, dígales: Dios nos ama y cuida de nosotros. Podemos sentir su cuidado a través de las bendiciones que recibimos y la forma en que suple para nuestras necesidades.

Peguen las estampas en el lugar que les corresponde y coloreen la hoja de trabajo. Den vuelta la hoja para que hagan un dibujo de su familia.

¡Dios cuida de mí!

Reúna a los niños formando un círculo y siéntense en el piso. Pida que cada uno diga una forma en que Dios cuida de él o ella.

Anote las respuestas en la pizarra o en un papel grande. Manténgalas en un lugar visible del salón durante el transcurso de la unidad.

Memorización

Para esta actividad necesitará tiras largas de papel y cinta adhesiva.

Forme un camino pegando las tiras de papel en el piso. Anime a sus alumnos a seguir el camino mientras repiten el texto para memorizar. Repitan el ejercicio varias veces, brincando, caminando hacia atrás, etc.

Para terminar

Reúnanse para orar y dar gracias por el cuidado de Dios. Escoja a algunos niños para que hagan breves oraciones de intercesión y acción de gracias.

Antes de despedirse, entonen un canto que hable del amor o del cuidado de Dios.

Rut conoce a Booz

Base bíblica: Rut 2:1-16
Objetivo de la lección: Que los preescolares aprendan que algunas veces Dios cuida de nosotros a través de otras personas.
Texto para memorizar: Echa sobre Jehová tu carga y él te sostendrá (Salmo 55:22).

¡PREPÁRESE PARA ENSEÑAR!

Rut y Noemí regresaron a Belén durante la cosecha de cebada que se hacía en la primavera. Esta cosecha normalmente ocurría en los meses de abril, mayo y junio, seguida por la temporada de lluvias. Los segadores cortaban los tallos usando hoces o navajas pequeñas hechas de hierro o cobre, con el mango de madera. Las siervas jóvenes generalmente iban detrás de los segadores, haciendo manojos de las espigas que caían.

La ley requería que las esquinas de los campos no fueran cosechadas; además, no debían recoger los granos que cayeran mientras los segadores cosechaban. De esta forma Israel proveía comida para los pobres. Siendo viuda, Rut podía ir a los campos y recoger esas espigas que caían y usarlas para su sustento.

Rut fue al campo de Booz, un pariente de Noemí. Allí trabajó arduamente, sin detenerse a descansar ni a tomar agua. Booz, quien suponemos que era un hombre amable por la interacción que tenía con sus trabajadores, se dio cuenta del trabajo que Rut estaba haciendo y preguntó quién era ella. Al saberlo, quedó impresionado por la fidelidad de Rut hacia su suegra. Entonces, yendo más allá de lo que establecía la ley, ordenó a sus trabajadores que dejaran caer más espigas para que las dos mujeres tuvieran suficiente comida. Booz compartió los alimentos con Rut, la trató con respeto y le proveyó un lugar seguro para trabajar.

Booz tenía tal disposición para ayudar a alguien en necesidad, que Dios lo usó para ayudar a Rut y a Noemí. Mientras prepara esta lección, reflexione en sus acciones. ¿Cuándo fue la última vez que usted fue más allá de lo establecido para ayudar a alguien en necesidad? ¿Cómo permite usted que Dios le use para mejorar la vida de los demás?

La compasión como estilo de vida es más que un sentimiento de simpatía por los que sufren. La verdadera compasión consiste en proveer para las necesidades de otros.

Adaptación

Este tiempo es ideal para enseñarles a los preesa la necesidad de las personas. Es importante que aprendan a ver más allá de sus propios intereses, para darse cuenta de las necesidades de los demás.

Planee alguna actividad en la que puedan compartir con otros; por ejemplo: dar una ofrenda para el ministerio de compasión de su iglesia, o donar alimentos o ropa para los necesitados. Cuando se les enseña a temprana edad acerca del ministerio de compasión, los niños aprenden que amar a Dios significa preocuparse por aquellos que sufren carencias.

Es en esta etapa cuando los preescolares comienzan a descubrir las necesidades de otros y a preocuparse por los demás. Usted notará cómo se sorprenden al darse cuenta que sus acciones pueden ayudar o herir a otras personas. Si hay desacuerdos entre los niños de su clase, enséñeles a respetar a los demás y a solucionar las cosas hablando, sin pelear.

DESARROLLO DE LA LECCIÓN

Las siguientes actividades le servirán para centrar la atención de los niños en el tema de estudio.

¡A recoger espigas!

Para esta actividad necesitará tiras de papel para simular espigas de trigo, y una bolsa de plástico para cada alumno.

Antes de la clase, esparza las tiras de papel por el salón. A medida que lleguen los alumnos, reparta las bolsas para que recojan las espigas.

Cuando terminen, explíqueles que en la historia bíblica hablarán de alguien que tuvo que trabajar en el campo, en algo similar a lo que ellos hicieron.

Alimentos saludables

Para esta actividad necesita diversos tipos de granos (maíz, frijoles o porotos, habichuelas, trigo, etc.), hojas blancas, lápices de colores o crayones, y pegamento.

Muestre a los niños los granos y explíqueles qué colares lo que significa responder con compasión alimentos se fabrican con ellos. Por ejemplo, con el trigo se hace harina, pan, cereales, pastas, etc.

Reparta las hojas blancas. Indíqueles que peguen algunos granos y dibujen algunos alimentos que se preparan con ellos.

Mientras trabajan, dígales que Dios hizo los granos para alimentarnos. Explíqueles también que la historia bíblica trata de una cuando Rut y Noemí necesitaban alimento, y Dios les proveyó a través de un buen hombre que cultivaba granos.

Mi alimento favorito

Provea hojas blancas y lápices de colores para que sus alumnos dibujen su alimento favorito.

Cuando hayan terminado, pegue los dibujos en un pliego de papel. En la parte superior escriba: "Dios nos muestra su cuidado por medio de los alimentos".

Platique con los niños sobre la forma en que Dios provee alimento para sus familias.

BIBLIA

Use estas actividades para enseñar la historia bíblica a sus alumnos.

Enriquezca la historia con ilustraciones para captar mejor la atención de los preescolares. Si no tiene a la mano recursos visuales, module la voz y haga la clase interactiva, permitiendo que los niños opinen y participen en la narración.

Rut recoge espigas

Después que Rut y Noemí llegaron a Belén, encontraron un lugar para vivir pero necesitaban comida. Era justamente el tiempo de la cosecha, cuando la gente iba al campo a recoger espigas. Las espigas son los granos que sirven para hacer pan y otros alimentos.

Un día Rut le dijo a Noemí: "Déjame ir a recoger espigas. Seguramente los que cosechan en el campo dejarán que vaya detrás de ellos, recogiendo las espigas que se caigan".

"Ve, hija mía", le contestó Noemí.

Entonces Rut se fue a un campo y comenzó a recoger las espigas que se les caían a los trabajadores.

Trabajó muy duro todo el día. Sin saberlo, Rut había ido al campo de Booz, un familiar del esposo de Noemí. Booz era muy rico e importante en Belén.

Cuando Booz fue a ver cómo estaban sus campos, vio a Rut y preguntó: "¿Quién es esa mujer?"

"Es Rut. Vino de Moab con Noemí. Ha trabajado muy duro todo el día, sin descansar".

Entonces él llamó a Rut y le dijo: "Puedes trabajar en este campo tanto como quieras. Aquí estarás segura. También puedes comer con mis trabajadores y beber agua fresca de nuestras jarras".

"¿Por qué es tan amable conmigo si no me conoce?", preguntó Rut.

"He escuchado mucho de ti y cómo has ayudado y cuidado a Noemí. ¡Que Dios te premie por todo lo que has hecho y te dé muchas bendiciones!"

"¡Muchas gracias, señor!", dijo Rut.

Después, Booz les dijo a sus trabajadores que dejaran caer más espigas para que Rut tuviera suficiente alimento.

Dios cuidó de Noemí y Rut por medio de la bondad de Booz.

Repaso bíblico

Los preescolares disfrutan mucho al relatar la historia bíblica en sus propias palabras. Otro método para repasar lo estudiado es que dramaticen la historia que escucharon. Si es posible, consiga diferentes prendas para que se disfracen, o elabórelos con papel en forma sencilla.

CONEXIÓN

Use estas actividades para relacionar la verdad bíblica con la vida diaria de los alumnos.

Rut recoge espigas

Distribuya los libros del alumno y lápices. Permita que los niños escriban su nombre y tracen la palabra de fe en la hoja de trabajo.

Dé tiempo para que encierren en un círculo todos los manojos de espigas que encuentren en el dibujo.

Den vuelta la hoja y ayúdelos a contar y remarcar los números que están sobre los manojos, mientras repasan lo que aprendieron en la historia bíblica.

Dios me cuida por medio de...

Explique a los niños que a veces Dios usa a personas y otros medios para mostrarnos su amor y cuidado. En la historia de hoy Dios cuidó a Rut por medio de Booz.

Anímelos a hacer un dibujo de las personas por medio de las cuales Dios les manifiesta su amor.

Cuando terminen, en cada dibujo escriba la frase: Dios me cuida por medio de... (mi mamá, mis hermanos, etc.).

Dígales que lleven su trabajo terminado a casa y lo obsequien a la persona que hayan dibujado.

Memorización

Haga que los niños formen un círculo y póngase en el centro con una pelota suave. Cuando le tire la pelota a uno de ellos, éste debe decir el texto de memoria. Ayude a los que tengan problemas para memorizarlo. Repita el juego hasta que todos hayan participado.

Para terminar

Entonen un canto sobre el amor o el cuidado de Dios. Luego oren por las necesidades de cada uno, concluyendo con una oración de gratitud a Dios por su amor y cuidado.

Invite a los niños a la próxima clase y distribuya los trabajos que llevarán a casa.

Rut comparte con Noemí

Base bíblica: Rut 2:17-23
Objetivo de la lección: Que los preescolares aprendan que Dios cuidó de Noemí por medio de Rut.
Texto para memorizar: Echa sobre Jehová tu carga y él te sostendrá (Salmo 55:22).

¡PREPÁRESE PARA ENSEÑAR!

La historia bíblica de la semana pasada se enfocó en la amabilidad de Booz hacia Rut. Esta semana tratará del resultado que tuvo el trabajo de Rut en el campo de Booz. Ella recogía espigas hasta el atardecer. Cuando terminaba, juntaba los granos y los trillaba para llevarlos a casa. Rut tal vez cargaba una efa de granos, aproximadamente 22 kilos. El cuidado de Dios también estaba allí, al ser capaz ella de cargar ese peso y llevarle a Noemí parte de su alimento.

Lo que es evidente en esta historia es el cuidado de Rut hacia Noemí. Ella hubiera podido hacer uso de todo lo que Booz le proveía, pero siempre guardaba una porción para compartirla con su suegra. También pudo haber trabajado menos horas y aun así recoger la cantidad de granos suficiente. Sin embargo, no lo hizo. Como resultado, pudo atender adecuadamente de sus necesidades y las de Noemí.

Noemí, por supuesto, dio crédito a quien lo merecía. Alabó a Dios por su providencia y le agradeció por la vida de Rut y de Booz. Rut continúo trabajando en los campos de Booz y la gracia del Señor siempre estuvo sobre las dos mujeres.

Nosotros podemos aprender del ejemplo de Rut. Ella no sólo recogió espigas para llevar alimento a su hogar, sino que trabajó arduamente. No sólo proveyó para ella sino también para su suegra. En respuesta, Dios usó su historia como un ejemplo de fidelidad para nosotros.

Considere cómo responde usted al cuidado divino. Recuerde que cuando amamos a Dios y decidimos seguir a Cristo, nuestros recursos no nos pertenecen. No se apegue a sus posesiones; más bien, permita que Dios use lo que usted tiene para ayudar a los que están en necesidad.

Adaptación

Los niños más pequeños aprenden mejor a través de ejemplos. Si usted dice una cosa pero sus acciones son contrarias, es probable que sus alumnos se guíen por sus acciones. Es por eso que la historia de Rut y Noemí es un gran ejemplo para ellos. ¡Las palabras y las acciones concuerdan! Mediante la perseverancia y el trabajo de Rut, los niños se darán cuenta de que Rut no sólo dijo que ayudaría a Noemí, sino que hizo todo lo posible para lograrlo. Esperamos que esta lección forme un fundamento sólido en el corazón de sus alumnos, sabiendo que Dios no sólo se preocupa por nosotros, sino que espera que hagamos todo lo posible para mostrar su amor a otros.

Aproveche la lección de esta semana para que los alumnos pongan en práctica lo que aprendieron. Permita que participen ayudando en algún proyecto de la iglesia o comunidad. Esta semana prepare una caja grande para depositar víveres. Pida a los niños que hagan tarjetas que hablen del amor y cuidado de Dios. Anímelos a que traigan una lata de comida para depositarla en la caja. Dígales: La próxima semana llenaremos esta caja con comida. Allí pondremos las tarjetas y la llevaremos a personas que necesiten algo para comer. Nosotros podemos compartir con los demás, así como Rut compartió con Noemí. Dios puede usarnos para ayudar a otros.

Traiga latas extra de comida para que los niños visitantes o los que no tienen suficientes recursos participen en la actividad. Anímelos diciéndoles que las latas de comida y las tarjetas son importantes, ya que con ellas mostrarán el amor y el cuidado de Dios para con los demás.

DESARROLLO DE LA LECCIÓN

Estas actividades le ayudarán a dirigir la atención de los niños al tema de estudio.

Repaso general

Use el libro del alumno para repasar brevemente las dos lecciones anteriores. Muestre las ilustraciones y pida que expliquen qué sucedió en cada situación. Los preescolares tienden a olvidar detalles de la historia, por lo que es importante ayudarles a recordar antes de enseñarles algo nuevo.

¡Vamos de día de campo!

Durante la semana pida a los padres de familia que permitan a los niños traer una muñeca o animal de peluche a la clase. Pegue una etiqueta con el nombre del dueño a cada juguete y asegúrese de que los lleven de regreso a casa. También necesitará una manta, platos desechables y galletas.

Ponga la manta en el piso. Reúna a los niños a su alrededor y dígales: Cada uno trajo a un amigo especial para este día de campo. ¿Pueden decirme el nombre de su amigo? (escuche las respuestas).

Reparta los platos y las galletas y pídales que simulen compartir las galletas con su amigo de juguete.

Explíqueles que los amigos se quieren y comparten unos con otros, y en la historia bíblica aprenderán más sobre eso.

El cuidado de Dios

Necesitará cartulina o papel, marcadores y lápices de colores.

Dé a cada niño una hoja de papel o un pedazo de cartulina. En la parte superior escriba "Dios nos cuida". Pídales que elaboren un dibujo sobre cómo Dios cuidó a Noemí y Rut. Mientras trabajan, dígales: Dios cuidó de Rut y Noemí mientras viajaban a Belén. También usó a Booz para proveerles alimento. De la misma forma podemos confiar en que Dios cuida de nosotros.

Escriba el nombre del niño debajo de su dibujo. Coloque los trabajos en la pared, a manera de mural.

BIBLIA

Use estas sugerencias didácticas para enseñar a sus niños la clase bíblica.

Títeres de Rut y Noemí

Necesita la página 131 del libro del alumno, dos palitos de madera, cinta adhesiva, lápices y tijeras.

Ayude a los preescolares a recortar las figuras de Rut y Noemí siguiendo las líneas punteadas. Péguenlas con cinta adhesiva a los palitos de madera. Cuando terminen, dígales: Sostengan sus títeres mientras escuchan la historia bíblica. Cuando mencione el nombre de Noemí, levanten el títere que corresponde, y cuando escuchen el nombre de Rut, levanten el títere que la representa.

Historia bíblica

Rut trabajó mucho todo el día en el campo de Booz. Recogió espigas hasta que empezó a oscurecer. Cuando separó el grano de las espigas, se dio cuenta de que había recogido más de 20 kilos de granos.

Tomó su carga y fue a Belén para contarle a Noemí todo lo que había pasado.

"Traje muchos granos y comida para ti", dijo Rut emocionada. Estaba feliz porque podía compartir con su suegra lo que Dios le había dado.

Noemí estaba sorprendida y feliz. "¿Dónde estuviste trabajando hoy?", le preguntó. "¡Que Dios bendiga a quien te ha ayudado tanto!"

Rut le contó que había estado trabajando en el campo de un señor muy amable, llamado Booz.

"Booz me dio permiso para recoger las espigas y comer con sus trabajadores", dijo Rut.

"¡Gracias a Dios por Booz! Él es parte de nuestra familia. Así que sigue trabajando en su campo y no te alejes de sus trabajadores para que nadie te moleste.

Todos los días Rut siguió recogiendo espigas con las trabajadoras de Booz hasta que terminó la cosecha. Mientras tanto vivía con Noemí y se aseguraba de que tuviera suficiente alimento.

Dios cuidaba y ayudaba a Rut y a Noemí todos los días.

Repaso bíblico

Divida la clase en parejas. Si su clase es pequeña, realice esta actividad con todo el grupo. Pida a cada pareja que se turnen para usar los títeres de Rut y Noemí, y que repasen lo que aprendieron en la historia bíblica.

CONEXIÓN

Use estas actividades para conectar el aprendizaje bíblico con la vida diaria de los preescolares.

Rut comparte con Noemí

Reparta los libros del alumno y lápices para que los alumnos tracen la palabra de fe y escriban su nombre en la página 101.

Muéstreles como pueden usar las líneas como guía para completar la otra mitad del dibujo del manojo de espigas. Dé tiempo para que lo coloreen.

Un proyecto de amor

Si es posible, organice con los niños un proyecto para ayudar a una persona necesitada. Por ejemplo, podrían preparar una canasta con víveres.

Envíe notas a los padres de familia para que la próxima semana permitan a sus hijos cooperar con la canasta de alimentos. Forre con papel de colores una caja grande para guardar las donaciones.

Explíqueles que así como Dios usó a Booz para ayudar a Rut, también quiere usarlos a ellos para ayudar a otras personas.

Memorización

Forme un círculo con los niños y enséñeles a seguir un patrón rítmico; por ejemplo: una pisada fuerte y un aplauso. Practique algunas veces hasta que se sientan familiarizados con el ritmo.

Repitan el versículo bíblico usando el ritmo cuatro veces. Siga el ejemplo: "Echa (pisada) sobre (aplauso) Jehová (pisada) tu carga (aplauso) y él (pisada) te sostendrá (aplauso) Salmo 55:22 (pisada).

Use este ejercicio al repasar el texto para memorizar varias veces.

Para terminar

Mencionen las peticiones de oración. Anime a los niños a orar unos por otros para que aprendan la importancia de la intercesión.

Distribuya los trabajos para llevar a casa y los juguetes que trajeron. Entonen un canto sobre el cuidado de Dios e invítelos a la siguiente clase.

En la familia de Rut se ayudan

Base bíblica: Rut 3:10-13; 4:9-17
Objetivo de la lección: Que los preescolares aprendan que Dios los cuida por medio de su familia.
Texto para memorizar: Echa sobre Jehová tu carga y él te sostendrá (Salmo 55:22).

¡PREPÁRESE PARA ENSEÑAR!

En el Antiguo Testamento había una ley que permitía a las viudas, si no tenían hijos, ser compensadas uniéndose con el pariente más cercano en la familia del esposo. Por lo general era un hermano, y si no había hermanos, los derechos pasaban al siguiente pariente más cercano. Si éste se oponía, la responsabilidad podía pasar a otro familiar.

Cuando una viuda era compensada de ese modo, implicaba que el pariente recibiría o compraría la propiedad que había pertenecido al marido fallecido. El primer hijo varón que nacía del nuevo matrimonio era considerado como hijo y heredero del primer marido, y era dueño de las propiedades. A los demás hijos los consideraban como hijos del segundo matrimonio y heredaban de él. Este sistema protegía el nombre y la propiedad de los varones que morían sin haber tenido hijos.

Booz no era el pariente que debía compensar a Rut según las reglas judías. Había uno más cercano que podría haber asumido la responsabilidad. Sin embargo, Booz quiso casarse con Rut y rescatar la propiedad del primer marido. Booz tenía que pedir permiso al pariente a quien por ley le correspondía casarse con ella. Si éste se negaba a casarse con Rut, entonces Booz tenía todo el derecho para hacerla su esposa.

El lugar donde se trataban los asuntos civiles se encontraba en la entrada de la ciudad. Allí Booz habló con el pariente más cercano y, frente a testigos, obtuvo el permiso para rescatar la propiedad del esposo de Noemí (y de sus hijos) y casarse con su nuera, Rut.

Una vez casados, Booz y Rut tuvieron un hijo, Obed, y lo presentaron ante Noemí. La alegría de Noemí fue la reacción de alguien que lo había perdido todo y que, por la gracia de Dios, le había sido restaurado.

Adaptación

Los preescolares necesitan evidencias para confiar en algo. Necesitan saber que lo que les es familiar, no cambiará. Conforme van creciendo, descubren que en la vida son pocas las cosas perdurables. Pronto comienzan a experimentar cambios, tanto esperados como inesperados.

Cuando los niños sienten seguridad, aprenden a adaptarse a las nuevas experiencias e incluso a esperarlas con expectativa. Esta seguridad pueden encontrarla en sus padres o familiares, pero, más importante aún, pueden hallarla en Dios, quien los ama y jamás cambia.

Los preescolares poco a poco se vuelven más independientes, pero dentro de ellos permanece la necesidad de sentirse protegidos. Por su edad y las limitaciones físicas, no pueden preparar alimentos, manejar un coche o ir a algún lugar por sí solos. Durante esta lección, ayúdelos a identificar a personas que forman parte de su vida y están a su lado para ayudarlos. Pueden ser sus padres, familiares, maestros o amigos. Durante el tiempo de oración, exhórtelos a agradecer a Dios por las personas que se preocupan por ellos.

DESARROLLO DE LA LECCIÓN

Use estas actividades para captar la atención de sus alumnos y guiarlos al tema de estudio.

La familia

Busque en revistas algunas ilustraciones de familias, o pida a los padres de sus alumnos que le faciliten fotografías de sus familias.

Muestre a los niños las ilustraciones y conversen de sus familias. Ponga especial cuidado al tratar con los que tengan una familia disfuncional o cuyos padres hayan muerto. Haga las adaptaciones pertinentes a la lección y las actividades para que se sientan bendecidos y confortados a través de este tema.

Corazones de agradecimiento

Para esta actividad necesita cartulina o cartón rojo, tijeras, crayones o marcadores de colores y cinta adhesiva.

Dibuje un corazón de tamaño mediano para cada niño y permita que lo recorten. Mientras lo hacen, pregúnteles: ¿Quién los ama y cuida de ustedes? (escuche sus respuestas).

Ayúdelos a escribir en el corazón el nombre de la persona que elijan. Pegue los corazones alrededor del salón.

Hágales saber que Dios muestra su amor y cuidado por medio de personas que los aman y se preocupan por ellos.

BIBLIA

Estas actividades le servirán para enseñar la verdad bíblica.

¿Qué hay en la bolsa?

Necesitará una bolsa de papel o de plástico oscuro y un muñeco.

Ponga el muñeco dentro de la bolsa antes de la clase. Después reúna a sus alumnos y dígales: Hay algo especial en esta bolsa. ¿Se imaginan qué es?

Permita que metan una mano en la bolsa, pero sin mirar dentro. Después que todos hayan tocado el muñeco, pida que levanten la mano los que sepan qué es.

Escuche las respuestas y saque al muñeco. Dígales que en la historia bíblica aprenderán algo importante acerca de un bebé.

Historia bíblica

Rut se casa con Booz

Rut siguió trabajando en el campo de Booz hasta que terminó la cosecha.

El último día, Booz estaba separando las espigas de trigo para pesar todo lo que se había recogido durante la temporada.

Después, Rut se sentó al lado de Booz y conversaron.

"Dios ha cuidado de ti", dijo Booz, "Veo que eres muy fiel con Noemí y me gustaría hacerme cargo de ti".

Booz quería casarse con Rut, pero sabía que había otra persona que quizá también querría casarse con ella.

Así que Booz le dijo a Rut: "No te preocupes. Yo hablaré con él para preguntarle si desea casarse contigo".

Booz fue a la entrada del pueblo, donde la gente se reunía para tratar asuntos importantes. Allí encontró al otro hombre y habló con él, pero éste dijo que no quería casarse con Rut.

Luego Booz les dijo a los otros que estaban allí: "Ustedes son testigos de que me comprometo a comprar a Noemí la tierra que perteneció a su marido. Yo cuidaré de ella y también me casaré con su nuera Rut".

"Sí, somos testigos", respondieron ellos.

Booz y Rut se casaron. ¡Estaban muy felices! Ahora se cuidaban el uno al otro y también cuidaban de Noemí. Ellos confiaban en que Dios siempre los protegería y ayudaría.

Un tiempo después, Booz y Rut tuvieron un hermoso bebé y lo llamaron Obed. Noemí ayudaba a cuidar al bebé Obed. "¡Gloria a Dios!", decía Noemí mientras sostenía en sus brazos a su nieto.

Dios cuidó y bendijo a esta hermosa familia y les permitió prosperar y multiplicarse en gran manera.

CONEXIÓN

Use estas actividades para relacionar el aprendizaje bíblico con la vida diaria de los preescolares.

El juego de las manos

Enseñe este juego a sus alumnos y anímelos a que hagan lo mismo con su familia:

¡Qué feliz es la familia que vive en este hogar! (usando las dos manos y uniendo los dedos, formen un triángulo).

La familia la componen tres niños, papá y mamá.

Esta es la mamá que nos cuida y nos alimenta (levante el dedo pulgar).

Este es el papá que va a trabajar (levante el índice).

Estos dos hermanos a la escuela van (levante los siguientes dos dedos).

Y el bebé chiquito se queda a jugar (levante el dedo meñique).

Por la noche a la familia reunida le gusta estar (las manos abiertas y juntas).

Para leer la Biblia y juntos a Dios orar (las manos unidas en actitud de oración).

Un proyecto de amor

Si han decidido llevar a cabo el proyecto de amor, organicen los alimentos que hayan traído y acomódenlos en la caja forrada como regalo. Elaboren una tarjeta para acompañar el regalo. Luego, pregunte al pastor o al encargado de ministerios de compasión que le sugiera a quién deberían enviar esa ayuda.

Hable con sus alumnos sobre la importancia de ayudar a los demás para demostrar el amor de Dios.

Encuentra al bebé Obed

Entregue los libros del alumno y dé tiempo para que escriban su nombre y tracen la palabra de fe de la unidad.

Pídales que busquen al bebé Obed y lo encierren en un círculo. Después coloreen el dibujo de la familia de Rut.

Den vuelta a la hoja y dígales: Esta es la historia de Rut y Booz. Voy a leer las palabras y cuando señale las figuras, ustedes dirán la palabra que corresponde.

Lean la historia tres veces siguiendo las instrucciones.

Memorización

Reúna a los niños en un círculo y practiquen el patrón rítmico sugerido en la lección 47.

Practiquen cuantas veces sea necesario hasta que se familiaricen con el ritmo. Después, añadan las palabras del texto para memorizar y repitan el ejercicio un par de veces.

Para terminar

Entonen un canto mientras se reúnen para orar. Anímelos a mencionar sus peticiones de oración e intercedan por cada familia representada. Concluya dando gracias a Dios por cuidar de las familias.

Invítelos a la próxima clase. Distribuya los trabajos elaborados y despídalos con cariño.

Año 2
Introducción • Unidad XII

DAMOS GRACIAS A DIOS POR JESÚS

Objetivo de la unidad: Que los preescolares agradezcan a Dios por haber enviado a su Hijo Jesús al mundo.

Texto para memorizar: Porque de tal manera amó Dios al mundo, que ha dado a su Hijo unigénito (Juan 3:16).

Palabra de fe: En NAVIDAD celebramos el nacimiento de Jesús.

Lecciones de la unidad:

Lección 49   La promesa especial de Dios
Lección 50   El nacimiento de Jesús
Lección 51   Los ángeles anuncian las buenas nuevas
Lección 52   Los pastores celebran el nacimiento de Jesús
Lección 53   Los hombres sabios visitan a Jesús

Enseñanzas de las lecciones para los preescolares:

✘ Estudiarán que Dios prometió enviar a su Hijo Jesús al mundo.
✘ Sabrán que Dios cumplió su promesa cuando Jesús nació en Belén.
✘ Le darán gracias a Dios por haber enviado a su Hijo Jesús.
✘ Entenderán por qué es importante anunciar las buenas nuevas del nacimiento de Jesús.
✘ Aprenderán a adorar a Jesús por ser el Hijo de Dios, el Mesías prometido.

La Navidad es el tiempo favorito del año para muchos de sus alumnos. Los niños pequeños sienten gran expectación por esta celebración. Sin embargo, fácilmente pueden perderse en las tradiciones y costumbres seculares, por lo que necesitan una enseñanza precisa y clara del verdadero significado de la Navidad.

Deben saber que cuando Dios envió a su único Hijo, Jesucristo, nos dio el ejemplo supremo de lo que significa dar.

Guíelos a través de estas historias para que experimenten el gozo de María cuando recibió la visita del ángel, y la emoción de los pastores cuando vieron a la multitud de ángeles cantando en el cielo. Al hablar de la visita de los sabios a Jesús, ayude a los niños a comprender el gozo de dar.

Siembre en el corazón de cada alumno que la Navidad es una celebración muy especial, porque damos gracias a Dios por el mejor regalo nunca antes dado: ¡Nuestro Salvador Jesucristo!

A través de estas lecciones motívelos a ofrecer a Jesús el regalo más importante: su propia vida.

La promesa especial de Dios

Base bíblica: Lucas 1:26-38
Objetivo de la lección: Que los preescolares comprendan que Dios prometió enviar a su Hijo Jesús al mundo.
Texto para memorizar: Porque de tal manera amó Dios al mundo, que ha dado a su Hijo unigénito (Juan 3:16).

PREPÁRESE PARA ENSEÑAR

El evangelista Lucas da un significado profundo a la visita que hizo el ángel a la jovencita judía llamada María. La Biblia nos dice que María era una joven virgen, comprometida en matrimonio con José, un joven descendiente del linaje de David. Aunque María y José aún no estaban casados, el compromiso sólo se podía romper mediante el divorcio. Cualquier infidelidad de parte de María se hubiera considerado como adulterio. Cuando el ángel Gabriel se apareció a María, pudo darse cuenta de los temores de la joven. Por eso le dijo que no temiera, puesto que había hallado gracia delante de Dios y sería muy bendecida.

El ángel anunció el nacimiento virginal de Jesús, quien sería concebido por medio del Espíritu Santo. Cuando ella diera a luz, se cumpliría la promesa de Dios de enviar a su Hijo al mundo. Esta profecía la encontramos en el Antiguo Testamento, en Isaías 9.

La pregunta de María no fue por incredulidad, como en el caso de Zacarías. Más bien, quería saber cómo sería posible que una joven virgen concibiera y diera a luz. La respuesta del ángel explicó la obra que el Espíritu Santo haría en la concepción del bebé Jesús. Es algo difícil de entender, pero fácil de creer por la fe. De esta manera, Jesucristo nació sin pecado, siendo cien por ciento humano y cien por ciento divino, y trajo la salvación a la humanidad. La respuesta de María, "hágase conmigo conforme a tu palabra", nos muestra una sencilla pero ferviente fe en Dios.

Mientras prepara esta lección, medite en la promesa del nacimiento del Hijo de Dios. Para nosotros, un bebé nacido de una virgen parece algo imposible, pero para Dios no hay nada imposible. Al igual que María, también nosotros podemos creer en las promesas de Dios.

Adaptación

Para sus alumnos las promesas son importantes. Si el padre, la madre, el maestro o un amigo promete algo, para ellos significa que va a suceder. Cuando alguien en quien confían no cumple su promesa, los niños sufren.

La historia de la Navidad se considera una promesa. Ayúdelos a entender que Dios cumplió la promesa de enviar a su Hijo Jesús al mundo. A través de esta lección, celebre con sus alumnos que Dios siempre cumple sus promesas y podemos confiar en Él.

Los preescolares disfrutan la época de Navidad y la esperan con mucha anticipación. Pregúnteles cómo creen que se sintió María al saber que sería la madre del Hijo prometido por Dios. Permita que cuenten qué es lo que más disfrutan de la Navidad. Enséñeles que el cumplimiento de la promesa de Dios es el mejor regalo que ha existido.

DESARROLLO DE LA LECCIÓN

Use estas actividades para centrar la atención de los preescolares en el tema de estudio.

Figuras de ángeles

Necesita plastilina o masa para modelar, y manteles de plástico para cubrir el área de trabajo.

Dé tiempo para que sus alumnos elaboren figuras de ángeles de diferentes colores y tamaños. Mientras trabajan, pregúnteles: ¿Recuerdan qué celebramos en Navidad? (el nacimiento de Jesús). ¿Quién es Jesús? (el Hijo de Dios). En nuestra historia bíblica hablaremos de la visita que un ángel llamado Gabriel le hizo a una joven.

Control de asistencia

Durante la semana trace sobre una cartulina varias figuras de ángeles y recórtelas. Entregue una a cada niño y pídales que la coloreen y decoren a su gusto. Pueden pegarles algodón, plumas sintéticas, escarcha o polvo brillante, etc.

Dígales que cada vez que lleguen a la clase puntualmente, recibirán una figura. Al final del mes, los que tengan todas las figuras recibirán un premio.

Peguen los ángeles en los muros del salón como decoración navideña.

Vestidos de ángeles

Necesitará sábanas o tela blanca que no sea muy costosa. Si habla con las madres de los niños con anticipación, quizá algunas puedan donar una sábana o mantel blanco que no usen.

Disfrace a sus alumnos de ángeles, como el que llevó el mensaje especial a María. Diríjalos para entonar coros alusivos al tema o prepare un juego especial.

Después, reúnalos y dígales que un ángel le llevó noticias muy especiales a María. En Navidad nosotros celebramos el nacimiento de Jesús, y damos gracias a Dios por cumplir su promesa al enviarlo.

BIBLIA

Estas actividades le servirán para enseñar a los preescolares la historia bíblica.

Mensajeros de buenas noticias

Tenga a mano un periódico y una carta.

Muéstrelos a su grupo y pregúnteles para qué sirven. Escuche con atención las respuestas. Luego explíqueles que los periódicos y las cartas sirven como mensajeros de buenas o malas noticias. Pregúnteles de qué otras formas se anuncia las noticias (radio, televisión, internet, etc.).

Dígales que la historia trata de una mujer que recibió buenas noticias a través de un mensajero celestial.

Historia bíblica

María era una joven que amaba y obedecía a Dios. Ella vivía en un pueblo llamado Nazaret. Un día María estaba sentada en su casa cuando, de pronto, un ángel se le apareció. "Saludos, María" dijo el ángel Gabriel, "Dios te ama mucho y está contigo".

María sintió mucho miedo. Sus ojos se abrieron de asombro y no dejaba de mirar al ángel Gabriel que estaba parado frente a ella.

"No tengas miedo", dijo el ángel. "Dios está complacido contigo y me envió a darte buenas noticias".

María escuchó con atención al ángel, que le dijo: "Muy pronto algo especial va a ocurrir contigo. ¡Vas a tener un bebé! Y debes llamarlo Jesús. Él será un gran rey como lo fue el rey David hace mucho tiempo. Será rey por siempre y ayudará a mucha gente porque será el Hijo Dios".

María trataba de entender lo que el ángel decía, pero le parecía increíble.

"¿Cómo puede ser eso posible?", le preguntó María al ángel Gabriel.

Entonces él le respondió: "María, el bebé que nacerá será a través del poder de Dios. Dios puede hacer cosas que nadie más puede hacer. Tú vas a tener al Hijo de Dios".

María confiaba en Dios. Sabía que Él cumpliría su promesa. Y ella se sentía feliz por haber sido escogida para ser la madre de este bebé tan especial.

Cuando el ángel se fue, María alabó y glorificó a Dios con todo su corazón.

CONEXIÓN

Use la siguiente actividad para ayudar a los niños a conectar la verdad bíblica a su vida.

¡Dios cumple sus promesas!

Pida a los niños que formen un círculo y colóquese en el centro con una pelota o un juguete suave.

Explíqueles que el niño a quien usted le lance la pelota, debe mencionar una forma en que Dios cumple sus promesas; por ejemplo, sanándonos cuando nos enfermamos, proveyéndonos alimentos, dándonos una familia, etc.

Después que todos participen, dígales que Dios cumple sus promesas porque Él es fiel y nos ama.

La promesa de Navidad

Distribuya los libros del alumno y recorten de la página 128 las estampas para esta lección.

Dé tiempo para que escriban su nombre, tracen la palabra de fe y peguen las estampas dentro del regalo.

Den vuelta la hoja e indíqueles que unan los puntos para formar el árbol. Pida que lo coloreen y dibujen un ángel en la punta.

Memorización

Trace y recorte varias figuras de ángeles y decórelos. Escriba dentro el texto para memorizar dividido en frases cortas.

Pegue las figuras en la pizarra con cinta adhesiva y lea el versículo junto con sus alumnos. Luego cambie de posición las figuras, y dé tiempo para que alguno de los niños las ponga en el orden correcto.

Repita el ejercicio un par de veces. Luego pegue las figuras en un lugar visible del salón.

Para terminar

Cada domingo, al aproximarse más la celebración de la Navidad, prepare el corazón de los preescolares para que cuenten la promesa especial de Dios a las personas por medio de Jesucristo.

Anímelos a invitar a sus familiares y amigos a la escuela dominical.

No olvide preguntar si tienen peticiones de oración e intercedan juntos por ellas. Despídanse entonando un canto navideño.

notas

LECCIÓN 50

El nacimiento de Jesús

Base bíblica: Lucas 2:1-7

Objetivo de la lección: Que los preescolares aprendan que Dios cumplió su promesa cuando Jesús nació en Belén.

Texto para memorizar: Porque de tal manera amó Dios al mundo, que ha dado a su Hijo unigénito (Juan 3:16).

¡PREPÁRESE PARA ENSEÑAR!

Con el nacimiento de Jesús se cumplieron todas las promesas que Dios había hecho de enviar a un Redentor al mundo. Lucas nos ayuda a comprender el significado histórico y político de este acontecimiento.

Cirenio, gobernador de Siria, decretó que todas las personas viajaran a su ciudad natal para ser censadas. Este primer censo se realizó para que, cumpliéndose la profecía, Jesús naciera en Belén.

José era descendiente del rey David. Por esa razón él y su esposa, María, viajaron a Belén de Judea. El evangelio de Lucas también relata que el nacimiento sucedió en un humilde establo, donde Jesús fue puesto en un pesebre, el cajón en el que se ponía el alimento para los animales. ¡Qué principio tan humilde para el Hijo de Dios y Salvador del mundo!

Ahora usted tiene la oportunidad de relatar la buena noticia del nacimiento de Jesús a sus alumnos. Dios nos manifiesta su amor, ofreciéndonos el regalo de la salvación por medio de su Hijo. Manifieste ese amor a sus alumnos mientras estudian la historia bíblica.

Adaptación

La emoción de la Navidad llena la mente de los preescolares durante estas fechas. Notará en ellos nerviosismo y alegría durante las próximas semanas. Esta lección le provee la oportunidad de hablar del significado real de la Navidad, el nacimiento de Jesús.

De esta forma aprenderán que, más que regalos y celebraciones, la Navidad es un tiempo para dar gracias a Dios y agradecer la salvación que Él nos ofrece a través de su Hijo.

Es probable que por ser la época navideña, tenga visitantes en su clase. Ayúdelos a entender la maravilla del nacimiento de Jesús. Recuerde que sus acciones y palabras son fundamentales para el aprendizaje de los preescolares.

DESARROLLO DE LA LECCIÓN

Use estas actividades para centrar la atención de sus alumnos en el aprendizaje bíblico.

Control de asistencia

Reparta las figuras de ángeles correspondientes a este día y permita que las decoren. Recuérdeles que para obtener el premio, deben reunir los cuatro ángeles; para ello deben asistir fielmente.

Provea cinta adhesiva para que peguen las figuras terminadas en el lugar que usted indique.

¿Qué te gusta hacer?

Dialogue con los niños acerca de sus actividades favoritas con la familia durante la Navidad.

Escuche sus respuestas con atención para captar el concepto que tienen de la Navidad y refuerce la enseñanza de la lección anterior. Luego, dígales que hoy estudiarán cómo cumplió Dios la promesa que le hizo a María.

Un establo

Busque con anticipación un dibujo o fotografía que muestre cómo es un establo. Es probable que sus alumnos nunca hayan visto uno.

Si no cuenta con una ilustración apropiada, dibuje en una cartulina blanca un establo con animales, o use recortes de revistas o figuras de diferentes clases de animales (vacas, cerdos, gallinas, etc.).

Muestre la ilustración y descríbales cómo es un establo. Dígales que la historia habla de algo maravilloso que ocurrió en un humilde establo.

BIBLIA

Estas actividades le permitirán enseñar la verdad bíblica a su clase.

¿Qué dijo el ángel?

Para repasar la lección pasada, pida que algunos niños pasen al frente y digan lo que recuerdan de la historia de María y el ángel Gabriel.

Complemente la información y prepárelos para aprender la lección de esta semana.

Historia bíblica

Recuerde que la mayor parte del aprendizaje de los preescolares se logra estimulando sus sentidos. Por eso le sugerimos que ilustre la narración con ayudas visuales.

El nacimiento de Jesús

El emperador romano Augusto César dio una orden especial. Quería saber cuántas personas vivían en su reino, así que ordenó que toda la gente fuera al lugar donde había nacido para ser contada.

José y María fueron hasta Belén porque él había nacido allí. María viajaba montada sobre un asno, mientras José caminaba a su lado.

Era un largo camino hasta Belén, pero finalmente, José y María llegaron cuando estaba oscureciendo. José se apresuró para buscar un cuarto en los hospedajes. María necesitaba descansar. Ella estaba agotada por el viaje y casi era el tiempo del nacimiento del bebé.

"Lo sentimos, todo está ocupado", le decían a José. "El pueblo está lleno de personas que han venido al censo. Todos están cansados y ya no quedan cuartos disponibles".

"Pero, mi esposa va a tener un bebé y está muy cansada. Solamente necesito un lugar para ella", decía José muy afligido.

Al fin, el empleado de una de las posadas les dijo: "Vengan conmigo". José y María lo siguieron. Se podía escuchar el mugido de las vacas y el rebuzno de los burros mientras seguían al hombre.

"Este es el lugar donde guardamos los animales. Es lo único que tenemos", dijo el empleado. "La paja es suave. Si quieren, pueden quedarse aquí".

María y José aceptaron porque estaban muy cansados, pero algo especial sucedió después.

¡Esa noche nació Jesús! María envolvió al bebé en pañales para abrigarlo. Luego, hicieron una cuna improvisada en un pesebre para que el bebé pudiera descansar.

María y José estaban felices por el nacimiento de su bebé y le dieron gracias a Dios. Luego dijeron que el nombre del bebé sería Jesús. Era el nombre que el ángel les había dicho que le pusieran.

Esa noche se cumplió la promesa de Dios. Jesús había llegado a este mundo para salvar a la humanidad de sus pecados.

CONEXIÓN

Use las siguientes actividades para conectar el aprendizaje bíblico a la vida diaria.

¡Jesús nació!

Reparta los libros del alumno y permita que recorten de la página 128 la estampa del bebé Jesús.

Pida que tracen la palabra de fe y escriban su nombre en la hoja. Luego, mientras colorean las figuras de María, José y los animales, pregúnteles: ¿Quién falta en la ilustración? (el bebé Jesús). Permita que peguen la estampa.

Recorten la tira inferior siguiendo la línea punteada. Ayúdelos a doblar hacia adelante los triángulos de las cuatro esquinas de la hoja (vea el ejemplo).

De esta forma, cuando los abran, descubrirán al bebé Jesús en el pesebre.

Corona navideña

Para esta actividad necesita cartulina de color verde o un papel resistente de ese color, pegamento, tijeras, lápices de colores y un listón rojo.

Entregue a cada alumno un trozo de papel y un lápiz. Indíqueles que tracen el contorno de una de sus manos con los dedos separados. Cuando terminen, ayúdelos a recortarla. Si desean, pueden colorearla y luego escribir su nombre en el centro de la mano.

Prepare un aro de papel lo suficientemente grande para que quepan todas las manos. Péguelas al aro para formar una corona. Es importante que todas las manitas queden muy juntas para que la corona luzca mejor.

Para terminar ponga el listón rojo en la parte superior. Ahora pueden pegar la corona en la puerta del salón.

Memorización

Pida a los niños que formen un círculo. Luego indíqueles que se agachen y coloquen las manos alrededor de sus rodillas. Camine alrededor del círculo y, cuando toque la espalda de alguno, éste debe pararse levantando las manos y decir el texto bíblico con usted. Continúe el ejercicio hasta que todos hayan participado.

Para terminar

Dedique un tiempo especial de oración. Pida que dos voluntarios oren en voz alta dando gracias a Dios por cumplir su promesa y enviar a su Hijo Jesús al mundo.

Anímelos a que expresen a sus familiares y amigos el mensaje de la Navidad.

notas

Los ángeles anuncian las buenas nuevas

Base bíblica: Lucas 2:8-14
Objetivo de la lección: Que los preescolares den gracias a Dios por el nacimiento de Jesús.
Texto para memorizar: Porque de tal manera amó Dios al mundo, que ha dado a su Hijo unigénito (Juan 3:16).

¡PREPÁRESE PARA ENSEÑAR!

En este pasaje de la Biblia, Lucas describe la celebración angelical que anunció con regocijo el nacimiento de Jesús. Como hemos observado en estas lecciones, los ángeles constantemente participaron anunciando el nacimiento de Jesús.

Primero, el ángel Gabriel le habló a María para decirle que había sido escogida para ser la madre del Mesías prometido. Después, un ángel se apareció a un pequeño grupo de pastores excluidos de la sociedad, acompañados únicamente por sus rebaños.

Cuando el ángel dio las buenas noticias, en seguida apareció una multitud de ángeles que alababan a Dios. Esa noche, los pastores escucharon por medio de cantos angelicales la buena nueva del nacimiento del Salvador del mundo.

Esas noticias que fueron traídas hace muchos años, todavía llenan nuestro corazón de gozo al celebrar el nacimiento de Cristo en esa primera Navidad. Comparta ese gozo con sus alumnos cantando alabanzas a Dios, dando gracias por el hermoso regalo de la salvación por medio de su Hijo Jesús. Mientras prepara esta lección, dé gracias a Dios por el mejor regalo de Navidad: Jesucristo.

Adaptación

Las dos lecciones anteriores trataban de la promesa de Dios de enviar a su Hijo para salvar al mundo de sus pecados. Con el nacimiento de Jesús en Belén, esa promesa se cumplió. ¡Esta lección es una ocasión para celebrar el cumplimiento de esa promesa!

A los niños les encantan las celebraciones. Así que utilice esta lección para ayudarlos a entender que las noticias del nacimiento de Jesús nos han traído gozo, alegría y paz.

Los preescolares relacionan fácilmente a los ángeles con Dios. Esta lección les ayudará a entender que los ángeles fueron los mensajeros que Dios utilizó para traer las noticias del nacimiento de Jesús. A través de las diferentes actividades, ayúdelos a enfocar su atención en el nacimiento de Jesús, celebrado por los ángeles y por todos aquellos que lo amamos hoy.

DESARROLLO DE LA LECCIÓN

Estas actividades le ayudarán a dirigir la atención de sus alumnos al tema de estudio.

Ángeles

Para esta actividad necesita cartulina blanca, marcadores o lápices de colores, pegamento, cinta adhesiva y papeles de colores.

Con los marcadores dibuje sobre la cartulina el contorno de un ángel. Permita que los niños rellenen la figura pegando pequeños pedazos de papel de colores. Mientras lo hacen, dígales: Hace mucho tiempo, cuando Jesús nació en Belén, los ángeles celebraron y cantaron en el cielo. Vamos a pegar este hermoso ángel en nuestro salón para recordar el nacimiento de Jesús.

Control de asistencia

Reparta las figuras de ángeles para que los niños las decoren y las peguen en el lugar indicado en el salón. Recuérdeles que escriban su nombre en el ángel que les corresponda.

Anímelos a seguir asistiendo para que reúnan los cinco ángeles y ganen el concurso de asistencia.

BIBLIA

Use estas actividades para enseñar la historia bíblica a sus alumnos.

¿Cómo son los ángeles?

Provea hojas blancas y lápices de colores para que elaboren un dibujo sobre cómo imaginan que son los ángeles. Dé tiempo suficiente para que lo hagan y después permita que cada uno muestre lo que realizó.

Dígales que en la historia hablarán de un grupo de ángeles que celebraron alegremente el nacimiento de Jesús.

Historia bíblica

Pida a los niños que sostengan los dibujos que elaboraron y los levanten cuando mencione la palabra "ángel" durante la historia.

La celebración de los ángeles

Era una noche oscura en Belén y las estrellas bri-

124

llaban en el cielo. Un grupo de pastores cuidaban sus rebaños de ovejas en el campo.

La noche estaba muy tranquila y las ovejas descansaban apacibles. El trabajo de los pastores era protegerlas para que los animales salvajes no las atacaran. Por eso debían estar despiertos toda la noche.

Los pastores no lo sabían, pero esa sería una noche muy especial. ¡Era la noche cuando nacería Jesús!

De repente, una luz brillante iluminó la oscuridad de la noche. ¡Era un ángel!

Los pastores se asustaron y no sabían qué hacer. Pero el ángel les dijo: "No tengan miedo. Tengo buenas noticias para ustedes".

Los pastores no podían creer lo que estaban viendo. Se miraban unos a otros mientras el ángel permanecía frente a ellos.

"El Salvador acaba de nacer en Belén. Su nombre es Jesús. Él es el Mesías, el Hijo de Dios", dijo el ángel. "Lo reconocerán porque está en un pesebre, envuelto en pañales".

De pronto, una multitud de ángeles aparecieron en el cielo y cantaban: "¡Gloria a Dios en el cielo y paz en la tierra para todos los hombres de buen corazón!"

Cuando los ángeles se fueron, los pastores dijeron emocionados: "¡Vamos corriendo hasta Belén para ver esto que Dios nos ha anunciado!"

CONEXIÓN

Utilice estas actividades para relacionar el aprendizaje bíblico con la vida diaria.

¡Cantos de alabanza!

Así como los ángeles alabaron a Dios por el nacimiento de Jesús, anime a los niños a entonar cánticos de alabanza. Es importante que aprendan desde pequeños que cuando alaban a Dios con sus voces, están mostrando su gratitud y adoración al Señor.

Si es posible, repita los materiales que usó en la clase anterior para disfrazarlos de ángeles. También puede acompañar el tiempo de alabanza con instrumentos musicales como cascabeles, panderos y campanas.

Ángeles del cielo

Abran los libros del alumno en la página 109. Dé tiempo para que los niños escriban su nombre y tracen la palabra de fe.

Ayúdeles a recortar la figura del ángel siguiendo el contorno y hagan los cortes marcados con líneas punteadas. Asegúrese de que escriban su nombre en la parte posterior de la figura.

Indique a los niños las instrucciones para armar el ángel.

Mientras elaboran el ángel, pídales que mencionen lo que recuerdan de la historia bíblica.

Memorización

Elabore aureolas sencillas para sus alumnos, usando alambre delgado forrado con una cinta dorada u otros materiales que tenga a su disposición.

Pídales que se pongan las aureolas. Luego dígales: Mientras caminamos alrededor del salón, diremos todos juntos el texto bíblico. Repitan el ejercicio un par de veces. Haga énfasis en que así como los ángeles celebraron el nacimiento de Jesús, nosotros también podemos hacerlo.

Para terminar

Entonen un canto navideño y pida a los niños que expresen sus peticiones de oración. Pregunte si algunos voluntarios desean orar en voz alta. Concluya intercediendo por cada miembro de su grupo.

Dígales que en la siguiente clase estudiarán lo que hicieron los pastores después que vieron a los ángeles.

Asegúrese de que ordenen los materiales que utilizaron en el salón y que lleven a casa los trabajos que realizaron.

notas

Los pastores celebran el nacimiento de Jesús

Base bíblica: Lucas 2:13-20
Objetivo de la lección: Que los preescolares aprendan contar a con los demás las buenas nuevas del nacimiento de Jesús.
Texto para memorizar: Porque de tal manera amó Dios al mundo, que ha dado a su Hijo unigénito (Juan 3:16).

¡PREPÁRESE PARA ENSEÑAR!

En la época cuando nació Jesús, se consideraba a los pastores como personas inferiores y de poca importancia para la sociedad. Ellos pasaban largas horas solos y separados de la sociedad, cuidando sus rebaños en alejadas praderas. Por el tipo de trabajo, muchas veces no participaban de los rituales religiosos que formaban parte de la tradición judía.

Sin embargo, Dios decidió incluir a ese humilde grupo de hombres solitarios en la celebración del nacimiento de su Hijo, Jesús. Imagínese lo que significó para ellos que Dios los hubiera escogido para recibir las buenas nuevas por medio de una visión angelical. En verdad, debido a la emoción y el impacto que el mensaje de Dios produjo en ellos, hicieron algo que los pastores nunca deben hacer y que podría haberles costado el trabajo. Ellos dejaron solas a las ovejas, expuestas a los peligros de la noche y los animales salvajes.

Estos hombres hicieron algo fuera de lo común en su oficio porque, como dice Lucas, tenían urgencia de llegar a Belén para ver al Hijo de Dios.

Una vez que vieron a Jesús en el pesebre, su gozo y emoción no cesaron. Más bien, aún maravillados, fueron a contarles a otras personas lo que habían visto.

Esta historia nos da evidencia del primer encuentro personal con Jesucristo. Esos hombres conocieron al Hijo de Dios y su vida cambió por completo. El evangelista nos dice que continuaron alabando y glorificando a Dios, y repitiéndoles a otros las buenas nuevas.

Reflexione en su actitud desde que tuvo su encuentro personal con Jesucristo, el Señor y Salvador de su alma. ¿Ha respondido con el mismo gozo y emoción con que lo hicieron los pastores? ¿Son distintos sus pensamientos, actitudes y palabras desde que conoció a Jesucristo? ¿Le manifiesta a sus prójimos el regalo de amor que Dios le ha dado?

Durante esta semana ore para que el Señor le ayude a ser un testigo fiel de Jesucristo, al relatar con gozo estas verdades bíblicas con a sus alumnos.

Adaptación

Una de sus metas al enseñar debe ser que sus alumnos comprendan que la historia del nacimiento de Jesús es completamente diferente de las historias seculares que escuchan sobre la Navidad. No se alarme si los niños mayores combinan eventos del nacimiento de Jesús con historias o cuentos seculares. Simplemente guíelos con amor a descubrir cuál es la verdad de este acontecimiento.

Anímelos a experimentar la esperanza, el gozo y la reverencia que sintieron los pastores.

Enséñeles que Dios desea que lo adoren y que hablen a sus amigos y familiares sobre el nacimiento de Jesús. Los niños pequeños no saben lo que significa ser evangelista o predicador; sin embargo, saben que pueden contarle a otros lo que han aprendido. Aun en su temprana edad, son una parte muy importante de la proclamación del evangelio.

DESARROLLO DE LA LECCIÓN

Utilice estas actividades para captar la atención de sus alumnos y dirigirlos en el aprendizaje bíblico.

Control de asistencia

Entregue a cada uno la figura del ángel para que la decore. Provea diferentes materiales para que sus trabajos sean variados y vistosos: plumas sintéticas, escarcha, fideos de distintas formas, pedazos de tela, algodón, etc.

Asegúrese de que escriban sus nombres en las figuras y ayúdelos a pegarlas en el lugar indicado.

Una noche llena de estrellas

Dibuje estrellas en una cartulina y recórtelas. Entregue una a cada niño para que la decore con lentejuelas, escarcha o la pinten de color amarillo o dorado. Indíqueles que escriban sus nombres en la parte de atrás de sus estrellas. Cuando estén terminadas, péguenlas alrededor del salón como si fueran las estrellas que brillan en el cielo.

Converse con sus alumnos sobre las estrellas, recordándoles que éstas son creación de Dios. Él las hizo hermosas para que iluminan el cielo, cuando es de noche.

Dígales que en la historia hablarán de algo que sucedió una noche, cuando las estrellas tenían un brillo especial.

¿Cómo te sentirías?

Pregunte a sus alumnos cómo se sentirían si su

126

mejor amigo o amiga no compartiera sus juguetes nuevos con ellos.

Seguramente escuchará respuestas como: triste, dolido; o quizá piensen que su amigo es envidioso. También pregúnteles cómo se sentirían si alguien supiera algo muy importante y se callara. Dígales que la historia habla de unas personas que escucharon un mensaje muy importante y se lo contaron a los demás.

BIBLIA

Use estas actividades para enseñar la verdad bíblica a los preescolares.

Un invitado especial

Invite con anticipación a un joven o adolescente de su congregación para que se disfrace de pastor de ovejas, usando una túnica y una vara.

Pídale que mencione a su clase lo que hace un pastor; por ejemplo, cuida a las ovejas, las defiende de los animales feroces, las guía a donde hay pasto para que se alimenten y las lleva a beber agua. El pastor trabaja muchas horas. A veces debe quedarse despierto toda la noche para cuidar su rebaño.

Historia bíblica

Le sugerimos que invite al joven a contar la historia bíblica al grupo. Proveále con anticipación el material de estudio.

Presente al visitante especial y déle tiempo para enseñar. Mientras, observe las actitudes de los niños durante el relato.

¡Vamos a ver a Jesús!

"¡Gloria a Dios!", cantaban los ángeles en el cielo. Estaban alabando a Dios por el nacimiento de Jesús, el Hijo de Dios.

Los pastores escucharon el canto de los ángeles y vieron cómo iluminaban la noche oscura con su resplandor.

Después, cuando los ángeles regresaron al cielo, los pastores dijeron: "¡Vamos a Belén a ver esto que el Señor nos ha anunciado!"

Entonces hicieron algo que estaba prohibido para los que cuidaban las ovejas: ¡dejaron solo al rebaño! Estaban tan emocionados y deseosos por conocer al Hijo de Dios, que corrieron para llegar a Belén lo más pronto posible.

Pronto llegaron al establo donde estaban María, José y el bebé Jesús. Habían corrido mucho, así que estaban cansados y agitados. Pero, al ver que lo que el ángel les había dicho era cierto, quedaron asombrados. ¡Habían encontrado al Mesías!

"Es Jesús, el Hijo de Dios. El ángel nos dijo que aquí lo encontraríamos", dijo emocionado uno de los pastores.

María escuchaba todo lo que decían y se sentía muy alegre. Nunca olvidaría todas las cosas que le estaban sucediendo esa noche.

Los pastores adoraron a Jesús y dieron gracias a Dios por enviar al Salvador a este mundo. Después regresaron a cuidar sus ovejas, pero iban alabando a Dios y contando a todas las personas acerca del nacimiento de Jesús.

CONEXIÓN

Use estas actividades para relacionar la verdad bíblica con la vida diaria.

¡Buenas noticias!

Reparta los libros del alumno. Pida a los niños que recorten de la página 128 las estampas correspondientes a la lección.

Mientras escriben su nombre, dígales: Vamos a completar la historia sobre los pastores y el bebé Jesús. Mientras leo la historia, busquen el lugar que le corresponde a cada estampa.

Lea la historia un par de veces para que los niños sepan dónde deben pegar cada figura.

Den vuelta la hoja y dé tiempo para que escriban la palabra de fe. Luego pueden colorear las luces navideñas y las figuras de José y del bebé Jesús.

Ángeles y pastores

Provea hojas blancas, lápices o marcadores de colores.

Pídales que, a manera de repaso, dibujen la escena en la que los ángeles anuncian a los pastores el nacimiento de Jesús. Cuando terminen, peguen los dibujos en el salón. Inviten a los padres de familia y a los hermanos de la congregación a visitar su exposición. Los preescolares serán los encargados de explicar lo que sucedió en esta visita tan especial que recibieron los pastores.

Memorización

Siente a sus alumnos formando un círculo y dígales: Voy a caminar alrededor del círculo tocando la cabeza de cada uno. Si al tocar a uno digo "oveja", permanecerá sentado. Pero si digo "pastor", debe pararse y correr alrededor del círculo, así como los pastores corrieron para llegar a Belén. Después volverá a su lugar y todos juntos repetiremos el texto para memorizar.

Continúe este juego hasta que todos los preescolares hayan participado.

Para terminar

Concluya con una oración de acción de gracias por el nacimiento de Jesús. Agradezca a sus alumnos por haber asistido a la clase y recuérdeles que la próxima lección será la última del año, por lo que es importante que asistan.

Entregue los trabajos para llevar a casa y entonen un canto como despedida.

Los hombres sabios visitan a Jesús

Base bíblica: Mateo 2:1-12

Objetivo de la lección: Que los preescolares aprendan a adorar a Jesús.

Texto para memorizar: Porque de tal manera amó Dios al mundo, que ha dado a su Hijo unigénito (Juan 3:16).

¡PREPÁRESEPARA ENSEÑAR!

La historia de la visita que los hombres sabios hicieron a Jesús es una de las más emocionantes de la época navideña. Nos narra el largo viaje que hicieron estos personajes para ver al recién nacido. La Biblia no nos dice cuántos sabios eran ni cuáles eran sus nombres. La tradición dice que fueron tres, por la cantidad de presentes que ofrecieron al Mesías. Sin embargo, es probable que hayan sido más.

En cambio, la Biblia nos provee datos más precisos. Sabemos que fueron del oriente hacia Jerusalén, y fueron ante el rey Herodes para indagar sobre el nacimiento del rey de los judíos (Mateo 2:2).

Herodes no sabía nada sobre este acontecimiento, así que "habiendo convocado a todos los principales sacerdotes y escribas del pueblo, les preguntó dónde había de nacer el Cristo" (v. 4).

Cuando encontraron la respuesta le dijeron: "En Belén de Judea, porque así fue escrito por el profeta" (v. 5).

El profeta que escribió esto fue Miqueas (5:2).

Inmediatamente Herodes llamó a los sabios en secreto. Quería saber la fecha exacta de la aparición de la estrella para calcular la edad del niño. Luego los mandó a Belén para que buscaran al bebé, pidiéndoles que cuando lo encontraran, se lo hicieran saber para ir a adorarlo (v. 8).

Cuando los sabios salieron del palacio, siguieron la estrella hasta Belén, donde Jesús estaba con su madre, María. Contrario a la creencia popular, Él no estaba en el establo. Expertos en el tema han establecido que Jesús ya tenía uno o dos años de edad cuando recibió la visita de los magos. Esto explica por qué Herodes ordenó matar a todos los niños menores de dos años que vivían en Belén.

Cuando los sabios encontraron a Jesús, se postraron y lo adoraron, ofreciéndole regalos muy costosos: oro, incienso y mirra (v. 11). Estos presentes simbolizaban el ministerio de Jesús en la tierra. El oro era un regalo que se ofrecía a los reyes -Jesús era rey. El incienso era un regalo propio de los sacerdotes -Cristo vino a ser nuestro Sumo Sacerdote para que podamos ir a la presencia de Dios. La mirra era un regalo para aquel que iba a morir —Jesús vino a morir por nosotros.

A los sabios se les reveló en un sueño que no regresaran a Herodes, así que volvieron a su tierra por otro camino (v. 12).

Así como los regalos materiales eran importantes por su valor y simbolismo, los presentes de adoración y obediencia de estos sabios mostraron que el Mesías había venido por todos, no sólo por los judíos. Desde los humildes pastores hasta los sabios con sus riquezas, todos fueron a adorarlo. Aun en nuestro tiempo el mensaje de Cristo es para todas las personas.

Adaptación

Los preescolares disfrutan mucho al recibir regalos. Por eso esperan su cumpleaños o la Navidad con emoción. Es triste ver que en nuestra época el materialismo ha alcanzado niveles alarmantes. Es común que la compra desmedida de regalos empañe la celebración del nacimiento de Jesús.

El interés de los niños en cuanto a lo que recibirán en Navidad contrasta con lo que hicieron los hombres sabios. Ellos hicieron un largo viaje para ofrecerle al Rey sus presentes de adoración y obediencia, junto con el oro, el incienso y la mirra.

Enseñe a sus alumnos el verdadero significado de la Navidad, siguiendo el ejemplo de los sabios al ofrecerle a Jesús su adoración y obediencia.

DESARROLLO DE LA LECCIÓN

Use esta actividad para captar la atención de sus alumnos y prepararlos para el aprendizaje bíblico.

Control de asistencia

Entregue a los niños las figuras del ángel para que las decoren.

Ya que es la última lección de la unidad, hagan el conteo para saber quiénes cumplieron las metas de asistencia.

Los que tengan los cinco ángeles podrán recibir un premio o un reconocimiento por su esfuerzo.

El nombre de Jesús

Para esta actividad necesita cartulina blanca, pegamento, escarcha o diamantina dorada, marcadores, tijeras, pegamento, periódicos viejos (diarios), toallas de papel para limpiar.

Cubra la mesa con los periódicos y corte la cartulina en piezas de 22.5 x 30 cms. Escriba "JESÚS" con letras grandes en cada trozo de cartulina y repártalos.

Ayude a los niños a poner pegamento en el contorno de las letras y permita que las cubran con la escarcha dorada. Dejen secar y retiren de la hoja el exceso de escarcha.

Mientras trabajan, dígales: Estas letras forman el nombre de Jesús, el Hijo de Dios. Nosotros celebramos su nacimiento en la Navidad. Hoy aprenderemos acerca de unos hombres sabios que también celebraron el nacimiento del Mesías.

Limpien y ordenen el área de trabajo antes de pasar a la siguiente actividad.

BIBLIA

Use estas actividades para enseñar a los preescolares la historia bíblica.

Historia bíblica

Prepare con anticipación tres cajas de regalo que representen los obsequios de los hombres sabios y colóquelas al frente. Escriba las palabras oro, incienso y mirra en tres tarjetas diferentes y póngalas dentro de cada caja.

Pida a sus alumnos que traten de adivinar el contenido de los regalos que los sabios ofrecieron a Jesús y, a manera de respuesta, relate la historia bíblica.

Regalos para Jesús

Hace mucho tiempo, en un lugar muy lejano, vivían unos hombres sabios que estudiaban las estrellas. Una noche, estos hombres observaron algo diferente en el cielo. Había aparecido una estrella muy grande y brillante.

"Esta estrella significa que un bebé especial ha nacido", dijeron los sabios. "Ese bebé es un rey muy importante. ¡Vayamos a adorarlo!"

Los hombres sabios subieron a sus camellos y emprendieron el largo viaje. "Debemos llegar a Jerusalén", dijo uno de ellos, "la gente de ahí nos dirá dónde encontrar al nuevo rey".

Cuando llegaron a la ciudad, se dirigieron al palacio real para hablar con el rey Herodes, quien gobernaba Jerusalén. "¿Dónde está el nuevo rey que ha nacido?", le preguntaron los sabios.

El rey Herodes se puso muy nervioso al oír esa pregunta. Entonces reunió a los sacerdotes principales y a otros hombres estudiosos, y les preguntó: "¿Dónde tiene que nacer el nuevo rey?"

"En Belén", respondieron, "así dice en la Palabra de Dios". Mucho tiempo antes del nacimiento de Jesús, Dios había escogido a hombres fieles para anunciarles que Él enviaría a su Hijo al mundo como un Rey especial.

Los hombres sabios tomaron sus camellos y comenzaron el viaje hasta Belén. La estrella brillante que habían visto los guiaba conforme avanzaban en su recorrido.

Después de un tiempo, la estrella se detuvo sobre la casa donde estaba el niño Jesús. ¡Los sabios se pusieron muy felices!

Cuando entraron en la casa, vieron a Jesús con su madre, María, y se arrodillaron para adorarlo. "Este es el nuevo Rey", dijeron emocionados.

Los hombres sabios le dieron a Jesús tres regalos especiales (abra las cajas y muestre las tarjetas).

Después estos hombres tuvieron que volver a su tierra. Sería un largo viaje de regreso, pero no les importaba. Estaban felices porque habían conocido a Jesús, el Hijo de Dios.

CONEXIÓN

Use estas actividades para aplicar la verdad bíblica a la vida diaria.

¡Sigue la estrella!

De la página 128 del libro del alumno recorten la estampa correspondiente a esta lección. Permita que los niños tracen la palabra de fe y escriban su nombre.

Pídales que sigan los caminos marcados por las estrellas azules, rojas y amarillas. Pregúnteles: ¿A quién encontramos al final de estos caminos? (a Jesús).

Dé tiempo para que peguen la estampa de los regalos frente a la cuna de Jesús. Den vuelta la hoja y unan con líneas de colores los regalos que sean iguales.

La estrella dentro de la manzana

Corte una manzana por la mitad y muestre a sus alumnos la estrella que se forma en el centro. Dígales que algunas personas piensan que la estrella en medio de la manzana es un recordatorio de la estrella que guió a los sabios hasta donde se encontraba Jesús. ¡Nos alegra que Dios haya enviado esa estrella tan especial!

Esto nos recuerda que Jesús no sólo es el Rey de los judíos, sino también nuestro Rey.

Si tiene suficientes manzanas, compártalas con sus alumnos como un pequeño refrigerio.

Memorización

Escriba en la pizarra algunas letras de las palabras que conforman el texto para memorizar. Escriba las letras restantes en trozos de papel que colocará en una bolsa. Pida que algunos voluntarios saquen las letras de la bolsa y vean si corresponden a las que faltan en el texto.

Los niños deben colocar la letra en el lugar correspondiente en el texto. Cuando hayan concluido, léanlo juntos y repítanlo varias veces.

Para terminar

Por ser la última lección del libro, prepare un reconocimiento para sus alumnos por el esfuerzo durante el ciclo de trabajo. Recuérdeles que todas las enseñanzas aprendidas son verdades bíblicas que Dios quiere que apliquen a su vida diaria.

Oren dando gracias a Dios por el regalo de Jesús como Salvador y Rey. También agradezcan por el año de trabajo en la escuela dominical e intercedan por las peticiones que hayan traído. No olvide repartir todos los trabajos que realizaron durante la unidad.

Si es posible, organice un convivio navideño a manera de cierre de curso. No deje de orar por sus alumnos y procurar su crecimiento espiritual, aun cuando ya no estén en su clase.